LES PRATIQUES DE L'ÉQUIPE AGILE

Définissez votre propre méthode

INFORMATIQUE

LES PRATIQUES DE L'ÉQUIPE AGILE

Définissez votre propre méthode

THOMAS THIRY

Préface de Marc Lainez

deboeck SUPÉRIEUR

Pour toute information sur notre fonds et les nouveautés dans votre domaine de spécialisation, consultez notre site web : **www.deboecksuperieur.com**

Rue du bosquet 7, B - 1348 Louvain-la-Neuve

Dépôt légal :
Bibliothèque Nationale, Paris : janvier 2019
Bibliothèque royale de Belgique, Bruxelles : 2019/13647/004

ISBN 978-2-8073-2303-2

Sommaire

Partie III
L'entreprise

Préface

Par Marc LAINEZ, entrepreneur et professeur invité à l'UCL, université catholique de Louvain, Belgique

Depuis des siècles, nos sociétés sont en pleine mutation. Les évolutions les plus marquantes de notre histoire ont été provoquées par de grandes découvertes scientifiques ou des progrès technologiques majeurs. Chacun de ces changements a créé de nouvelles manières d'interagir entre individus, provoquant une remise en question des modes de fonctionnement du monde du travail.

Certaines de ces pratiques, bien que d'un autre âge, restent encore bien ancrées dans la mémoire collective. Un des meilleurs exemples est l'héritage de la première révolution industrielle, dont les caractéristiques sont le mieux représentées par le Taylorisme. Taylor propose un modèle dit « scientifique », où l'organisation est à la recherche du « meilleur moyen possible de produire » et justifie le nom de cette approche par la rigueur qu'il appliqua dans ces tâches.

Taylor base ses théories sur une ultra-spécialisation, mais à l'époque dont nous parlons, ces tâches sont bien souvent limitées à visser un boulon ou porter une caisse d'un point A à un point B. Les études effectuées sont donc focalisées sur chacune de ces tâches, cherchant comment serrer un boulon plus vite, porter plus de caisses sur une journée, etc. Taylor introduit ce qu'on pourrait appeler aujourd'hui les premiers « managers », censés surveiller le travail des ouvriers et « optimiser » leur temps pour en maximiser le retour sur la production. Ces concepts sont ensuite repris par Henry Ford, obsédé par la vitesse, qui va élaborer une méthode travail basée sur le Taylorisme et introduire ce que l'on connait aujourd'hui comme le « travail à la chaîne » où chaque poste est une étape dans l'élaboration du produit final.

Bien qu'ayant leurs limites et pouvant être considérées aujourd'hui comme des approches inhumaines, le Taylorisme et le Fordisme sont, à leur époque, un moteur économique qui permit à nos sociétés d'évoluer vers d'autres innovations technologiques. La société de consommation telle que nous la connaissons aujourd'hui débute à cette époque en permettant l'émergence d'une classe moyenne.

Les premiers ordinateurs marquent le début d'une nouvelle ère et une accélération de son évolution. Ils sont apparus assez tôt dans l'histoire industrielle de nos sociétés, mais l'innovation majeure qui a tout bouleversé est l'invention du transistor en 1947. Il permet de remplacer différents composants des premiers ordinateurs pour les rendre moins encombrants et surtout plus fiables. De 1947 à la fin des années 50, ces innovations, bien que capitales dans la conception des ordinateurs que nous connaissons aujourd'hui, n'ont pas impacté monsieur tout le monde. Ce n'est que plus tard, dans le milieu des années 60, que l'informatique explose et que les premiers mainframes apparaissent, changeant radicalement la manière dont les gouvernements et les entreprises traitent et stockent l'information. On voit alors apparaître des ordinateurs emblématiques comme le PDP-8 qui marquent le début de l'utilisation de l'informatique dans les laboratoires et les bureaux.

Cette arrivée de l'informatique sur le lieu de travail change les compétences requises et, par la même occasion, la nature du travail. Certaines tâches deviennent automatisées, d'autres nécessitent désormais de nouvelles compétences jusque-là inconnues. Le monde du travail connaît une mutation sans précédent et, dans la foulée, les habitudes des consommateurs changent pour plus de choix ainsi que plus de personnalisation des biens et des services.

Il aura fallu plusieurs décennies pour voir apparaître le Taylorisme et le Fordisme, il n'aura fallu que 20 ans pour entrer dans l'ère de l'informatique.

Plus d'ordinateurs signifie plus de demandes pour des programmes permettant aux machines d'accomplir des tâches rébarbatives. Les premiers métiers de l'informatique se démocratisent et créent de nouveaux défis aux entreprises. Cette explosion cambrienne de l'informatique crée des situations sans précédent pour lesquelles les entreprises doivent apporter des changements structurels dans leur hiérarchie et dans la gestion des relations entre collaborateurs.

L'arrivée des microprocesseurs dans les années 70 accélère une nouvelle fois ces changements en faisant exploser, de manière exponentielle, la puissance des ordinateurs pour les 20 années qui suivent, décuplant les problématiques rencontrées lors des débuts de l'informatique. Concevoir un logiciel reste encore aujourd'hui une tâche ardue. On ne produit pas un logiciel comme on produit une voiture.

Suivant cette évolution fulgurante, l'apparition d'internet ne fait que multiplier par cent l'impact des technologies sur nos vies. Permettant à plusieurs réseaux d'être interconnectés de par le monde, les opportunités qu'internet apporte changent une nouvelle fois, dans les années 90, notre conception de la gestion de l'information. Comme 30 ans auparavant, de nouvelles compétences sont désormais nécessaires, de nouveaux modes de travail et de nouvelles techniques d'interaction naissent. L'adoption massive de l'email, l'apparition de la vidéoconférence, les outils de collaboration à distance, changent nos entreprises et notre société une nouvelle fois. En conséquence, nos habitudes de consommation subissent une nouvelle transformation. C'est l'apparition des premiers sites populaires de commande en ligne et le début des réseaux sociaux. On peut désormais faire ses courses en ligne et payer dans la foulée. Nous basculons dans l'ère de l'instantanéité.

Au même moment, le téléphone mobile fait son apparition. D'abord local, il se transforme en appareil connecté début des années 2000 pour terminer par sa mutation la plus récente en « smartphone » lors de l'apparition de l'iPhone en 2007.
Il ne s'agit là que de quelques exemples. Mais la liste des mutations profondes de nos sociétés durant les 2 derniers siècles est bien plus longue. Une analyse approfondie de chacune de ces mutations nous permet de dire que celles-ci sont de plus en plus rapides et surtout, inévitables.
Avec ces changements technologiques, nos aspirations, nos désirs, nos modes de fonctionnement en tant qu'individu changent radicalement et s'adaptent à ces révolutions.
Si le changement est inévitable, pourquoi cherchons-nous toujours à l'éviter à tout prix dans nos entreprises, et plus particulièrement lors de l'élaboration de nos projets informatiques ? Nous avançons d'expérience en expérience en formulant sans cesse de nouvelles hypothèses pour repousser les limites de notre connaissance et de nos sociétés. En somme, nous appliquons la méthode scientifique et le bon sens à tout ce que nous entreprenons. Sauf parfois en entreprise
Nous sommes de nouveau au début d'une nouvelle ère. Provoquée par de nouveaux bouleversements technologiques : l'intelligence artificielle, la blockchain, l'explosion des périphériques connectés, la liste est longue. Nous ne pouvons pas continuellement appliquer d'anciennes recettes dans un monde où des changements radicaux arrivent à un rythme toujours plus rapide. Nous devons nous éduquer, nous former à d'autres approches, d'autres modes de penser le travail, revenir à cette culture de l'expérimentation et l'appliquer au sein de l'entreprise d'aujourd'hui et de demain.
Durant des années, l'agilité a été négligée par les cursus traditionnels. Bien que faisant une entrée timide dans nos écoles et nos universités, il est important de régulièrement dresser un instantané des différentes méthodes disponibles. Dans ce livre, j'ai pu retrouver toutes les approches et pratiques qui ont pu, au cours de ma carrière, m'être utiles. L'auteur y regroupe le savoir de nombreux membres de la communauté agile avec habileté et pose les bases d'une compréhension en profondeur des différentes approches issues de l'agilité. Il serait impossible de décrire en un seul ouvrage tout ce que ce mouvement apporte aujourd'hui au monde de l'entreprise, mais ce livre est une véritable carte qui vous aiguillera vers d'autres ressources qui vous permettront d'y voir plus clair et de trouver l'outil qu'il vous faut, quand vous en avez besoin.

Préambule

L'agilité a été inventée en grande partie par des développeurs en informatique pour se donner une alternative aux méthodologies basées sur la planification. Cette nouvelle approche permet de délivrer bien plus de valeur au client. Elle nécessite cependant :

1. Une totale réorganisation du travail.
2. Un haut niveau de discipline.
3. Apprendre à programmer autrement.

L'ensemble des membres de l'équipe agile devront maîtriser ces nouveaux concepts pour obtenir un réel gain.

Vous trouverez dans ce guide un condensé d'information concernant l'agilité et les pratiques qui y sont liées de près ou de loin.
Le public visé est l'ensemble des personnes amenées à travailler dans une équipe agile ou avec elle. Que leur rôle soit de développer, de discuter avec le client, d'encadrer l'équipe, de gérer l'hébergement de l'application... tous auront besoin de réellement comprendre l'agilité pour pouvoir la mettre en œuvre avec impact dans leur quotidien.
Ce livre a été écrit avec une attention particulière à ne pas exiger de connaissance préalable dans le domaine de l'agilité ou même de l'informatique. Tous les concepts et le vocabulaire techniques sont expliqués dans les notes de bas de page.
Les différents chapitres sont regroupés en 3 parties. La première, *Le développement logiciel*, reprend de façon chronologique les évolutions de la gestion de projet en informatique et explique en détail et de façon concrète les principes agiles ainsi que les méthodologies scrum et extreme programming.
La seconde, *La chaîne de valeur*, étendra ces principes et ces pratiques à l'ensemble des acteurs impliqués grâce à DevOps et à la livraison continue. Lean aidera à voir la chaîne de production de valeur différemment et Kanban s'en inspirera pour donner encore plus de flexibilité et d'efficacité aux équipes.
Enfin, la dernière partie, *L'entreprise*, élargira encore le sujet sur l'organisation toute entière. Comment appliquer l'agilité à grande échelle tout en respectant ses principes

fondamentaux ? Quel cadre contractuel donner à cette nouvelle façon de délivrer le projet au client ? Comment Lean peut-elle aider les start-up à trouver un modèle économique durable ?

La plupart des chapitres se terminent par une conclusion qui reprend les éléments importants du chapitre sous la forme de questions à se poser pour vous encourager à faire le lien entre vos éventuels problèmes du quotidien et les solutions proposées dans le chapitre en question.

La gestion de projet et les méthodologies

Les projets informatiques coûtent cher. Très cher.

Dès lors, on comprend bien que les clients ont besoin d'un prix clair avant de se décider à acheter. Ils ont également besoin de savoir quand ils recevront ce qu'ils ont acheté. En tant que client, vous n'en attendriez pas moins de n'importe quel service, c'est normal.

Cependant, notre industrie souffre d'un grand manque de précision dans ces chiffres. En cause, les nombreux risques auxquels font face tous les projets informatiques.

Pour de multiples raisons, les dates de livraison prévues ne sont que très peu respectées. On ne peut pas s'y fier et on ne peut donc pas prévoir nos autres projets en conséquence. C'est même devenu une blague dans le métier : « *Livraison prévue dans 1 an, comptez donc le double !* » Plus personne n'y croit.

Mais un projet livré est un projet rescapé : certains n'en arrivent même pas là et sont tout bonnement abandonnés en plein milieu. Le budget est dépassé, la patience manque, le besoin n'est de toute façon plus d'actualité... Ce gâchis est bien plus fréquent qu'on ne le pense, en particulier pour des clients internes pour lesquels aucun contrat n'oblige à s'acharner face à un échec couru d'avance.

Un problème plus insidieux et présent dans tous les projets de développement est *l'augmentation du coût des changements*. L'effort nécessaire pour faire un changement après 1 an de travail n'est plus sans commune mesure avec ce qui aurait été requis au début du projet. Le client ne comprend pas et a l'impression de se faire escroquer.

Mais le pire pour lui est quand il obtient ce qu'il voulait et que ça ne marche pas. Les bugs l'empêchent de travailler et lui semblent innombrables. À quoi bon utiliser l'application ?

Cela nous mène au dernier risque. On ne mesure pas bien le gaspillage représenté par tout ce qui est développé, avec les coûts qu'on connaît, et qui n'est *jamais utilisé* ou n'apporte que très peu de valeur au client. C'est probablement le gâchis le plus stupide : on aurait mieux fait de ne rien faire et de s'occuper d'autre chose...

On l'a compris, les risques sont nombreux et obtenir la valeur promise ne sera pas si simple. C'est la raison d'être des méthodologies, agiles ou pas. L'organisation seule peut nous amener à réduire ces risques et à plus de sécurité. On pourra mieux définir un coût à l'avance pour notre client. Maximiser ce coût et donc la rentabilité de nos développements. Cette stabilité réduira notre stress et augmentera donc notre bien-être au travail.

> « Améliorez constamment tous les processus de planification, de production et de service, ce qui entraînera une réduction des coûts.
>
> *W. Edwards Deming* »

Introduction

J'ai eu la chance de participer, au début de ma carrière, à plusieurs projets informatiques aux contextes extrêmement différents. J'en ai tiré une leçon qui m'a permis de voir mon travail d'une autre façon et qui m'a guidé dans le reste de mes expériences professionnelles.

À la fin de mes études, j'ai fait un stage de 3 mois et demi dans une entreprise de consultance en informatique. Je n'avais jamais entendu parler de méthodologie, de gestion de projet ou quoi que ce soit et cela ne m'intéressait de toute façon pas. J'allais développer des applications et c'était tout ce que je voulais.

J'ai donc commencé dans le département IT de la société. Compte-tenu de la taille modeste de la société, ce département était constitué d'un directeur, un responsable « réseaux et systèmes » très polyvalent et un développeur. Leur principale activité de développement consistait à fournir des applications web (ASP.Net) aux autres départements de la société et aux nombreux consultants. Cela allait de l'application de gestion des besoins des clients à l'encodage en ligne des timesheets[1] pour les consultants. Je ne le réalisais pas alors, mais aucune organisation stricte n'était en place et on parait systématiquement au plus pressé en trouvant des solutions ad hoc à nos problèmes.

Mon stage se passa, et, une fois mon diplôme en main, je me fis engager dans ce même département.

Sébastien

Les choses avaient un peu évolué depuis mon stage et on ne me proposa pas de poste en tant que développeur. Un deuxième programmeur avait déjà rejoint les rangs de l'équipe et mon nouveau manager, Sébastien[2], faisait alors le constat de mauvais résultats et d'une insatisfaction générale de nos clients internes. Il voulait que je m'occupe de cette problématique au lieu de simplement ajouter un produit à la quantité des logiciels écrits.

---

[1] Les *timesheets*, ou *feuilles de temps* sont les rapports de chaque employé sur l'emploi de son temps du mois ou de la semaine écoulée à des fins comptables. En l'occurrence cela permettait de facturer les clients sur base de ces chiffres.

[2] Tous les noms de ce chapitre sont fictifs.

À cette époque, quand un de nos clients internes – un comptable par exemple – avait besoin d'une nouvelle fonctionnalité, il entrait dans le bureau et s'asseyait à côté du principal développeur pour lui expliquer ce qu'il avait en tête. Le développeur en question prenait alors des notes et essayait ensuite de s'en occuper rapidement. Il devait parfois répondre à la douloureuse question du délai de livraison et s'en sortait en donnant quelques chiffres, mal à l'aise de dénoncer sa propre incompétence si le chiffre n'était pas assez bas. Il faisait revenir le comptable une fois qu'il avait terminé pour lui montrer le résultat sur son ordinateur et, si son avis était positif, le changement était déployé sur le site de production, en copiant les fichiers modifiés sur le serveur directement. Avec une application qui redémarre et recompile[3] automatiquement dans ce cas. Inutile de préciser que les utilisateurs éventuels qui perdaient alors leur connexion n'étaient pas très contents.

N'ayant moi-même aucune expérience, je ne voyais pas directement les problèmes. Ils étaient cependant nombreux. La qualité était très faible et les utilisateurs souvent mécontents. Nous n'avions aucun moyen de prioriser les demandes. Si le comptable insistait assez fort, le travail en cours à ce moment-là était interrompu pour s'occuper de sa demande. Si, le lendemain, le directeur demandait une amélioration de ses rapports, on s'arrêtait à nouveau pour se concentrer sur cette requête. Et il n'était pas rare de mettre celle-ci aussi de côté car un problème en production bloquait tous les utilisateurs. Bref, ce fonctionnement menait à beaucoup de travail inachevé, qui n'était au final pas réellement repris. Et même si le développement aboutissait, rien ne disait que cette demande était vraiment utile et prioritaire pour l'entreprise.

Au final donc, un fonctionnement peu efficace et un mécontentement général des utilisateurs et de la direction.

La première tâche que Sébastien m'a confiée a été de déterminer un processus idéal de fonctionnement qui nous permettrait d'éviter tous ces problèmes.

Aidé de mon manager, j'ai donc dessiné un processus où centralisation des demandes, priorisation, estimations, analyse, tests et validations venaient structurer notre approche. En appliquant cette nouvelle méthodologie, nous avons pu obtenir de bien meilleurs résultats et un retour de la confiance des utilisateurs ainsi que du directeur qui avait enfin la main sur les priorités et une vue sur l'avancement des projets. Les déploiements eux-mêmes causaient moins de problèmes grâce à une planification, une communication très claire et une application clairement indisponible pendant les opérations.

C'est à ce moment que j'ai compris que *la façon dont on s'organisait dans l'équipe était primordiale si on voulait fournir des applications de qualités à nos clients pour les aider dans leur travail*.

[3] Compiler = exécuter un compilateur qui lit le code source et crée le programme correspondant.

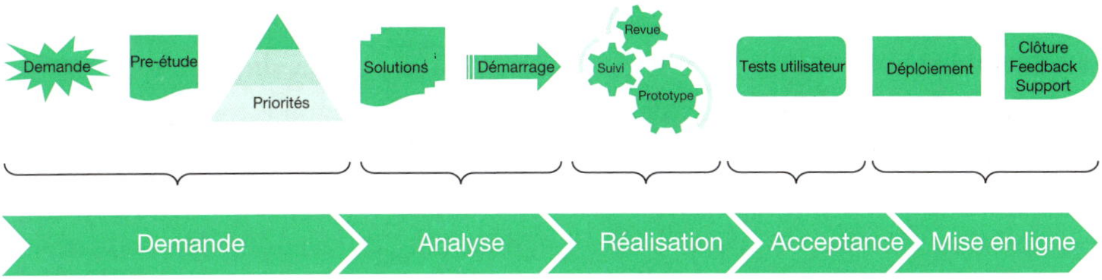

Dessin du nouveau processus mis en place

Martine

Ce modèle fonctionna bien quelques temps, et après 2 ans, la direction se fit remplacer. Et avec elle, Sébastien également. Ma nouvelle responsable, Martine, avait une certaine expérience sur des gros projets dans de grandes entreprises de télécom et avait une vision très claire de comment un projet devait être géré. Avec sa nouvelle position, un objectif lui avait été donné : remplacer l'application de gestion des besoins des clients dans laquelle les commerciaux renseignaient leurs contacts.

Quand la direction lui demanda pour quand tout pourrait être prêt, elle répondit que tout serait livré 3 mois plus tard. Elle ne perdit ensuite pas de temps et engagea une nouvelle recrue pour réaliser l'analyse de la nouvelle application. Cette personne commença donc à rencontrer les commerciaux et imagina, dans Powerpoint, une nouvelle application.

En parallèle, Martine me chargea de réaliser un planning pour les 3 prochains mois et la livraison promise pour le 31 juillet. N'ayant de toute façon pas beaucoup de marge, je m'en suis tenu à diviser le temps accordé entre l'analyse, le développement et une phase de test pour tout valider les 2 dernières semaines de juillet.

Semaine après semaine, je mettais ce planning à jour pour correspondre à la réalité. Car celle-ci n'était pas vraiment rose. L'analyse a pris au moins un mois et le développement n'avançait pas comme prévu (ou comme espéré devrais-je dire). On a pourtant commencé la réalisation de certains écrans analysés sans attendre que les autres le soient, mais rien n'y fit : plus le temps passait, plus il devenait évident qu'on n'y arriverait pas.

L'inquiétude de Martine ne faisait que monter et, avec elle, la pression qu'elle nous mettait pour avancer. Début juillet il fallut se rendre à l'évidence : on allait droit dans le mur. Martine nous demanda alors de faire ce qu'on fait dans ces cas-là : venir travailler le week-end pour rattraper le retard.

Le vendredi suivant, on souhaita un bon week-end à nos collègues des autres départements et on s'apprêta à venir travailler le lendemain. L'ambiance du week-end fut particulière, mais motivée. On allait y arriver. Ce n'était finalement pas si terrible. Ce qui le fut, en revanche, c'est le lundi matin. Quand tous nos collègues revinrent reposés, nous, on n'était pas franchement motivés.

La semaine se passa et un matin, Martine nous annonça qu'il fallait travailler un week-end de plus. Pour rattraper le retard. Sinon on n'y arriverait pas.

On se regarda tous et, ne voyant pas vraiment d'alternative, on est venus travailler le week-end.

Ce mois de juillet-là, sur les 31 jours du mois, on en passa 28 au bureau à travailler.

Les semaines passant, le moral baissa toujours plus et, avec lui, la productivité. Le temps passé à corriger les bugs de plus en plus nombreux à cause de la fatigue de l'équipe grignotait le temps disponible pour les développements restants. C'était un cercle vicieux. Les journées se raccourcissaient à leur minimum contractuel en raison du manque d'énergie et de motivation de tout le monde.

Le week-end du 31 juillet arriva enfin. On avait réussi à assembler bon gré mal gré une application qui contenait encore de nombreux bugs qu'on se promettait de corriger plus tard. Un week-end de plus au bureau. Tout ne se passa pas comme prévu le samedi, et le dimanche servit à corriger les derniers gros problèmes. On pouvait rentrer chez nous, mission accomplie.

Lundi matin, l'application était en ligne et fonctionnait correctement. Je croisai des commerciaux dans les couloirs pour leur demander ce qu'ils en pensaient. Ils ne semblaient pas très intéressés par le sujet et se contentèrent de dire qu'ils regarderaient. Je réalisai alors tout doucement que l'intérêt pour notre projet était très limité. Six mois plus tard l'application serait entièrement remplacée.

Cette expérience reste une des plus mauvaises que j'ai vécues, au travail mais elle fut également une leçon marquante : ***la façon d'organiser l'équipe et de travailler pouvait me gâcher la vie et m'ôter toute envie d'aller travailler***. Ça valait la peine de s'y intéresser.

Étienne

À peine remis de nos émotions, un nouveau projet pointa le bout de son nez. Une intégration avec un système de recrutement et de gestion des besoins clients fournit par une start-up.

Dès le début du projet la même dynamique s'installa, un planning fut réalisé sur base de la date de livraison demandée.

Mécontents des mauvais résultats du projet précédent, les membres de la direction décidèrent de remplacer Martine par Etienne, un homme d'expérience qui trouva les mots pour les rassurer.

Son arrivée marqua une nouvelle fracture dans la façon de gérer nos projets. Il accorda ostensiblement sa confiance à l'équipe pour trouver et appliquer des solutions.

De mon côté, je m'intéressais depuis quelques temps à l'agilité. Je lisais tout ce que je trouvais sur internet sur le sujet, j'allais à des conférences et des formations. C'est ce qui m'amena à lui proposer, après la livraison du projet demandé par la direction, une nouvelle approche où notre application principale serait livrée à intervalles réguliers, 2 fois par mois. Étienne nous soutint et nous encouragea dans cette voie.

Les mois qui suivirent furent riches en expériences et améliorations. Chaque matin, on regardait ensemble la liste des demandes prioritaires dans notre outil de suivi de tâches (Redmine) et on se répartissait le travail avec l'objectif de la release[4] à venir.

On essaya la technique du planning poker[5] pour estimer ce qu'on pouvait réaliser comme travail pour les 2 semaines qui suivaient et cela nous plut bien plus que notre façon de faire précédente.

On mit également en place une vérification systématique de chaque développement par un autre développeur. C'est-à-dire que quand un développeur finissait son travail, il cherchait un autre développeur prêt à essayer sa nouvelle fonctionnalité et à lui dire ce qu'il en pensait pour l'améliorer. On fut alors surpris du nombre de bugs découverts à ce stade-là...

Après un certain temps, les déploiements bimensuels (tous les mardis soir, c'était devenu un rituel) commencèrent à nous prendre du temps. On entreprit de scripter[6] de plus en plus d'étapes, jusqu'à l'application des scripts SQL sur base du numéro de version.

Dernière expérience marquante : le tableau et ses post-it pour suivre notre travail nous avait toujours semblé redondant avec Redmine, mais on fut malgré tout tentés de l'essayer. À notre surprise, on fut très vite convaincus par cette approche très concrète du travail restant, affiché en grand au mur toute la journée.

Fier de la qualité offerte à nos clients internes, Étienne décida de proposer nos services à des clients externes et de démarrer une activité de projets au forfait.

Il embaucha pour cela 2 personnes supplémentaires, et notre équipe de 8 personnes se lança alors dans la réalisation de projets pour diverses sociétés clientes.

Pendant cette période, j'ai appris à être fier de notre savoir-faire. D'avoir la reconnaissance de clients qui nous disaient ne pas être habitués à des solutions autant sur mesure, grâce à notre approche flexible et à un prix défiant souvent la concurrence. Ils en redemandaient, et nous aussi.

---

[4] Une release = la livraison d'une nouvelle version du logiciel.

[5] Planning poker = méthode d'estimation du travail (cf. *Planning poker* dans le chapitre *6. Autres pratiques agiles*).

[6] Scripter = écrire de petits morceaux de code, les scripts, pour automatiser une tâche.

Partie I

LE DÉVELOPPEMENT LOGICIEL

Cette première partie vise à expliquer précisément ce que l'agilité représente pour le développement logiciel.

Pour bien comprendre une pratique, il faut commencer par connaître son origine et comprendre les problèmes qu'elle résout. C'est pour cette raison que le premier chapitre synthétise l'histoire de la gestion de projets informatiques, des années 1960 à aujourd'hui.

Les chapitres suivants reprennent, dans l'ordre chronologique, chacune des méthodologies avec les solutions qu'elle apporte et les éventuels problèmes qu'elle provoque : *waterfall*, qui encadre une profession désorganisée par une pléthore de règles strictes et standardisées, suivi par de nombreuses méthodologies légères qui définiront ensemble le développement logiciel agile tel qu'on le connaît aujourd'hui. Cependant, seules les méthodologies les plus populaires sont effectivement expliquées en détail dans leur propre chapitre afin de se focaliser sur ce qui est le plus pertinent de nos jours.

Après les deux premiers petits chapitres plutôt théoriques (*1. Historique* et *2. Le modèle waterfall*), les deux chapitres suivants (*3. Méthodologies légères* et *4. Agile*) visent à bien comprendre les principes de l'agilité en les détaillant d'une façon qui se veut claire et pratique.

La première méthodologie agile qui vient à l'esprit de la plupart des gens est Scrum. Ses règles sont simples et le chapitre qui lui est dédié (*5. Scrum*) est agrémenté de conseils et d'anecdotes.

Le plus gros chapitre de ce livre est consacré à *Extreme Programming*, et cela pour une bonne raison : en plus des bonnes pratiques organisationnelles, cette méthodologie apporte une panoplie très riche de pratiques techniques qui sont indispensables à une application réelle de l'agilité, avec de réels résultats.

Cette partie se clôture par une technique supplémentaire qui vise à rapprocher les demandes des clients et la compréhension que les équipes de développement en ont : le *Behavior Driven Development.*

Chapitre 1

Historique

La gestion de projet informatique dans le temps

Pour comprendre l'agilité il est nécessaire de comprendre l'histoire de la gestion de projet.

Ce chapitre passe rapidement en revue les différentes périodes de l'histoire de l'informatique. Les chapitres suivants détailleront chacune des méthodologies correspondantes.

Les débuts

Dans les années 60, l'informatique fait son apparition dans les entreprises sous la forme de grands mainframes[7] fournis par des sociétés comme IBM à des prix très élevés. L'utilité de ces machines est généralement d'automatiser des tâches répétitives et de faciliter le travail administratif des différents départements de l'entreprise.

Pour cela, on a besoin de programmeurs capables de réaliser le logiciel sur mesure et ayant des connaissances dans des langages tels que FORTRAN, BASIC ou COBOL.

Il n'existe alors bien-entendu aucun cursus académique en informatique et on recrutera donc souvent cette première génération d'informaticien dans d'autres départements de l'entreprise même. Pour ces tâches minutieuses sur ces ordinateurs coûteux on sélectionnera généralement des personnes expérimentées ayant déjà prouvé leur professionnalisme. Leur expérience passée dans l'entreprise va leur donner une connaissance du métier bien utile pour s'assurer de la valeur fournie par leurs logiciels.

Ces nouveaux travailleurs vont fonctionner dans un cadre relativement libre que chaque société va vouloir définir pour elle-même de façon à obtenir de bons résultats et cela de façon prévisible. En effet, derrière chaque demande/projet le management peut légitimement se demander quel budget et quelles échéances il faudra prévoir.

Cela fonctionne bien un certain temps, mais très vite les programmes deviennent un peu plus compliqués qu'un simple affichage d'une liste d'enregistrements. On rajoute

[7] Un mainframe = un ordinateur central très puissant mais très imposant utilisé dans les grandes entreprises bien avant l'avènement des *personal computers*.

de plus en plus de possibilités. D'autres programmeurs viennent se joindre au développement pour répondre aux demandes de plus en plus nombreuses.
Cette complexité (qui apparaît en réalité bien plus vite qu'on ne le pense) va entraîner de plus en plus de problèmes retardant la livraison d'un produit fini et utilisable par les employés. Le retour sur investissement est de moins en moins bon et il n'est pas rare de voir des projets compter leur retard en années.
Tout cela mène à un mécontentement général du management et à un désir d'établir davantage d'ordre dans ce fonctionnement anarchique où chacun fait à sa façon.

Waterfall

Le domaine s'élargissant, de nombreuses formations académiques en informatique voient le jour et les entreprises embauchent ces nouveaux informaticiens fraîchement diplômés. Leur profil jeune, inexpérimenté et impatient contraste fortement avec celui de la génération précédente.
C'est dans ce contexte que dans les années 70 de nombreuses méthodologies de gestion de projet voient le jour. Elles visent à définir les rôles de chacun et les processus à suivre pour cadrer les équipes de développement grandissantes.
Faute de modèle plus adapté, elles sont basées sur le fonctionnement en application dans l'industrie (manufactures) et le monde de la construction. Un des principes fondamentaux sera donc la planification pour maximiser l'efficacité. On donnera par la suite le nom de *modèle waterfall (modèle en cascade en français)* à la logique commune à ces méthodologies.
Celles-ci souffrent malheureusement toutes des mêmes défauts : un excès de bureaucratie et un manque de flexibilité qui engendrent une perte de motivation. Les résultats espérés en matière d'efficacité ne sont pas au rendez-vous et les projets sont tout autant en retard, si pas plus.
Mesurer ces résultats est difficile. C'est une tâche que le Standish Group (groupe d'experts en informatique) s'est donné en 1994 afin de rédiger ce qu'ils ont appelé le « chaos report » : une étude basée sur de très nombreux projets afin d'établir la proportion de réussites et d'échecs. Leurs résultats ont surpris une grande partie des professionnels du métier : seuls 16,2% étaient considérés comme des réussites[8]. Depuis, ils publient chaque année une nouvelle édition de ce rapport et analysent les évolutions.
Le modèle waterfall va cependant rester prédominent pendant de nombreuses décennies. Malgré sa diminution de popularité dans les discours, il reste aujourd'hui l'inspiration prépondérante dans l'organisation des projets de développement dans la plupart des grandes entreprises.

[8] Pour interpréter ces chiffres correctement il faut bien comprendre la méthode retenue pour analyser ces projets. En effet, la définition de « réussite » est ici prise dans le sens d'un projet qui est réalisé dans le temps et le budget prévus tout en délivrant ce qui était demandé. On peut regretter que la véritable valeur apportée au client ne rentre pas en compte pour définir si le un projet est une réussite ou non.

Méthodologies légères

Dans les années 90, de plus en plus de professionnels du développement réfléchissent à des alternatives au modèle waterfall. Deux décennies de bureaucratie à l'excès ont mené à une situation où le travail a perdu de son sens et où plus personne ne prend de plaisir à développer des applications.

Plusieurs méthodologies allant dans ce sens vont alors apparaître. Elles auront toutes certains points en commun. Elles seront souvent appelées *méthodologies légères* en comparaison avec les méthodologies plus lourdes et détaillées du modèle waterfall.

Tout d'abord elles ne tentent plus d'être prédictives, mais visent plutôt à être adaptives. C'est-à-dire qu'elles ne vont plus se baser sur un planning détaillé à respecter, mais qu'elles vont plutôt adopter une manière de fonctionner qui leur permettra de s'adapter aux changements quand ils surviendront, quels qu'ils soient.

Ensuite, elles vont se recentrer sur les gens et réfléchir à ce qu'il faut leur fournir pour les aider à atteindre les objectifs fixés.

Enfin, la documentation exigée va être grandement réduite (mais pas forcément supprimée) afin de ne garder que ce qui semble effectivement être utile.

Les plus connues de ces méthodologies sont citées ici, mais seule 2 seront détaillées dans leur propre chapitre, celles qui sont les plus populaires de nos jours (Scrum et Extreme Programming).

Crystal (1992)

Cet ensemble de méthodologies a été créé en 1992 par Alistair Cockburn[9]. L'idée est de ne plus appliquer un modèle unique à toutes sortes de projets mais bien d'avoir un modèle adapté à la taille et au contexte de chaque projet.

Elle est relativement facile à adopter.

DSDM (1994)

Un ensemble de vendeurs et d'experts s'est rassemblé pour organiser en 1994 le *DSDM Consortium*. Ils ont rassemblé leurs bonnes pratiques afin d'aider l'ensemble de la profession à s'améliorer.

Scrum (1995)

Jeff Sutherland et Ken Schwaber présentent en 1995 leur méthode *Scrum* à la conférence OOPSLA. Elle offre un cadre simple mais strict pour délivrer un produit par itération.

FDD (1999)

Feature Driven Development est une méthodologie développée par Jeff De Luca et Peter Coad basée sur des itérations de 2 semaines.

---

9 Développeur américain ayant participé à la création du manifeste agile (cf. chapitre *4. Agile*).

Extreme Programming (1999)

En 1999 sort la première édition du livre de Kent Beck dans lequel il décrit les pratiques utilisées par lui et son équipe sur un projet chez Chrysler. Ces idées sont très innovantes et comptent aujourd'hui parmi les bonnes pratiques les plus importantes de la profession.

Agile

Les auteurs de différentes méthodologies légères se réunissent en 2001 et rédigent un document établissant les valeurs et les principes qui leur sont commun à tous : c'est le *manifeste agile*[10].
C'est également l'occasion pour eux de donner un nom à ce mouvement : *le développement agile*.

Lean Software Development

En 2003 sort un livre écrit par Mary et Tom Poppendieck : *Lean Software Development*[11]. Ils cherchent à appliquer les principes Lean[12] à l'informatique. Lean découle des pratiques de Toyota, reconnu depuis de nombreuses décennies dans le monde de l'industrie automobile pour son efficacité.

DevOps

Le mouvement DevOps démarre en 2009. Il rassemble toutes les initiatives visant à améliorer la collaboration entre les développeurs et les équipes opérationnelles de façon à envisager la chaîne de valeur dans son ensemble et y appliquer les bonnes pratiques agiles et lean de bout en bout.
En plus de changements d'organisation et de culture, de nombreux outils ont été créés par cette communauté qui se développe : *Chef, Puppet, Ansible, Docker*...

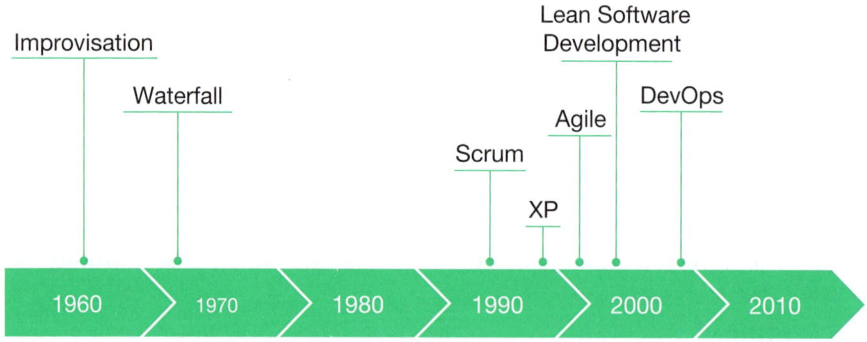

[10] Le manifeste agile est disponible en français à l'adresse http://agilemanifesto.org/iso/fr/manifesto.html
[11] Mary Poppendieck et Tom Poppendieck, *Lean Software Development*, Pearson Education (Us), 2003.
[12] Méthodologie de gestion de la production inspirée du modèle de Toyota (cf. chapitre *12. Lean*).

Chapitre 2

Le modèle waterfall

La structure et la normalisation comme solution à tout.

Objectifs

Comme on l'a vu, les méthodologies basées sur le modèle waterfall (ou « modèle en cascade ») visent à régler le problème des projets de développement qui ne délivrent pas dans un délai raisonnable à cause d'un manque flagrant d'organisation. L'idée est d'obtenir de meilleurs résultats au travers de l'application de la méthode scientifique, en s'inspirant du monde industriel et de la construction.

Les bonnes pratiques seront définies une fois pour toutes et applicables à toutes les entreprises et toutes les situations.

La logique principale est de planifier, de prévoir à l'avance un maximum de détails, et de respecter par la suite ce qui a été prévu en évitant tout écart.

Il sera alors nécessaire d'effectuer de nombreux contrôles tout au long du projet pour vérifier que tout se passe selon ce plan. Dans cette même optique de contrôle, on prévoira également une traçabilité exhaustive de toutes les actions prises au travers de documents, rapports et comptes rendus.

Ce modèle servira de base à de nombreuses méthodologies qui verront le jour dans les années 70 et 80. Elles proposent des variations sur les mêmes principes de base.

Elles vendent des manuels précis sur les rôles à définir, les processus à suivre, les formulaires et rapports à rédiger. Les nombreuses formations proposées constituent un business solide qui fonctionne à plein régime sur base de la promesse de projets enfin rentables.

Malheureusement, la réalité n'est pas toujours celle-là et de gros problèmes apparaissent.

Le plus visible étant l'énorme quantité de bureaucratie qui vient s'ajouter au travail des équipes. Chaque action doit être consignée, chaque changement doit faire l'objet d'une demande officielle, réalisée au travers de formulaires, validée par un comité...

Pour de nombreux informaticiens, dont la passion concerne la technique et non les procédures, le quotidien ressemble de moins en moins à leur métier et de plus en plus à un travail administratif. Cela entraîne naturellement une démotivation très importante chez ces employés.

De plus, l'ajout de procédures impacte la rapidité de développement, et on ne constate pas forcément d'amélioration dans le respect des engagements de planning et de budget.
Tout cela passerait encore si, au final, la valeur fournie au client était améliorée par ces méthodologies. Or on constate au contraire que les clients qui reçoivent leur produit de nombreux mois (si pas années) après l'avoir demandé n'en ont pas (ou plus) l'utilité escomptée.

Raisonnement

L'approche waterfall semble à première vue censée, et, malgré les mauvaises expériences passées, on est vite tenté d'appliquer ces mêmes raisonnements dans notre quotidien sans leur donner le nom de waterfall. Pour ne pas tomber dans ce piège, Il est important de bien comprendre les raisonnements qui mènent à une logique de type waterfall.

Besoins du client

Tout d'abord, en ce qui concerne la récolte des besoins du client on constate systématiquement que celui-ci exprime une demande et change d'avis par la suite. Cela pose évidemment d'énormes problèmes d'organisation et impacte le planning ainsi que le budget. Une solution vient instinctivement à l'esprit : fixer toutes les demandes avec le client une fois pour toutes au début du projet et refuser les changements par la suite.

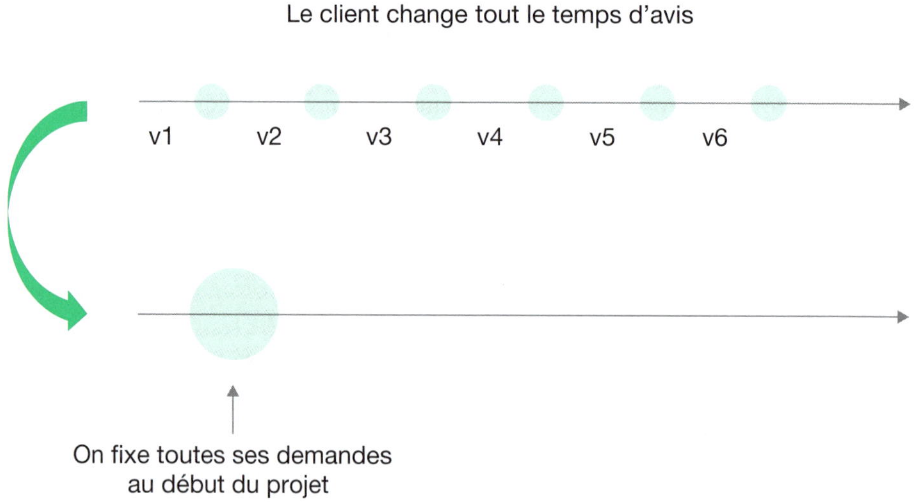

Cette façon de fonctionner facilite à priori les choses pour donner un prix au client avant de démarrer le projet.

Design technique

Lorsqu'on réfléchit à comment traduire les besoins du client en application on réalise souvent que les solutions techniques choisies à un moment donné ne sont plus suffisantes après quelques temps et doivent être modifiées. Cela peut vite entraîner de nombreux changements et avoir un coût important.
Pour éviter cela, on aura tendance à vouloir définir l'entièreté de la solution technique dès le début du projet sur base de l'ensemble des besoins du client (et ça tombe bien, on les a fixés une fois pour toute). On prendra alors le soin et le temps de prévoir tous les besoins techniques qu'on pourrait avoir par la suite.

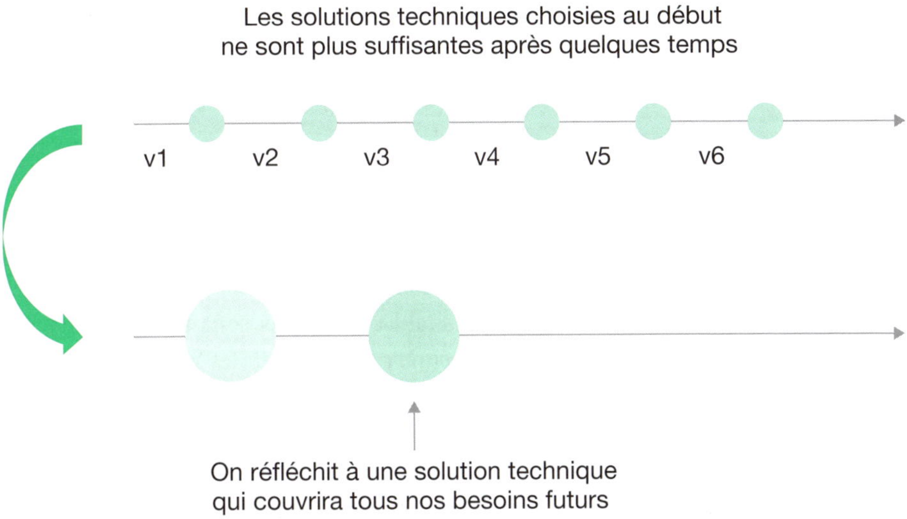

Implémentation

En passant à l'implémentation proprement dite (la programmation) on peut déplorer le fait qu'on soit généralement amené à modifier plusieurs fois le même code avant d'arriver à la bonne solution. Le premier jet est, en effet, rarement exempt de bugs et faiblesses et il faudra revenir dessus plusieurs fois avant d'avoir satisfaction.
Il serait plus efficace d'écrire directement le bon code. Pour ce faire, on peut encourager une analyse technique détaillée, classe par classe, en plus du design technique de haut niveau. Cela devrait permettre de minimiser les possibilités d'oubli, de bugs ou autres manquements dans la programmation. On peut espérer ainsi réduire le nombre de problèmes rencontrés par la suite.
De plus, si l'entièreté de la solution a été définie à l'avance, on peut facilement répartir le travail entre plusieurs personnes / équipes et obtenir de cette façon un résultat bien plus rapidement.

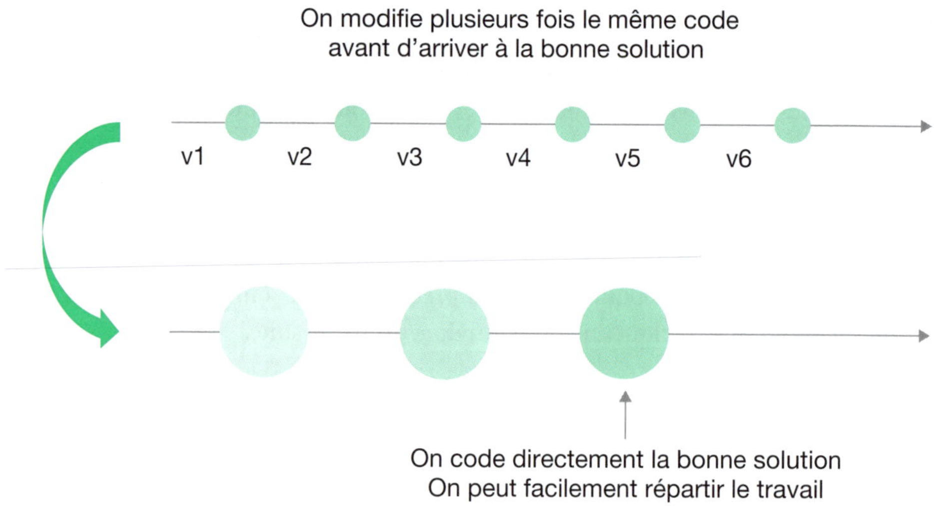

Vérification

Ce risque de problèmes divers nous oblige à vérifier que le système développé fait bien ce qu'on attend de lui. On va donc effectuer une série de tests sur chaque nouvelle fonctionnalité développée. Les effets indésirables imprévus sont très courants et il faudra donc également vérifier qu'on n'a aucune régression sur les fonctionnalités déjà existantes, c'est-à-dire qu'elles marchent toujours aussi bien qu'avant la modification.

Le problème qu'on va rencontrer alors est une augmentation importante du nombre de tests à exécuter à chaque ajout de nouvelle fonctionnalité en production : il faut systématiquement refaire tous les tests déjà faits précédemment.

Le bon sens nous encouragera alors à développer un maximum de fonctionnalités, attendre qu'elles soient toutes prêtes et les tester en même temps une bonne fois pour toute. Cela nous évitera de tester de nombreuses fois la même chose. On pourra ensuite livrer cette version entièrement vérifiée au client.

Si on souhaite ne plus suivre le modèle waterfall, reconnaître ces raisonnements aide à éviter de retomber dans ces « pièges / réflexes » en cas de situation difficile. La difficulté vient du fait qu'il s'agit à chaque fois d'une réaction de bon sens si on ne prend pas en compte les effets néfastes de chacun de ces choix.

i

Par exemple, une équipe fonctionnant selon la méthodologie Scrum[13] et qui réalise qu'elle doit souvent discuter avec son product owner pendant le développement[14] pour obtenir les détails nécessaires pourrait être tentée de refuser de travailler sur une demande dont les moindres détails n'ont pas été définis à l'avance afin de ne plus devoir en discuter pendant l'itération.

---

13 Cf. chapitre 5. *Scrum.*

14 Product owner = représentant du client dans la méthodologie Scrum.

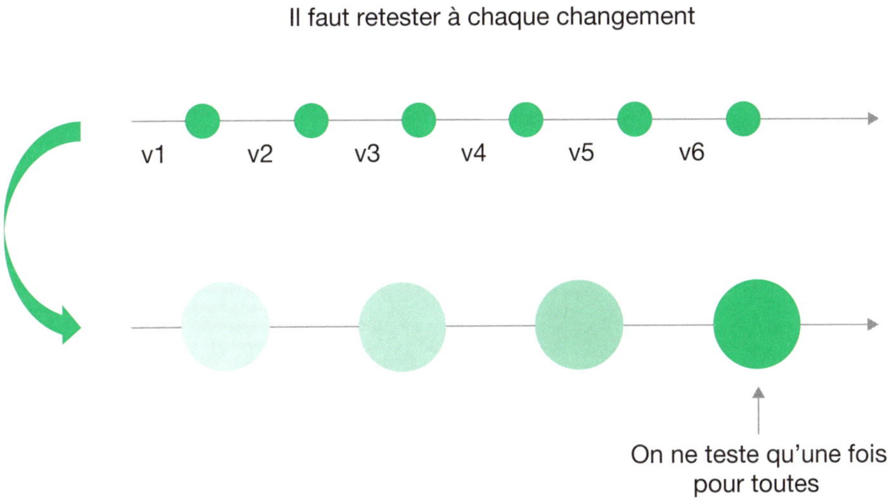

Le modèle

On passe d'un mode de fonctionnement où chaque activité est répétée de nombreuses fois à petite échelle à un modèle où chacune de ces étapes n'est effectuée qu'une seule fois, dans un objectif d'efficacité.

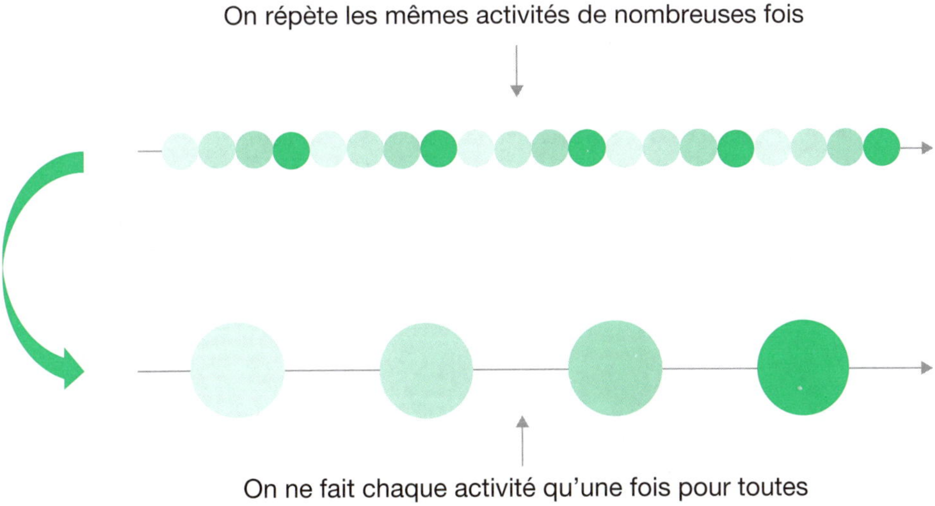

On arrive donc à un modèle par phase, dans lequel on démarre tout projet par l'*analyse* complète de tous les besoins actuels et à venir. Vient ensuite la phase de *design* où l'on détaillera un maximum tout ce qu'il faudra développer avant de passer à la phase d'*implémentation* où il suffira de suivre les plans réalisés. La phase de *vérification* se fait en fin de projet uniquement. La représentation de ces étapes sous forme d'une « cascade » lui a donné son nom[15].

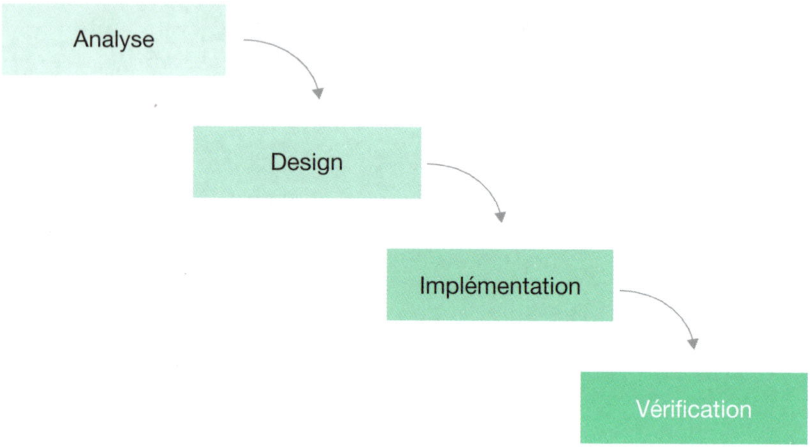

À chaque phase correspondra un ou des rôles. Ces personnes (souvent une équipe distincte pour chaque phase) vont alors se spécialiser dans leurs tâches.
La communication d'une phase à l'autre est principalement écrite, sur base de documents transférés à chaque fin de phase. L'intérêt recherché est l'efficacité (pas besoin de se répéter) et la pérennité de l'information (on peut à tout moment retourner voir ce qui avait été écrit).

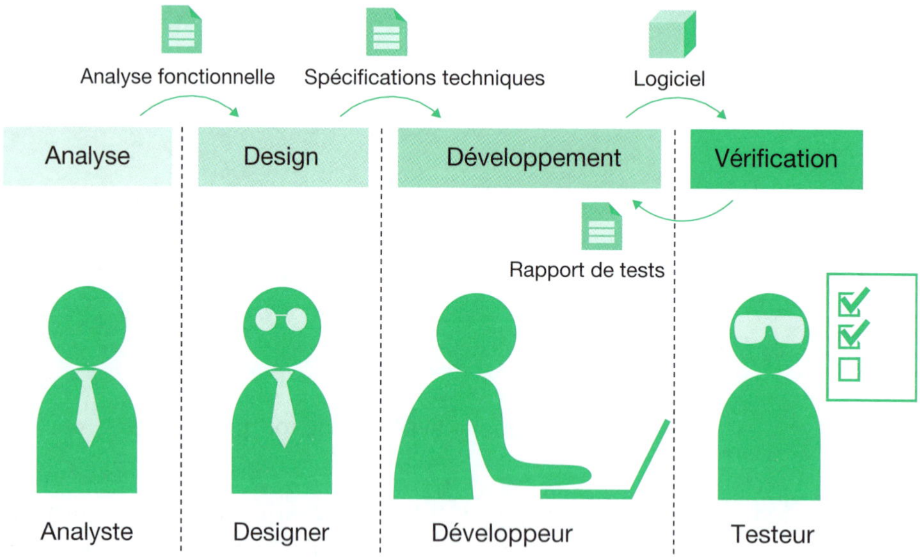

[15] Waterfall = cascade en anglais.

Cycle en V

La phase de vérification est relativement variée et peut porter sur de nombreux points différents. Une image souvent utilisée pour classer les différents types de tests à réaliser est le *cycle en V*. Il met en évidence que chacune des phases précédentes doit être vérifiée spécifiquement. De nombreuses variantes existent, mais le principe reste le même.

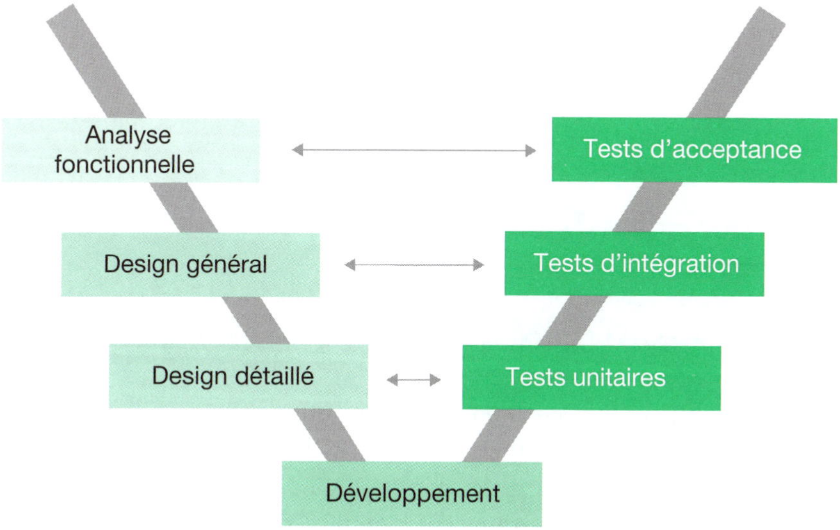

Coût d'un changement

Un argument souvent avancé pour justifier l'analyse très détaillée en amont du projet est le fait qu'un changement coûtera de plus en plus cher avec les phases qui passent. Un malentendu clarifié dès la phase d'analyse ne coûte qu'une simple discussion. Si on se rend compte que la fonctionnalité ne sera pas utile telle quelle alors que tout le design est déjà fait on a gaspillé déjà plus de temps. Si on doit modifier le code développé c'est encore plus de temps perdu. S'il a fallu attendre qu'un testeur se rende compte du problème, fasse un rapport, interrompe le développeur, et teste à nouveau par la suite on impacte encore plus le planning. Mais, évidemment, le problème le plus coûteux est celui qui est détecté en production, qui a peut-être déjà fait des dégâts aux clients et qui va nécessiter un déploiement en urgence.

> « Personne ne peut mesurer la perte commerciale qui peut découler d'un produit défectueux fourni à un client.
>
> *W. Edwards Deming* »

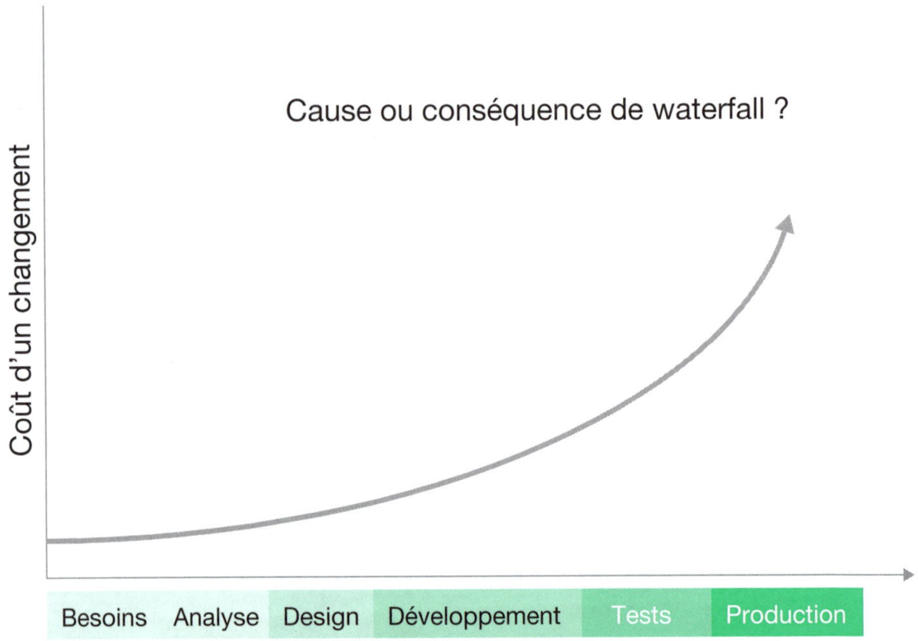

Cependant, si un incident en production sera toujours plus délicat que sur un environnement de test, on peut se demander si l'organisation stricte par phase n'augmente pas encore le coût de la correction en aval du processus, créant ainsi un véritable cercle vicieux. C'est une des hypothèses de la méthodologie Extreme Programming[16]. Elle souligne que si tout est prévu en amont, on a plus de difficultés à gérer un changement imprévu par la suite (il faudra repasser par chacune des phases, et donc des équipes, pour cette simple correction). Ce serait donc le choix du fonctionnement de l'organisation qui provoque (ou renforce) cette situation.

Métaphore de la construction

Cette manière d'organiser le développement d'application est souvent justifiée en comparant avec le monde de la construction. On fait d'abord les plans sur papier, suivi par une demande d'offre à des entrepreneurs à qui on demande de réaliser ce qui a été prévu tel quel et on les suit sur base du planning défini. On termine le projet quelques mois ou années plus tard par la réception des travaux où on vérifie tout avant de signer la fin du projet.

De nombreuses personnes ont depuis lors démontré qu'en réalité le monde de la construction et celui du développement d'application ne sont pas semblables et que ce qui est vrai pour l'un ne l'est pas toujours pour l'autre.

---

[16] Cf. chapitre 7. *Extreme Programming*

En particulier, quand on construit un bâtiment on est face à des besoins relativement prévisibles. Personne ne construit de maison sans cuisine. La taille des marches de l'escalier est définie par des normes, les portes s'ouvrent avec une poignée comme pratiquement toutes les portes, etc. Il reste de la place à l'imagination, mais dans un cadre connu de tous.

À l'inverse, une application ne suit pas ou très peu de normes. La plupart des fonctionnalités peuvent être réalisées de très nombreuses manières différentes pour des résultats fort éloignés les uns des autres. Si un client demande de prévoir une recherche dans son programme on pourra lui faire une simple requête dans une base de données avec une clause SQL LIKE[17], ou au contraire, une recherche digne d'un moteur comme Google qui renverra à des résultats bien plus pertinents. Le besoin pourrait dans les deux cas être exprimé par la « possibilité de faire une recherche ».

Un deuxième élément qui distingue clairement les deux mondes est la tendance à faire des changements entre le début et la fin du projet. Quand les murs de sa maison sont montés, toute personne raisonnable se rend bien compte qu'il est trop tard pour demander de tout déplacer de 2 mètres pour faire un chemin qui passe sur le côté. Quand toutes les canalisations d'eau arrivent dans la salle de bain, on n'envisage plus de déplacer cette pièce à l'autre bout de la maison...

Mais pour une application entièrement basée sur du code, tout semble (et est) possible à tout moment. Malheureusement, le coût entraîné par un changement de structure de la base de données pour une petite demande du client n'est souvent pas facilement compris et donc pas acceptable pour celui-ci. Surtout s'il a l'habitude de bricoler avec Microsoft Access et pense que la charge de travail est la même !

Il y a, enfin, une erreur fondamentale dans le parallèle construction/développement et elle concerne la planification. Tous ces projets identifient deux activités bien distinctes : la conception du produit (activité créative, difficile à planifier car on cherche des idées et on recommence plusieurs fois) et la réalisation (où on suit ce qui a été défini, facile à planifier car on sait ce qu'on va faire). Seulement, là où ces phases sont très claires lorsqu'on construit un immeuble, on se trompe souvent pour le logiciel. En réalité, l'entièreté du développement est une activité de créativité. C'est ce qui rend les estimations si mauvaises : on va devoir essayer des choses et recommencer jusqu'à ce qu'on trouve la bonne idée. Le code représente les plans qui définissent le programme qu'il faut réaliser. Le programme en lui-même sera produit par un compilateur en suivant à la lettre les « plans ». Cette partie est très facile à estimer et dure au maximum quelques minutes !

Il n'est donc pas réaliste de penser que l'estimation d'une activité de programmation peut être systématiquement juste et précise.

---

17 Recherche de toutes les entrées qui contiennent le terme recherché, sans ordre particulier.

Outils et méthodologies

Pour compléter notre connaissance générale sur waterfall, parcourons ici en quelques lignes les différents outils et méthodologies qui y sont liés.

Diagramme de Gantt

Ce diagramme a été publié pour la première fois en anglais sous ce nom par Henry Gantt aux alentours de 1910. Il permet de visualiser facilement différentes tâches à réaliser dans le temps, et en particulier leurs dépendances. On désigne n'importe quelle étape importante sous le nom de *jalon* (ou *milestone*, en anglais).
Ce diagramme est très fort utilisé par n'importe qui soucieux d'organiser visuellement des activités dans le temps, agile ou non.
On parle parfois également de *rétroplanning*, il s'agit d'une façon de concevoir un planning en commençant par identifier la date où un projet doit être terminé. On va ensuite déduire à quel moment la dernière étape doit avoir commencé avant de passer à l'avant-dernière étape et continuer ainsi jusqu'à la date où il faut en théorie commencer le projet.

Tâche	Durée	Janvier	Février	Mars	Avril	Mai
Récolte des besoins	2 semaines					
Analyse	2 semaines					
Design	3 semaines					
Développement	5 semaines					
Tests	4 semaines					
Production	1 jour					

Diagramme de PERT

Le diagramme de PERT est un outil similaire à celui de Gantt. Il a été développé par la marine américaine dans les années 1950 dans le but d'identifier plus clairement les tâches pouvant être réalisées en parallèle et surtout celles qui peuvent être reportée.
Il n'est pas très facile à lire, car ce sont les discrètes flèches qui représentent les tâches alors que les grands cercles ne représentent que les étapes entre ces tâches. Il est très peu utilisé.
Un concept a malgré tout été repris : le *chemin critique*. Il s'agit de l'ensemble des tâches qui ne peuvent pas être retardées sans impacter la date de livraison du projet (en vert dans le schéma ci-dessous). Toutes les autres tâches qui doivent de toute façon attendre une autre étape plus longue avant de passer à la suite n'en font donc pas partie (en noir dans le schéma ci-dessous). C'est le principal apprentissage qu'on retire de ce diagramme. On retrouve d'ailleurs maintenant cette notion de chemin critique aussi dans les diagrammes de Gantt.

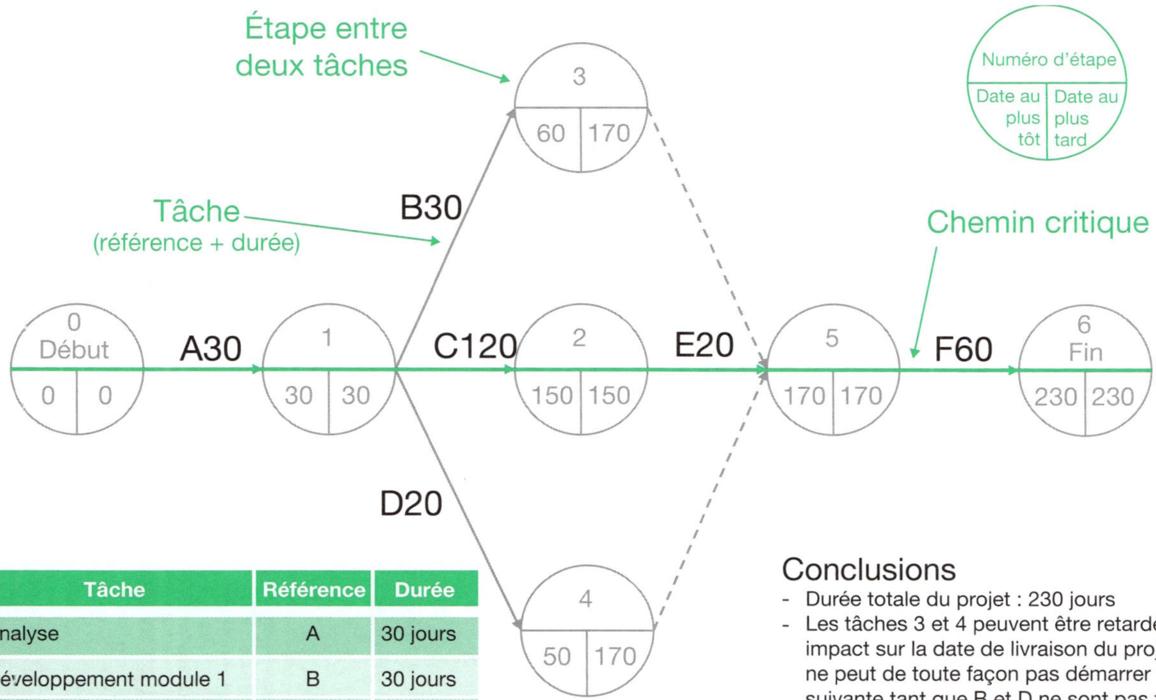

Tâche	Référence	Durée
Analyse	A	30 jours
Développement module 1	B	30 jours
Développement module 2a	C	120 jours
Développement module 2b	D	20 jours
Développement module 3	E	20 jours
Test intégration	F	60 jours

Conclusions

- Durée totale du projet : 230 jours
- Les tâches 3 et 4 peuvent être retardées sans impact sur la date de livraison du projet car on ne peut de toute façon pas démarrer la tâche suivante tant que B et D ne sont pas terminées.

PRINCE2

L'administration du gouvernement anglais a créé en 1996 une méthodologie pour mener à bien ses projets : PRINCE2. Elle est basée sur le modèle waterfall et fournit une littérature riche ainsi qu'un programme de formation et de certification complet dont le coût n'est pas à la portée de tous.

PMI / PMBOK

Le Project Management Institute[18] produit depuis 1983 de nombreux ouvrages rassemblant les bonnes pratiques en gestion de projet. Ces recommandations sont rassemblées dans le PMBOK (Project Management Body Of Knowledge). La logique waterfall qui y est détaillée et l'approche business pour la promouvoir est très proche de PRINCE 2. Un système à point est par exemple mis en place pour obliger les personnes certifiées à faire parler de la méthodologie en organisant des évènements et autres types de promotions.

CMM / CMMI

Soucieux de ne faire appel qu'à des fournisseurs sérieux, le département de la défense américaine a fait mettre en place en 1991 une échelle permettant de catégoriser les entreprises selon la fiabilité de leur organisation interne. C'est le *Capability Maturity Model, CMM* (suivi plus tard par le *Capability Maturity Model + Integration, CMMI*). Il est alors possible à n'importe quelle entreprise de faire appel à un organisme certificateur pour venir analyser ses processus et définir un niveau de maturité. D'abord centré sur l'informatique, ce modèle s'est ensuite étendu à tous les domaines d'ingénierie (architecture, mécanique, électronique ...).

On peut voir ici de nombreuses similitudes avec les certifications *ISO 9000*, qui œuvrent essentiellement dans le même sens.

ITIL

Fort du succès de PRINCE2, le gouvernement anglais désira élargir sa logique de bonnes pratiques standardisées à l'ensemble du département IT de chacune de ses agences. L'objectif fut alors de définir chaque processus, chaque contrôle à appliquer, chaque rapport à rédiger de façon standardisée. Une attention particulière fut également donnée à la traçabilité des actions de chacun.

L'ensemble des thèmes concernés est très large : service desk, incident management, change management, service level agreement (SLA), IT financial management...

---

[18] Le Project Management Institute est une association américaine créée en 1969 dans le but de proposer des méthodologies de gestion de projet.

Conclusion

On retiendra de ces nombreuses initiatives que la standardisation générale des projets et des organisations peut amener des avantages :

- Les bonnes pratiques répandues fournissent généralement une certaine efficacité.
- Il ne faut pas réinventer la roue pour chaque nouveau problème.
- Cela permet un reporting uniforme pour le management et permet donc une gestion facilitée.

D'un autre côté, le prix de cette standardisation est :

- Une lourdeur bureaucratique réduisant fortement l'efficacité.
- Un faible niveau de motivation des employés qui suivent les processus définis.
- Un manque de flexibilité pour s'adapter à des situations et des contextes différents que ceux qui ont été prévus dans la méthodologie.

Il faudra donc faire attention à appliquer cette rigidité en connaissance de cause pour des domaines qui la requièrent vraiment.

Chapitre 3

Méthodologies légères

Un retour au bon sens et à l'humain.

Les années 90 voient l'apparition de nombreuses alternatives à waterfall. De plus en plus de gens prennent conscience de l'impasse dans laquelle la standardisation les a menés et veulent retrouver la satisfaction de se savoir utile et d'avoir du plaisir à faire leur métier.

Ils vont chacun de leur côté concevoir de nouvelles manières de réaliser des applications, mais on constate qu'ils se basent sur de nombreux principes communs.

Dans ces nouvelles méthodologies on compte Crystal, DSDM, Feature Driven Development, Scrum, Extreme Programming…

Un des premiers points qu'ils ont en commun est de considérer que l'organisation est nécessaire pour arriver à faire fonctionner un groupe de gens dans un but commun, mais que cette organisation ne doit pas cadenasser les gens. Elle ne doit pas mener à des actions qui sont faites uniquement parce que l'organisation l'exige alors qu'elles n'apportent aucune valeur à personne. Elle ne doit pas freiner les gens, mais au contraire les soutenir pour avancer plus vite.

Un autre élément qu'on retrouve très souvent est *une approche plus adaptive que prédictive*. C'est-à-dire qu'elles vont éviter de préparer un maximum en amont sur base d'un avenir prévu mais plutôt avoir une manière de fonctionner qui permette de s'adapter aux changements qui surviennent tout au long du projet.

On constate également que ces nouvelles méthodologies sont réfléchies par rapport aux gens : on se demande ce qu'il faut leur fournir pour qu'ils arrivent à l'objectif qu'on leur a fixé. On prend en compte le fait qu'ils ne sont pas des robots, que chaque décision va les impacter et que ce n'est pas anodin. C'est très différent des méthodologies qui imaginaient une organisation idéale, les rôles qui y figuraient et recherchaient ensuite des gens qui avaient le profil nécessaire pour les y insérer.

Un dernier point qu'on retrouve de façon générale est la diminution de la documentation exigée. On recherche un équilibre coût / valeur ajoutée sans dogmatisme.

Principes

Les problèmes à résoudre sont nombreux. Les solutions qui y sont apportées tranchent clairement avec les logiques précédentes.

Goulots d'étranglement

Un des problèmes typiques d'un processus par phases est l'apparition d'un goulot d'étranglement.

> Par définition, toute chaîne de production ne peut avancer qu'au rythme de son maillon le plus lent.

Si la phase de développement prend du temps à cause d'un manque de personnel dans l'équipe de programmeurs, on risque de se retrouver avec des testeurs qui ne savent pas quoi faire et qui attendent tout le temps de recevoir du travail. De la même façon, les étapes en amont – comme l'analyse – vont accumuler du travail sans qu'il ne soit consommé au même rythme par les développeurs. Les analystes travaillent en partie pour rien : il faudra leur dire de s'arrêter et d'attendre ou il faudra jeter une partie de leur travail.

Cette situation problématique mène à la décision que les compétences et les rôles devraient être partagés entre les équipes et dans l'équipe elle-même. En évitant de spécialiser les équipes et les personnes, elles pourront plus facilement se charger des tâches qui forment actuellement le goulot d'étranglement. Cette flexibilité va augmenter considérablement l'efficacité de l'organisation et de l'équipe.

Tensions entre les différents rôles

> *« C'est encore les analystes qui ont mal fait leur travail et pas indiqué les détails nécessaires ! », « Ce développeur se moque de nous : c'est la 3e fois que je lui rapporte le même bug ! », « Il commence à m'énerver ce testeur qui ne comprend rien au système ! » ...*

Ces phrases on les entend régulièrement dans des équipes qui sont spécialisées et doivent interagir avec d'autres équipes. Cette organisation encourage la mentalité « eux contre nous ». Dans ce cas, la plupart des gens ne font pas l'effort de se mettre à la place des autres et leur rejettent la faute.

Là encore, regrouper les personnes et décourager les rôles distincts va permettre de responsabiliser chaque membre de l'équipe par rapport à toutes les activités à réaliser, car il doit également y contribuer.

Le projet est en retard

Le risque classique des projets informatiques est de prendre du retard, ou plutôt que *l'estimation initiale ne colle pas à la réalité !* On l'a vu, cela se produit très régulièrement et c'est évidemment un réel problème : le client veut légitimement avoir un prix avant de passer commande, mais si cette estimation n'était pas correcte, on va probablement perdre de l'argent au lieu d'en gagner.

La première façon d'éviter cela sera de demander les estimations aux équipes qui vont réaliser le travail. Lorsqu'un chef de projet réalise un planning pour une équipe il a non seulement de grandes chances de se tromper – ne connaissant pas lui-même les détails du travail à réaliser – mais cela va également être peu motivant pour les membres de l'équipe. On se sent, en effet, plus concerné par des délais qu'on a donnés soi-même.

Le deuxième changement pour éviter les gros dérapages est d'accepter que les estimations à long terme ne sont jamais correctes et qu'il vaut mieux concentrer ses efforts sur un planning à court terme (quelques semaines) et rester relativement ouvert et flexible pour la suite. On se permettra alors de modifier ce planning à chaque fois qu'on recommence une itération de quelques semaines. La vision à moyen terme est mise à jour régulièrement selon la réalité. On arrête de penser qu'il faut tout faire pour revenir au planning tel qu'il était prévu, même quand cela ne colle plus avec la réalité des évènements.

Problèmes de communication

Dans pratiquement toutes les organisations on constate qu'une des difficultés principales est la transmission d'information. Une personne doit recommencer ce qu'elle a fait car elle avait mal compris ce qui était demandé. Une autre n'avance plus sur son travail, car elle attend quelqu'un qui n'a pas conscience de bloquer les autres. Les exemples sont nombreux.

Très souvent, la meilleure solution est de modifier l'organisation pour encourager la collaboration entre toutes les personnes impliquées. C'est assez évident, mais on en est généralement très loin. Cela demande également une certaine dose de leadership pour motiver les gens à participer à ces échanges. Ce qui n'est pas toujours évident lorsqu'on est habitué à travailler dans son coin pendant une semaine sans devoir montrer ce qu'on a fait avant sa réunion hebdomadaire avec son supérieur hiérarchique.

Un changement d'organisation qui peut aider est de diminuer le nombre de tâches en cours en parallèle et de demander aux membres de l'équipe de travailler ensemble sur une même tâche.

La communication au travers de documents est également une source classique de malentendu. Pour des raisons d'apparente efficacité on peut être tenté de forcer les personnes à transmettre les informations principalement via des documents écrits.

Malheureusement, ceux-ci sont rarement totalement clairs pour le lecteur et même avec un grand effort de rédaction, les possibilités de mauvaise compréhension de l'information sont nombreuses.
Pour cela, on recommandera toujours la communication orale, face à face. Cet échange est beaucoup plus riche et donne la possibilité de feedback immédiat à celui qui communique : il se rend bien compte que si son interlocuteur fronce des sourcils ou ne répond pas grand-chose c'est qu'il n'a pas entièrement saisi le message et qu'il vaut mieux réexpliquer. Il a également la possibilité de directement poser les questions qui lui viendraient à l'esprit. De plus, les expressions, les intonations et autres éléments de communication non-verbale enrichissent grandement la communication qui fournit alors toutes les subtilités nécessaires pour transmettre l'entièreté du message et de sa signification.

Besoins du client mal communiqués

La communication peut aussi devenir compliquée quand l'information doit passer par de nombreux intermédiaires avant d'arriver au destinataire. C'est typiquement le cas quand un client formule une demande à un contact commercial, qui la transmet à un analyste technique, qui, à son tour, en parle aux développeurs. Dans cette situation, il n'est pas étonnant que le message initial soit déformé à l'arrivée.
La solution est évidente mais trop rarement mise en place : permettre au client d'expliquer ses besoins à l'équipe de développement directement. On croit souvent à tort qu'une personne qui sait programmer ne peux pas également avoir (ou développer) les compétences nécessaires pour échanger de façon efficace avec le client.
Comme souvent il vaut mieux rajouter une boucle de feedback pour s'assurer qu'on s'est bien compris. En montrant ce qu'on fait le plus souvent possible au client, on valide au fur et à mesure notre alignement.

Les problèmes en fin de projet

Au début d'un projet de plusieurs mois, tout se passe généralement très bien. On est motivés et on a tout le temps devant nous. On développe progressivement l'entièreté du système et, à l'approche de l'échéance fixée la plupart des fonctionnalités sont prêtes. Cependant, malgré cela on s'étonne souvent que les 20 derniers pourcents du projet réservent de nombreuses surprises. Incompatibilités entre systèmes, rapports de test catastrophiques ... Tout cela mène invariablement à un retard par rapport au planning prévu initialement.
C'est généralement dû au fait qu'on ne termine pas réellement le travail. On développe des fonctionnalités les unes après les autres sans les utiliser et on réalise en fin de projet l'étendue de ce qui manque.

Il est possible d'avoir une autre approche : développer une nouvelle version avec peu de changements (mais qui fonctionne !), la délivrer directement au client et la déployer en production si possible.
Beaucoup de gens considèrent que ce genre d'approche n'est pas réalisable dans le contexte de leur entreprise. D'autres essaient mais ne conçoivent pas encore réellement ce dont on parle quand on vise *une petite release avec peu de changements*.
La tendance va à la diminution de taille constante et l'augmentation de fréquence de ces nouvelles versions. Une release par mois semble inévitable, une par semaine souhaitable, une par jour un objectif (que certains ont déjà atteint, voire dépassé). Cela peut paraître utopique, mais on parle bien de revenir à la flexibilité et la rapidité qu'on avait déjà avant waterfall et ITIL : corriger un bug dans la matinée, et appliquer le correctif dans l'après-midi. En tant que client, combien de temps êtes-vous prêt à attendre que votre problème soit réglé avant de laisser tomber et décider de ne pas utiliser le service défectueux ? Vos clients sont-ils plus patients que vous ?
La réactivité dont il sera alors possible de faire preuve permettra de façonner un lien de confiance client-fournisseur qui a énormément de valeur et permettra encore d'augmenter la pertinence et l'efficacité du service fourni.
Arriver à un tel résultat demande généralement un grand effort et une discipline rigoureuse. De nombreuses pratiques doivent être mises en place. Ces changements sont difficiles, mais tout à fait réalisables quand on a vraiment compris comment faire concrètement et ce qui compte réellement.

Problèmes cachés

En plus des problèmes techniques non visibles, il n'est pas rare de découvrir de nombreux problèmes en fin de projet qui étaient pourtant connus par certains.
Cette situation est souvent causée par la culture de l'entreprise. Quand un chef de projet risque de perdre sa place si son projet est en retard, il aura tendance à cacher les problèmes et montrer une image idyllique à ceux à qui il rend des comptes. Il se convaincra lui-même que tout va bien. Rendra des rapports où tout est dans le vert.
De la même façon, si les membres de l'équipe ne sont pas encouragés à remonter les problèmes et à s'en occuper, ils éviteront de se donner plus de travail alors que ce n'est pas leur responsabilité. Surtout si on leur reproche la présence de ces problèmes quand ils en parlent !
Une atmosphère de respect et de confiance permet d'éviter tout cela. Seulement, ce n'est pas facile à mettre en place. C'est au chef d'équipe en premier à se forcer à accepter toute faute d'une personne de façon positive et sans reproche, à chercher comment régler le problème et l'éviter à l'avenir.
De plus, il est rare qu'une personne fasse une erreur dans une équipe sans que personne d'autre ne puisse rien faire pour éviter cela. C'est la responsabilité collective

de l'équipe de se construire un fonctionnement qui protège contre les problèmes potentiels.

Une exception : si une personne ne respecte expressément pas les règles de l'équipe, ses collègues ne pourront évidemment pas l'aider et son supérieur hiérarchique devra s'en charger, d'une façon ou d'une autre.

En étant transparent tout au long du projet, on permet à tous de voir les problèmes rencontrés et de peut-être proposer des solutions. Dans tous les cas, les prévisions peuvent être réadaptées.

Cette transparence se traduit par de nombreuses pratiques différentes comme les stand-ups ouverts à tous, l'affichage de la progression sur un mur...

Montrer le résultat réel du projet de façon régulière au client est le meilleur exemple de transparence : ***on montre ce qui a réellement été fait, pas des chiffres dans un rapport Excel.***

Résultat peu utilisé

Il est généralement admis que seule une partie des fonctionnalités délivrées au client sont réellement utilisées. Peu de chiffres fiables existent en la matière[19], mais cette part est même probablement généralement sous-évaluée.

C'est certainement le plus gros frein au succès d'un projet : quand, malgré tous les problèmes évoqués, on arrive enfin à délivrer quelque chose au client, on réalise seulement que ça ne lui sert pas vraiment...

Or les méthodologies légères ne veulent plus de cette ancienne vision qui résume un projet réussi à un planning et un budget respectés. On peut être dans les temps et fournir un résultat conforme mais inutile !

Leur définition de la réussite d'un projet se concentre sur la valeur produite pour le client. Si celle-ci est plus importante que le coût total du projet, alors le projet a rapporté quelque chose. Dans le cas contraire, il aurait mieux valu ne pas le faire car on a juste perdu de l'argent.

Malheureusement cette définition a un désavantage par rapport à la vision de waterfall : la valeur apportée par le projet est difficile à mesurer. On peut faire des projections sur base du temps économisé par certains employés et multiplier par leur coût horaire par exemple, mais c'est souvent très théorique (et pas toujours possible). Cependant, quand ces employés peuvent se concentrer sur des tâches à plus grande valeur ajoutée ou simplement gérer des volumes plus grands sans embauche supplémentaire on peut estimer avoir réellement aidé son client à rivaliser avec ses concurrents.

---

19 Le Standish Group a présenté certains chiffres en 2002 avançant que 64% des fonctionnalités n'étaient pas ou peu utilisées. Ces chiffres sont largement répandus mais, comme le révèle Mike Cohn sur son blog (https://www.mountaingoatsoftware.com/blog/are-64-of-features-really-rarely-or-never-used), la méthodologie utilisée est peu fiable : seules 4 applications *internes* ont été prises en compte pour cette étude.

Comme pour d'autres choses qu'on a vues, la meilleure façon de s'assurer de l'utilité de ce qu'on est en train de développer est de le fournir régulièrement au client et lui permettre de l'utiliser. Il est le seul à pouvoir essayer d'évaluer si cela l'aidera réellement dans son travail ou non. Et la véritable confirmation ne vient que lorsqu'on arrive à le lui faire utiliser en production pour de bon. Il faut donc tout mettre en place pour arriver au plus vite à cette situation et éviter les fonctionnalités inutiles !

Bien entendu, il faudra que le client comprenne l'importance de cet investissement. Car cela lui demandera du temps et de l'énergie pour fournir un feedback pertinent. Et cela augmente encore la facture pour lui !

i

J'ai un jour travaillé sur un projet qui visait à réaliser un outil de vérification financière à destination du service de comptabilité de la même entreprise où je travaillais. Cette application était très évoluée et pouvait repérer de nombreuses erreurs possibles dans les données traitées par ce département.

En fidèles adeptes de l'agilité, nous avons délivré le logiciel par étape sur un environnement de test pour avoir les retours de l'équipe qui allait l'utiliser. Nous avons pu ainsi leur fournir exactement ce qu'ils voulaient et nous étions très satisfaits.

Après de longs mois de développement, nous avons pu mettre l'application en production. Nous nous attendions à une très grande valeur ajoutée compte tenu de toutes les erreurs qui allaient maintenant pouvoir être directement identifiées.

Malheureusement, cet outil ne fut jamais utilisé. Quand nous avons voulu comprendre pourquoi, nous avons constaté que bien que l'application correspondait parfaitement à ce qui était demandé, l'équipe en question n'avait simplement pas de temps à consacrer à ces vérifications car elle était constamment débordée.

Il est fort probable que si nous avions délivré un outil beaucoup plus simple, plus tôt, et en production, nous aurions pu nous rendre compte qu'il n'était pas utilisé et plutôt orienter nos efforts vers des fonctionnalités qui faisaient gagner du temps à nos utilisateurs puisque c'est visiblement ce dont ils manquaient le plus. Malheureusement, on ne découvre souvent ce genre d'information qu'en se confrontant à la réalité en production.

Les besoins du client changent

Tous les développeurs ont déjà été confrontés à cette situation : après avoir reçu exactement ce qu'il a demandé, le client désire finalement autre chose... C'est irritant car il faut alors recommencer quelque chose qui était terminé et on a le sentiment que ce gâchis aurait pu être évité si le client avait réfléchi un peu avant de faire sa demande ! Malheureusement, malgré tout ce qu'on peut mettre en place comme collaboration avec le client, ces changements sont inévitables. Il y en aura toujours. Tout d'abord parce que le client, tout comme l'équipe de développement, apprend pendant le projet. Sa compréhension de ce qui lui fera gagner du temps s'affine au fur et à mesure qu'il voit des fonctionnalités, qu'il en discute, qu'il les essaie... Il comprend également de mieux en mieux à quoi peut ressembler l'application qu'on est en train de lui construire.

Il est normal qu'il puisse mieux identifier ce qui lui apporte de la valeur au milieu du projet qu'au début. Tout cela est évidemment encore pire quand on ne lui a rien montré pendant la plus grande partie du projet et qu'il n'a donc pas pu apprendre grand-chose. Un second élément qui entre en compte est l'évolution du marché. Si un besoin n'est pas rapidement rempli, il sera vite remplacé par autre chose et l'occasion d'apporter de la valeur sera perdue.

i

Prenons par exemple une société de consultance en manque de clients. Elle perd de l'argent chaque jour avec des consultants en attente de mission. Elle fait appel à vous pour lui construire une application de gestion des clients et des pistes possibles, les rendez-vous déjà passés, etc. Vous acceptez le cahier des charges et travaillez sur l'application pendant 6 mois. Lorsque vous revenez les voir, on peut imaginer qu'ils auront pris d'autres actions supplémentaires pour remédier à leur problème et qu'ils auront maintenant beaucoup plus de clients... et peut-être plus assez de consultants ! Dans ce cas vous leur fournirez une application qui ne correspond plus à leurs besoins. Ils préféreront un site web qui permet aux candidats d'envoyer leur CV !

Lorsqu'on a accepté que les changements répétés sont inévitables et représentent en réalité des opportunités d'apporter un ***avantage compétitif***, on peut changer sa façon de gérer ces demandes.
Ne plus essayer de bloquer ces changements, ne pas avoir le sentiment que le client ne respecte pas sa parole et donc ne pas se lancer dans une politique de *demandes de changement*.
Le principe des demandes de changement (ou « change requests » en anglais) prévoit que chaque détail des fonctionnalités doit être inclus dans le contrat initial et le moindre changement entraîne une surfacturation. Mais puisque le client changera sans aucun doute d'avis, il en découlera de longues discussions difficiles et une grande frustration pour lui et pour son fournisseur avec un résultat qui ne satisfera aucun des deux.
L'élément clé pour gérer ces changements sans problème est une approche itérative où on ne travaille que sur la priorité n°1 du moment. Toutes les autres demandes sont pour plus tard et peuvent encore être rediscutées / annulées / remplacées (cf. chapitre *15. Projets au forfait*).

Démotivation des employés

Il n'y a malheureusement pas de recette miracle pour obtenir une équipe motivée. Il va falloir orienter le management sur les gens. C'est-à-dire qu'on réfléchit le système et ses règles en fonction de ce dont les employés ont besoin pour atteindre les objectifs qu'on leur a fixés.
Cela tranche fort avec la vision générale d'une organisation idéale qui définit des rôles et les processus à suivre. Car il suffit dans ce cas d'engager des personnes dont le profil correspond aux rôles pour démarrer un projet. Cette approche encourage l'idée

que les personnes sont toutes les mêmes et qu'on peut aussi facilement remplacer une personne par une autre si besoin sans impact important. Cela nie toute la spécificité des personnes, leurs compétences individuelles, les connaissances accumulées dans l'entreprise, etc.

Une condition importante pour donner de la motivation à un groupe est de ne pas leur imposer une manière de fonctionner, de leur donner l'autonomie de définir eux-mêmes leur organisation. C'est reconnaître leurs compétences dans leur métier. Elles prendront leurs propres décisions, mais doivent aussi estimer elles-mêmes le temps nécessaire à la réalisation de leur travail.

C'est important car on voit encore dans la plupart des entreprises les logiques établies par Frederick Taylor au début du siècle passé. Cet ingénieur américain inventa *l'organisation scientifique du travail*: un moyen de rationaliser le travail dans les usines qui fleurissent à cette époque et engagent de plus en plus d'ouvriers. L'idée est de diviser les travailleurs en deux groupes. Les cadres planifient et réfléchissent aux processus. Ils visent à optimiser chacun des gestes nécessaires dans la chaîne de production. Ils mesurent le temps que chaque action prend dans le but de l'optimiser. Les ouvriers, eux, appliquent les gestes prévus tels qu'ils ont été pensés. Ils n'ont donc pas à réfléchir et peuvent être formés (et donc remplacés) très rapidement (en dix minutes chez Ford par exemple).

L'organisation contemporaine des entreprises garde ses distances par rapport à ce système qui nous paraît aujourd'hui être une caricature. Mais elle a en réalité du mal à se détacher de ses idées de base. Une grande partie d'entre elles continue d'engager des personnes pour analyser les problèmes et d'autres personnes pour implémenter les solutions préconisées dans les temps définis. Trente-cinq ans après la publication du livre *Out Of The Crisis*[20] dans lequel W. Edwards Deming dénonce le management par le chiffre, très peu d'organisations ont laissé tomber les objectifs chiffrés donnés par les managers.

Les méthodologies légères reconnaissent que les mesures du travail sont pratiquement toutes ***inefficaces*** et souvent même ***contre-productives***. Lorsqu'on promet un bonus à un développeur s'il résout au moins 10 bugs par semaine, il ne voudra plus que s'occuper des petits bugs et laissera de côté les problèmes plus sérieux. Si on donne une récompense à celui de l'équipe qui aura résolu le plus de bugs, chacun aura avantage à ce que ses collègues n'arrivent pas à résoudre de bugs...

> Quelle que soit l'ingéniosité de celui qui définit les règles, les impacts indésirables sur le comportement des gens se font toujours sentir d'une façon ou d'une autre. Parfois sans même que le manager n'ait conscience du lien de cause à effet.

[20] W. Edwards Deming, *Out of the Crisis*, MIT Press Ltd, 2000.

La conséquence de ces optimisations locales (à l'échelle d'une personne) est une réduction importante de l'efficacité de l'équipe et de l'organisation dans sa globalité (cf. *Voir l'ensemble* dans le chapitre *12. Lean*). Perdus dans un jeu qui a perdu de son sens, les employés ne sont plus motivés à obtenir de réels résultats pour leur entreprise.

> « Celui qui gèrerait son entreprise uniquement sur des chiffres visibles finira sans entreprise et sans chiffre.
> En fait, les chiffres les plus importants dont un manager a besoin sont inconnus ou impossibles à connaître. Mais, pour réussir, un manager doit malgré tout les prendre en compte.
> Il est faux de penser que si on ne peut mesurer quelque chose, on ne peut le gérer.
> Un mythe onéreux... »
>
> *W. Edwards Deming*

Ce qui explique probablement que cette situation ne change pas plus vite c'est que la solution généralement proposée n'est malheureusement pas aussi facile à mettre en place qu'un tableau Excel et des formules mathématiques. Elle passe toujours par une approche managériale qui demande beaucoup de leadership. Il va falloir déléguer les tâches à ceux qui font ça le mieux et leur faire confiance. Leur indiquer des objectifs clairs pour l'organisation et leur apporter tout le soutien et le conseil possible pour avancer dans cette direction. La proximité et la compréhension de la dynamique de l'équipe permet par la suite de bien voir ce que chacun apporte au groupe et d'envisager les récompenses et évolutions sur cette base.

Processus peu efficace

De façon générale, les équipes qui suivent les règles établies aveuglément sans aucune remise en question ont un fonctionnement peu efficace.

Il faut qu'elles puissent définir elles-mêmes leur processus et l'adapter à leurs besoins, à ce qu'elles savent être utile. Chaque équipe peut avoir des besoins spécifiques et ne devrait pas avoir à copier le fonctionnement des autres.

En définitive, l'élément primordial est l'évolution de ce processus. S'il est adapté et amélioré de façon continue, on peut espérer qu'il soit efficace ou qu'il le devienne. Aucune organisation n'est parfaite : si elle arrête d'évoluer elle sera dépassée par les autres. Elle ne s'adaptera pas aux conditions qui changent en continu. Ce qui est bon aujourd'hui ne l'est pas forcément dans le contexte de demain.

Trop de bugs

Ce n'est pas une nouveauté : la trop grande quantité de bugs dans les applications développées cause de grosses pertes financières. Ils aggravent les problèmes vus dans ce chapitre. Les corrections provoquent des retards dans les projets. La frustration des utilisateurs les décourage même d'utiliser l'application. Les développeurs qui passent leur temps à corriger tout ça sont démotivés ...

Il n'existe pas une solution à ce problème mais plutôt un ensemble de pratiques et de techniques qui peuvent améliorer la situation. Elles ont été en grande partie apportées par la communauté agile dans le but de permettre d'atteindre les objectifs de flexibilité et d'efficacité qui sont visés.

Les tests automatisés, tests unitaires, le test driven development, behavior driven development, design simple et flexible, code lisible, pair programming, intégration continue, refactoring, ... ces pratiques agiles contribuent à l'*excellence technique* qui sera exigée de chacun. Elles seront détaillées dans les chapitres suivants.

> Les defects ne sont pas gratuits. Quelqu'un les produit, et il est payé pour le faire.
>
> *W. Edwards Deming*

Quelques questions à se poser

Et vous ? À la perspective de ces idées, que pourriez-vous améliorer dans votre organisation ?

- Quelles sont les spécialisations dans votre équipe ? Est-ce que quelqu'un doit parfois attendre quelqu'un d'autre ?
- Les estimations que vous faites sont-elles confirmées par la réalité ou sont-elles déconnectées du véritable déroulement du projet ? Que faites-vous quand vous vous rendez compte que le projet ne sera pas fini au moment prévu initialement ?
- Est-ce que les membres de votre équipe pourraient chacun expliquer ce que les autres font ? Est-ce que ce qui est réalisé correspond toujours à ce qui était demandé ou faut-il parfois recommencer à cause d'un manque de compréhension du besoin ?
- Est-ce que tous les documents rédigés sont lus et compris par d'autres personnes ?
- Découvrez-vous plus de problèmes vers la fin du projet qu'au début ?
- Que pouvez-vous faire pour avoir un produit fonctionnel encore plus tôt que ce que vous avez en général ?
- Si vous faites une erreur gênante, allez-vous le dire directement à votre responsable ou préférez-vous régler ça sans en parler ? Est-ce que vos collègues seront au courant ? Est-ce que vous pensez que quelqu'un vous en voudra (même sans vous le dire) ?
- Quel est le délai entre le début de vos projets et l'utilisation réelle en production par les utilisateurs ? Comment pouvez-vous réduire ce délai ?
- Quelles sont les mesures chiffrées que vous suivez ? Avez-vous des objectifs à respecter ? Quel peut être l'effet négatif non-désiré qui pourrait en découler si les membres de l'équipe faisaient tout pour atteindre cet objectif uniquement, au détriment de tout le reste ?

- À quelle fréquence faites-vous évoluer votre processus? Vous plaignez-vous régulièrement des mêmes problèmes sans les régler activement? Avez-vous un moment réservé pour s'occuper de ça et prendre des mesures durables?
- Avez-vous régulièrement des bugs? Quelles pratiques agiles techniques[21] pourraient vous aider? Quel serait le coût d'en essayer une?

[21] Cf. chapitre *7. Extreme Programming*.

Chapitre 4

Agile

La formalisation des pratiques en un manifeste.

Origines

Au début des années 2000, les différents auteurs des méthodologies légères se connaissaient à peu près tous. Ils se croisaient dans des conférences, échangaient sur ces sujets, lisaient les livres que les autres publiaient, etc. En février 2001, ils décidèrent de se réunir, comme ils le font parfois, pour un week-end dans une station de ski en Utah, aux États-Unis. 17 personnes vont faire le déplacement. Ayant chacun leur point de vue bien à eux, leur objectif était simplement de discuter de ce qui les rapproche.

Ils sortiront de ces deux jours avec deux choses. Tout d'abord, un nom qui les rassemble : *Agile Software Development*. Le nom *méthodologies légères* qui leur était donné jusque-là ne correspondait, selon eux, pas à leur approche. En effet, ils ne proposaient pas le modèle waterfall en plus léger, mais apportaient des pratiques totalement nouvelles qui remplaçaient les habitudes existantes.

La seconde chose qu'ils définiront ensemble est un manifeste : L'*Agile Manifesto For Software Development*[22]. Ils rassembleront dans cette très courte publication (2 pages) 4 valeurs et 12 principes qui leurs semblent à tous primordiaux.

Quelques mois plus tard, certains membres de ce groupe constitueront ce qu'ils appelleront l'*Agile Alliance* dans le but de soutenir et propager les valeurs agiles. Cependant, aucun organisme n'a d'autorité sur le terme « agile » ou aucun des principes qui y sont liés. C'est en même temps sa force (son indépendance) et sa faiblesse : contrairement aux méthodologies waterfall qui fournissent des ouvrages de référence pour définir ce qui est correct et ce qui ne l'est pas, les valeurs agiles sont comprises et appliquées de façons variées. Il en découle une image relativement peu claire de l'agilité dans l'esprit de nombreuses personnes, et cela mène parfois à des résultats peu concluants, en particulier dans le cas d'une transition un peu trop rapide et superficielle de waterfall à un fonctionnement agile.

[22] La version française est disponible à l'adresse http://agilemanifesto.org/iso/fr/manifesto.html

Les valeurs

La volonté des auteurs du manifeste était d'éviter d'affirmer dans l'absolu qu'une chose est mauvaise et qu'une autre était bonne. Au lieu de cela, ils ont voulu établir les éléments à privilégier par rapport à d'autres choses, sans pour autant négliger l'utilité de ces autres choses.

> Nous découvrons comment mieux développer des logiciels par la pratique et en aidant les autres à le faire. Ces expériences nous ont amenés à valoriser :
> **les individus et leurs interactions** plus que les processus et les outils,
> **des logiciels opérationnels** plus qu'une documentation exhaustive,
> **la collaboration avec les clients** plus que la négociation contractuelle,
> **l'adaptation au changement** plus que le suivi d'un plan.
> Nous reconnaissons la valeur des seconds éléments, mais privilégions les premiers.

Les principes

Au-delà de ces idées très générales, le manifeste fournit également 12 principes plus concrets. Ils résument une bonne partie des pratiques des méthodologies légères qu'on a vues jusqu'ici en 12 phrases dans lesquelles chaque mot a son importance.

Principe 1

> Notre plus haute priorité est de satisfaire le client en livrant rapidement et régulièrement des fonctionnalités à grande valeur ajoutée.

S'il ne fallait retenir qu'un seul principe, ce serait celui-ci. Toutes les pratiques promues par l'agilité ont pour objectif de fournir de la *valeur* au client *fréquemment*.
Or, on voit encore de trop nombreux projets appliquer une méthodologie agile, comme Scrum, mais sans respecter ce principe de base, ce qui en gâche le principal intérêt.
En effet, le scénario suivant devient malheureusement un classique. Une équipe de responsables « produit » imagine un système complet, avec toutes les fonctionnalités auxquelles ils pensent : *« Et les utilisateurs pourront également faire ceci, et cela, ... »*. On peut espérer qu'ils en parlent à de réels clients (ce qui n'est pas toujours le cas) et, une fois convaincus par leurs idées, fournissent cette liste de fonctionnalités souhaitées à une équipe de développement. Dans le cas où cette équipe se dit « agile », elle travaillera probablement par itération et réalisera les fonctionnalités les unes après les autres (cf. *Principe 3* dans ce chapitre). Dans le meilleur des cas, celles-ci seront disponibles

sur un environnement de test pour que le client (s'il y en avait un) puisse faire ses remarques.

Une fois l'ensemble des fonctionnalités terminées, peut-être 6 mois ou un an plus tard, les responsables du produit mettront finalement celui-ci sur le marché, en production. À ce stade, on compte généralement sur des revenus importants pour couvrir l'investissement conséquent qui a été fait jusque-là. Après tout, c'est la raison d'être du projet! Cela représente évidemment un risque majeur, car il n'est pas rare que les prévisions optimistes ne correspondent pas à la réalité.

Se rappeler ici du premier principe agile et en comprendre les implications peut faire toute la différence. Il est, en effet, crucial de ne pas négliger l'importance de livrer chaque fonctionnalité dès qu'elle est prête, et cela directement *en production*. C'est à ce moment seulement que le client pourra retirer de la valeur du produit. Il pourra peut-être même ainsi déjà payer le fournisseur pour les frais engagés jusque-là, ce qui diminue fortement le risque.

De plus, les retours qui en découlent permettront deux choses. Tout d'abord, seule l'utilisation réelle des utilisateurs confirme que le système apporte effectivement de la valeur. Ensuite, le fonctionnement en production élimine le risque que quelque chose ne fonctionne pas le jour où on déploie. Il arrive malheureusement souvent que l'environnement de test ne corresponde pas tout à fait à celui de production, ne contienne pas exactement les mêmes données, etc.

Le principal argument contre ce déploiement progressif de l'application en production est que les clients ne souhaitent pas une partie du produit mais bien l'ensemble. La personne qui a imaginé le système aura tendance à penser cela, mais dans la réalité, selon le modèle économique, il est probablement possible de convaincre le client, ou de trouver un autre client qui est intéressé par juste la fonctionnalité que vous venez de réaliser. Cela peut être un plus petit client, ou un client à qui vous faites un bon prix… Et les gains de cette approche sont tellement importants que cela vaut la peine de chercher!

Principe 2

> Accueillez positivement les changements de besoins, même tard dans le projet. Les processus agiles exploitent le changement pour donner un avantage compétitif au client.

Aussi frustrant que cela puisse être, si votre client vous explique en voyant le résultat qu'il pense qu'il a besoin d'autre chose finalement, ne pas pouvoir le lui fournir diminue la valeur que vous apportez.

Qu'avez-vous fait pour éviter cette situation? Comment pouvez-vous mieux comprendre les besoins réels de votre client?

> En se préparant à toutes les éventualités on se rend vulnérable aux éventualités qu'on n'a pas imaginées.
> Si on laisse tomber la préparation au changement, et qu'on est prêt à aller dans n'importe quelle direction à n'importe quel moment, on devient prêt au changement : on n'a pas d'attente, on n'est pas surpris.
>
> *Kent Beck*

Principe 3

Livrez fréquemment un logiciel opérationnel avec des cycles de quelques semaines à quelques mois et une préférence pour les plus courts.

Les pratiques et la technologie évoluant, des cycles encore plus courts que cela sont devenus la norme dans de nombreuses entreprises.
Quelle que soit la durée de vos cycles, il est très probable qu'il est possible de les réduire et que cette rapidité de livraison a une valeur pour votre client. Cela nécessite bien entendu un certain niveau de compétence mais cela s'apprend.

> Ne pas être en production c'est dépenser de l'argent et ne pas en gagner.
>
> *Kent Beck*

Principe 4

Les utilisateurs ou leurs représentants et les développeurs doivent travailler ensemble quotidiennement tout au long du projet.

En plus d'éviter les intermédiaires, il est nécessaire d'avoir le plus possible accès au client pour pouvoir lui poser des questions et recevoir du feedback. Si ce n'est pas le cas, on risque d'attendre plusieurs jours pour le rencontrer et pouvoir ensuite recommencer à avancer sur le développement. On est alors forcé de faire autre chose en attendant et cela a un impact très négatif sur la productivité. C'est pourtant malheureusement une situation très courante. Le client ayant bien évidemment son travail habituel à effectuer, il ne se rend pas toujours aussi disponible qu'on le voudrait.
Il faut, malgré tout, lui faire réaliser qu'en ne s'investissant pas assez, il risque fortement de se retrouver avec une application qui ne lui convient pas et ne lui apporte que peu de valeur. Il aurait alors peut-être mieux fait de ne pas du tout s'y consacrer !

Principe 5

> Réalisez les projets avec des personnes motivées. Fournissez-leur l'environnement et le soutien dont ils ont besoin et faites-leur confiance pour atteindre les objectifs fixés.

Parler de personnes motivées c'est reconnaître clairement qu'adopter de nouvelles pratiques ne changera rien face à des gens qui ne se préoccupent tout simplement pas du résultat de leur travail.

La bonne nouvelle c'est que c'est rarement le cas. Le comportement et la motivation des gens dépendent surtout de leur environnement. Celui-ci découle en grande partie des décisions du management. Un leader (quel qu'il soit) qui partage sa motivation au quotidien peut amener le reste de l'équipe à se dépasser.

> i
>
> *En modifiant le cadre de travail d'une équipe, on peut parfois voir des personnes considérées comme « résistantes au changement » et « pas intéressées » s'investir dans leur équipe presque comme les autres. La meilleure façon d'initier le changement est de commencer par montrer l'exemple et de donner la possibilité de participer à tous, sans obligation. La curiosité et l'envie de faire partie du groupe feront le reste*

Bien entendu, certaines personnes seront toujours plus investies et passionnées que d'autres. Mais cela contribue à la diversité d'idées dans un groupe et n'est donc pas forcément une mauvaise chose.

Le leadership et le type de management nécessaires pour obtenir des équipes motivées ne sont pas faciles à mettre en place mais représentent le plus grand potentiel d'impact et méritent donc largement les efforts nécessaires pour y arriver !

Principe 6

> La méthode la plus simple et la plus efficace pour transmettre de l'information à l'équipe de développement et à l'intérieur de celle-ci est la discussion en face à face.

Consigner les informations dans des documents écrits est toujours très rassurant et peut parfois s'avérer utile. Cependant un document répond rarement à toutes les questions. Il ne corrige pas non plus les mauvaises interprétations. Un échange d'email n'est jamais aussi clair ni aussi rapide qu'une discussion orale.

Il vaut souvent mieux consacrer un peu de son temps à une discussion orale et s'assurer ainsi que l'information passe bien. Cela n'empêche pas d'envoyer un email ou un document de confirmation par la suite pour garder une trace. Mais ne vous laissez pas abuser par la promesse de la documentation exhaustive qui remplace les discussions par la suite.

> *i*
>
> *Ce qui fonctionne bien c'est de résumer sa documentation de façon visuelle (schémas, diagrammes,) et d'ensuite l'afficher sur un mur de l'équipe. Elle peut alors réellement servir de référence au quotidien pour les discussions et être mise à jour car on se rend plus vite compte s'il manque quelque chose.*

Principe 7

> Un logiciel opérationnel est la principale mesure d'avancement.

On n'est sûr qu'une fonctionnalité est terminée que lorsqu'on peut réellement l'utiliser. Il faut également garder à l'esprit qu'en dehors de la production, on reste toujours dans des conditions théoriques.
N'ayez pas trop confiance dans votre avancement. L'adage des 10 derniers pourcents du développement qui prennent autant de temps que les premiers 90 pourcents est devenu trop populaire pour ne pas indiquer un réel problème de perception de l'avancement.
En réalité, il n'y a que 3 statuts qui importent et sont fiables :

- *À faire*
- *C'est en cours*
- *C'est terminé et ça marche car c'est utilisé en production*

Tant qu'une tâche est en cours, on ne sait pas ce qu'il nous reste à découvrir. Heureusement, ce n'est pas grave si on travaille sur ***une petite chose*** qui sera ***très vite en production***.

Principe 8

> Les processus agiles encouragent un rythme de développement soutenable. Ensemble, les commanditaires, les développeurs et les utilisateurs devraient être capables de maintenir indéfiniment un rythme constant.

Sans encourager de faire le moins possible, ce principe vise à éviter les efforts à un moment donné qui ne peuvent pas être assurés tout le temps. Au-delà du respect humain, il s'agit ici d'une simple approche pragmatique. Une équipe qui travaille de longues journées ou

les week-ends pour terminer un projet plus tôt voit très vite sa productivité chuter à cause de la fatigue et de la démotivation provoquée. Les erreurs s'accumulent et on consacre de plus en plus de temps à les corriger au lieu d'avancer, c'est un cercle vicieux.
De plus, cette façon de progresser n'est absolument pas stable et anéantit toute tentative de prévisions sur le reste du planning. Cela devient évidemment très compliqué de maîtriser quoi que ce soit si l'objectif était justement de rattraper un planning prédéfini...
Cela vaut tant pour les développeurs que pour n'importe quel rôle dans le projet : celui qui n'est pas capable d'assurer sa part du travail à cause d'un effort consenti auparavant met l'ensemble de l'équipe en difficulté !

Principe 9

> Une attention continue à l'excellence technique et à une bonne conception renforce l'agilité.

Il est facile de décider de fonctionner par itérations au lieu de projets délivrés d'un coup ou de promettre à son client qu'il pourra changer d'avis régulièrement, mais être capable de délivrer des fonctionnalités terminées toutes les x semaines demande un certain niveau de compétence technique. Comment vérifier que rien n'a été cassé sans *automatisation des tests* ? Comment avoir une version fonctionnelle et prête à être déployée sans *intégration continue* ? Comment accepter les changements sans un *design flexible* ? Comment maintenir un rythme avec un code qui se complexifie constamment car il n'est jamais *refactoré*[23] ?
Ces pratiques agiles techniques[24] sont indispensables pour réellement bénéficier des avantages apportés par l'agilité.

Principe 10

> La simplicité – c'est-à-dire l'art de minimiser la quantité de travail inutile – est essentielle.

Éviter le travail inutile, c'est évident pour tout le monde mais difficile à priori. Combien de lignes de codes ont été écrites mais jamais utilisées ? On les compte rarement mais ce gaspillage a un coût bien plus élevé qu'on ne le pense. Au-delà du temps passé à produire le code, il y a la complexité créée qui va rendre toutes les prochaines

---

[23] Refactorer = modifier du code pour le rendre plus facilement modifiable par la suite, sans modifier son comportement extérieur (cf. *Refactoring* dans le chapitre *7. Extreme Programming*).
[24] Cf. chapitre *7. Extreme Programming.*

lectures plus compliquées qu'elles n'ont besoin de l'être. Chaque modification nécessaire sera gênée par du code qu'il faut comprendre et peut-être même adapter car on se dit qu'il y est pour une raison!
On en conclut que face à un problème il faut s'en tenir à une solution qui répond au problème et qui ne fait pas plus. Faire dès maintenant un système plus générique et plus flexible qui permettra d'autres choses par la suite ne s'avère pas assez souvent rentable et doit être évité.
Cela nécessite par contre de prévoir que le code sera amené à évoluer et qu'il doit être conçu de façon à faciliter ces futures modifications. De nombreuses bonnes pratiques existent et continuent à être développées dans ce sens. Elles sont soutenues par des agilistes et d'autres mouvements tels que *Software Craftsmanship*[25].

Principe 11

> Les meilleures architectures, spécifications et conceptions émergent d'équipes autoorganisées.

La meilleure façon d'obtenir d'une équipe des résultats à haute valeur ajoutée est de les laisser s'organiser eux-mêmes. Imposer des rôles ou des processus ne va que rajouter des contraintes qui entraînent généralement une baisse d'efficacité globale, des goulots d'étranglement et un résultat de moindre qualité.
Rien n'empêche l'équipe de définir des rôles elle-même en son sein pour sa propre organisation si elle le souhaite. Mais elle garde toujours la possibilité de changer cela à tout moment et est encouragée à y réfléchir régulièrement (cf. *Principe 12* dans ce chapitre).
Cette logique se base sur le bon sens: les personnes qui sont en charge d'une tâche sont les mieux à-mêmes de définir la meilleure façon de réaliser celle-ci.

Principe 12

> À intervalles réguliers, l'équipe réfléchit aux moyens de devenir plus efficace, puis règle et modifie son comportement en conséquence.

C'est, après le premier principe, la pratique la plus importante: quelle que soit la situation actuelle, on recherche toujours à améliorer sa façon de travailler.
On applique ici la logique itérative qu'on retrouve dans une grande partie des principes agiles. De petites expériences suivant un cycle *PDCA (Plan-Do-Check-Act/*

---

25 Cf. *Software Craftsmanship*.dans le chapitre 17. *Retour aux sources.*

Adjust). Ce cycle a été rendu populaire par W. Edwards Deming et définit une approche itérative scientifique constituée de 4 étapes :

- *Plan* - Réfléchir à ce qu'on veut faire
- *Do* - Le faire
- *Check* - Mesurer le résultat
- *Act/Adjust* - Ajuster la prochaine itération en conséquence

Si on respecte cela, on ne peut qu'aller dans la bonne direction. Toute nouvelle organisation essayée qui n'apporte pas un bénéfice peut être annulée et constitue un apprentissage utile pour décider quelle direction prendre pour la suite.

Il faut impérativement éviter l'immobilisme. Ne plus évoluer c'est se faire dépasser par la concurrence et être condamné à dépérir petit à petit. En évoluant de façon réfléchie et structurée, on tend vers une efficacité maximale.

i

Quand une équipe explique qu'elle n'a pas de problème, cela indique parfois qu'elle n'a même pas encore pris conscience de son fonctionnement. Il y a fort à parier qu'elle a autant de problèmes que tout le monde et, à tout le moins, un fonctionnement perfectible.

Répétition

Un autre principe agile très important est :

> Si ça fait mal, faites-le plus souvent !

Bien qu'il ne figure pas dans le manifeste, il est partagé par tous les agilistes et se trouve à l'origine de nombreuses pratiques.

Cette phrase est de prime-abord un peu contre-intuitive : il semble anormal de vouloir recommencer quelque chose qui a été douloureux. C'est pourtant une approche très efficace. Ce qui « fait mal » peut être de nombreuses choses différentes comme faire des tests, intégrer différentes versions d'un même code, refactorer[26] un code complexe, déployer une application... Dans toutes ces situations on pourrait être tentés de reporter l'activité à plus tard car on sait d'expérience que ça ne va pas se passer bien.

Or c'est justement en reportant qu'on rend ce travail encore plus pénible. Les raisons sont simples.

Premièrement, découper le travail en plus petites tâches rend ces tâches généralement plus simples à effectuer. On limite les interactions entre elles. Si on repère un problème, on sait directement délimiter le périmètre de la cause car on n'a pas fait

---

[26] Refactorer = améliorer une partie de code pour la rendre plus facile à modifier par la suite, sans changer les fonctionnalités du système (cf. chapitre *7. Extreme Programming*).

beaucoup de modifications depuis la dernière fois. De plus, puisque ces modifications sont récentes, on a encore bien en tête les raisons de chaque changement et on peut directement identifier la solution à appliquer.

Deuxièmement, faire les choses à intervalles réguliers fournit du feedback sur les éventuels problèmes plus rapidement. On peut donc s'adapter directement et ne plus répéter le problème dans les choses à faire par la suite.

Une troisième raison est que cette répétition va très probablement forcer l'acquisition de compétences dans la matière. Cela diminue les problèmes rencontrés. Ces connaissances vont permettre d'envisager plus facilement une automatisation de tout ou une partie de l'activité, rendant l'ensemble bien plus fiable, rapide et agréable pour tout le monde.

Si on reprend nos exemples, il est plus facile de tester une fonctionnalité seule que de devoir tester une série de fonctionnalités mélangées dont les bugs impactent tout le système. Si une modification d'apparence anodine au système de sécurité a des effets indésirables dans une toute autre partie du système, on a intérêt à le voir directement. On comprendra plus facilement que c'est cette modification qui est à l'origine du problème, même si la raison n'en est pas encore claire. De plus, on sait pourquoi la modification a été faite comme ça, si d'autres options ont été essayées, etc. On a toutes les informations en tête pour trouver une bonne solution rapidement. Tester aussi souvent les mêmes fonctionnalités va très vite justifier l'utilisation de tests automatisés, augmentant également sensiblement la fiabilité de ces tests.

Il est plus facile d'intégrer deux versions d'un fichier si on n'a effectué que quelques changements de chaque côté plutôt que d'avoir affaire à deux fichiers qui n'ont plus rien en commun et dont les logiques ne sont absolument plus compatibles. On voudrait dans ce cas avoir vu dès le début que ces deux développements commençaient à s'éloigner fortement l'un de l'autre. En voyant souvent ces erreurs d'intégration on apprend à les régler avec moins de difficulté. On met en place une *intégration continue*[27].

On aura moins de problèmes à refactorer une classe qui vient d'être écrite qu'une classe dans laquelle on a accumulé les problèmes et dont la logique a été réutilisée dans l'ensemble du code. Il aurait mieux valu voir au plus vite les problèmes de design et avoir appris à les régler par la pratique régulière.

Enfin, le dernier exemple n'est pas le moins significatif: la crainte inspirée par le déploiement d'une application en production est un réel handicap. Procéder à ce déploiement très fréquemment permettra de valider la procédure de déploiement (au lieu de découvrir les problèmes le jour où on n'a plus le droit à l'erreur). Et, comme souvent, avec l'habitude on sait exactement ce qu'il faut faire, on diminue la probabilité d'incident et on a même tendance à écrire des scripts de déploiement qui enlèvent de ce processus les erreurs habituelles.

---

[27] Cf. chapitre *7. Extreme Programming*.

Comme l'approche itérative, cette manière d'organiser le travail s'applique à énormément de choses et peut même être utilisée dans des domaines totalement différents. N'hésitez donc pas à vous en inspirer dans d'autres contextes !

Conclusion

Ces principes constituent une base de bonnes pratiques sur laquelle toute équipe désireuse de fournir de bons résultats de façon efficace pourra construire son organisation au quotidien. Il lui faudra faire preuve de *discipline* et de *professionnalisme* pour en retirer les bénéfices.
Elle devra également être attentive à ne pas négliger les pratiques techniques car on désire trop souvent obtenir la flexibilité des livraisons régulières sans avoir investi dans une excellence technique pour l'assurer !
Jim Highsmith donne un bon résumé du mouvement agile :

> Le mouvement Agile n'est pas une anti-méthodologie, en fait, un grand nombre d'entre nous désirent restaurer la crédibilité du mot méthodologie. Nous voulons restaurer un équilibre. Nous voulons la modélisation mais pas dans le but de remplir une étagère poussiéreuse de diagrammes. Nous voulons de la documentation, mais pas des centaines de pages de livres jamais mis à jour et rarement utilisés. Nous planifions, mais nous reconnaissons les limites de cette planification dans un environnement turbulent. Ceux qui voudraient qualifier les praticiens d'XP ou Scrum ou n'importe quelle autre méthodologie agile de « hackers » ignorent tout de ces méthodologies et de la définition originale du mot « hacker[28] ».
>
> *2001 Jim Highsmith*[29]

C'est quoi l'agilité ?

S'il fallait résumer l'agilité en quelques mots, voici ce qu'on pourrait en dire :

> L'agilité c'est une façon de fonctionner qui vise un équilibre entre une organisation anarchique et la bureaucratie. Elle se base sur une approche pragmatique, itérative et centrée sur les gens.

À une époque où le mot *agile* fait vendre et se décline à toutes les sauces, il est important d'être critique et de garder à l'esprit le sens réel de chacun des principes agiles. Être agile c'est intégrer ces principes de base et les appliquer avec discipline à son quotidien. À l'inverse, adopter des pratiques telles que suivre l'avancement du projet

---

28 N.D.A. : Le terme *hacker* étant ici à prendre dans le sens de *« programmeur qui s'amuse, fait les choses vite fait de faible qualité, ne suit pas toutes les règles et n'est, en fin de compte, pas très professionnel »*.

29 Cf. http://agilemanifesto.org/history.html.

avec des post-it ou estimer le travail restant avec des cartes ne vous rendront pas agile. Même un stand-up quotidien ne vous apportera rien s'il ne sert qu'à rapporter au manager. ***Comme souvent, l'état d'esprit, l'approche et la culture du groupe importent plus que l'adoption ou non de certaines pratiques ou rituels.***

Quelques questions à se poser

Et vous ? À la perspective de ces idées, que pourriez-vous améliorer dans votre organisation ?

- Est-ce que vous délivrez régulièrement de la valeur à votre client ? Est-ce qu'il serait possible de faire en sorte qu'il doive moins attendre encore ?
- Comment réagissez-vous si votre client vous demande d'implémenter une fonctionnalité autre que ce qu'il vous avait initialement expliqué ? Serait-il possible de lui donner malgré tout ce qu'il veut ?
- Est-ce que les développeurs voient régulièrement les réels utilisateurs des fonctionnalités qu'ils développent ?
- Comment savez-vous où vous en êtes dans le développement ? Vous basez-vous sur des rapports déclaratifs, d'une façon ou d'une autre (par exemple des pourcentages dans un outil) ? Quel temps est consacré à l'encodage et à la lecture de ces rapports ? Pour quel gain ?
- Avez-vous déjà dû travailler en dehors des heures habituelles pour respecter un deadline ?
- Est-ce que toutes les fonctionnalités que vous fournissez à vos utilisateurs sont utilisées ? Comment faites-vous pour le vérifier ?
- Est-ce que l'équipe peut décider de changer sa façon de fonctionner sans rendre de compte à personne ? Pouvez-vous, dès demain, décider d'essayer le pair programming[30] ?
- Améliorez-vous souvent votre façon de travailler ? Est-ce que chaque changement est clair pour tout le monde dans l'équipe ? Est-ce que les membres de l'équipe se plaignent souvent des mêmes problèmes sans avoir vraiment essayé de les résoudre ?

[30] Cf. *Pair Programming* dans le chapitre *7. Extreme Programming.*

Chapitre 5

Scrum

La méthodologie de travail itérative simple et largement adoptée.

Scrum est une méthodologie de développement de produit. Elle est volontairement simple.

Origines

Jeff Sutherland et Ken Schwaber ont créé Scrum au début des années 90. Ils l'ont appliquée dans plusieurs entreprises avant de la présenter pour la première fois à la conférence OOPSLA en 1995. Par la suite, Ken Schwaber va écrire, avec Mark Beedle, le livre *Agile Software Development with Scrum*[31] dans lequel ils décrivent la méthodologie. Ils documentent leur méthodologie sur le site www.scrumguides.org. Ken Schwaber sera également un des créateurs de la Scrum Alliance. C'est au travers de cette organisation qu'il mettra en place une série de certifications sur Scrum.
La méthodologie est inspirée des logiques développées par Babtunde Ogunnaike et W. Harmon Ray dans leur livre *Process Dynamics, Modeling and Control*[32] (1994).
Le terme Scrum trouve son origine dans l'article *New New Product Development Game*[33] de Hirotaka Takeuchi et Ikujiro Nonaka (1986). Dans cette publication, les auteurs s'inspirent des équipes de rugby et de leurs mêlées (*scrums* en anglais) pour redéfinir des équipes plurifonctionnelles qui travaillent ensemble dans un même but de développement de nouveau produit.

Théorie

Scrum est basé sur un modèle de contrôle empirique, une inspection et adaptation constante aux conditions réelles du terrain.

---

[31] Ken Schwaber, Mike Beedle, *Agile Software Development with Scrum*, Prentice Hall, 2002.

[32] Babtunde Ogunnaike, W. Harmon Ray, *Process Dynamics, Modeling and Control*, Oxford University Press, 1994.

[33] Hirotaka Takeuchi, Ikujiro Nonaka, *New New Product Development Game*, Harvard Business Review, January 1986.

Babtunde Ogunnaike et W. Harmon Ray observent une différence fondamentale entre les activités de production et celles de développement de (nouveaux) produits. Les premières consistent en la répétition d'étapes connues (un *processus défini*) pour obtenir un résultat, lui aussi, connu. On cherche alors à optimiser les coûts et les temps de production en maintenant le niveau de qualité.

Le développement de produit, quant à lui, n'est par définition pas répétable : l'objectif est justement d'obtenir quelque chose qui n'a pas encore été fait. Il s'agit d'une activité de créativité et cela va nécessiter une approche différente. Il va falloir essayer des solutions, les modifier, essayer encore jusqu'à obtenir une bonne solution (c'est donc un *processus adaptif*). Le cycle *plan-do-check-act*, vu au chapitre *4. Agile*, correspond exactement à cette approche par expérimentation.

Lorsqu'on réalise une application, on entre très clairement dans la catégorie du développement de produit car quelles que soient les similitudes avec d'autres applications précédentes, l'idée est bien d'en faire une différente (sinon on ferait littéralement une copie numérique de l'autre).

Rôles

Dans le fonctionnement Scrum, on ne va identifier que 4 rôles : le product owner, le scrum master, l'équipe de développement et les stakeholders.

Product owner

La personne qui va avoir ce rôle a pour objectif de représenter le client. À ce titre, il est souhaitable que le product owner soit lui-même un membre de l'équipe qui sera amenée à utiliser le produit. Le fait qu'il vienne du métier concerné lui permettra de mieux cerner les besoins et les priorités de chacune des demandes.

Malgré le principe agile de contact entre les développeurs et les utilisateurs, on souhaite avoir une seule personne pour ce rôle. On évitera ainsi de devoir rencontrer une trop grande quantité de gens et surtout de recevoir des demandes contradictoires, des priorités changeantes au gré des interlocuteurs, etc. Le product owner sera chargé de rassembler lui-même les demandes et de définir un ordre de priorité sur lequel l'équipe pourra se baser. Le principe agile reste malgré tout de mise : le product owner est véritablement un des utilisateurs ou a de bonnes raisons de pouvoir parler en leur nom. On va pouvoir mettre en place une discussion régulière entre lui et les développeurs.

Dans les situations où les clients sont très nombreux et où il n'est pas possible de tous les rencontrer (comme pour les services en ligne par exemple), il est fréquent d'engager des personnes qui auront comme rôle de rencontrer les clients clés et de les comprendre au mieux pour pouvoir les représenter auprès des équipes de développement.

La tâche du product owner est tout d'abord de lister les fonctionnalités à réaliser.

i

J'ai moi-même déjà travaillé pour un projet au forfait où j'ai été confronté à plusieurs représentants du client. Pour cette mission, nous avons été amenés à rencontrer de nombreux interlocuteurs de l'entreprise cliente. Ils avaient tous des visions différentes et nous disaient de ne pas faire ce que les autres nous demandaient. Par exemple, un manager voulait que les demandes des clients soient validées automatiquement sur base de certains critères, alors que ses employés, eux, n'avaient pas confiance et voulaient rester les seuls à pouvoir valider chaque demande. Nous nous sommes retrouvés à faire les échanges entre eux de réunion en réunion sans arriver à les mettre autour de la table. Cette situation nous a fait perdre beaucoup de temps (et donc d'argent) et après avoir tenté de satisfaire tout le monde sans succès (on a plutôt eu l'impression de recevoir les frustrations de tout le monde contre nous), nous avons compris qu'il était indispensable de se retirer des discussions sur le produit et ses priorités. Nous avons demandé fermement à avoir une seule personne de contact que nous allions rencontrer régulièrement et qui aurait, au préalable, rassemblé l'avis de chacun. Cette personne devait également avoir l'autorité pour décider, pour trancher entre les différents points de vue. Après avoir mis cela en place, nous avons pu reprendre un avancement efficace sur base de demandes claires et d'un suivi régulier par la même personne pour valider le travail réalisé.

Il va ensuite devoir définir les priorités. Son objectif sera de maximiser la valeur produite en discutant avec les développeurs pour déterminer le coût estimé de chaque développement et le comparer à la valeur business estimée pour cette fonctionnalité. Il devra se rendre disponible pour répondre aux questions tout au long du développement. Il est peu probable que tout puisse être défini à l'avance et que toutes les questions soient posées dès le début. Il faut donc prévoir un échange régulier entre l'équipe et le product owner pour constamment aligner les deux.

Enfin, le product owner valide le résultat. C'est lui, en effet, qui a défini le besoin et lui seul peut vérifier que le délivrable correspond bien à l'idée qu'il avait en formulant sa demande. *Il peut confirmer qu'on lui a fourni de la valeur*.

Scrum master

Le scrum master a une position qui n'est pas toujours très claire pour tout le monde. Il est l'interlocuteur privilégié pour les personnes extérieures à l'équipe ainsi que pour le management, comme l'aurait été un chef d'équipe. Il n'a par contre pas d'autorité sur les autres membres de l'équipe.

On parle souvent de *servant leader*. Ce terme, popularisé par Robert K. Greenleaf, désigne une personne qui encourage et soutien les autres à se dépasser eux-mêmes. Il partage le pouvoir et génère ainsi un élan autour de lui dans tout le groupe. Il en découle des équipes qui obtiennent des résultats supérieurs aux autres.

L'objectif de Scrum est de se passer du project manager et des problèmes liés sans en perdre les avantages. On ne veut plus d'une approche *command & control* où chacun reçoit ses instructions. On veut encourager l'autonomie de tous. Cependant, le risque est de perdre la cohésion et que tous les membres de l'équipe ne se dirigent pas dans la même direction. Une personne qui saura motiver les autres à avancer ensemble est alors la bienvenue !

De par sa position de point de contact privilégié, il va pouvoir agir comme un filtre pour toutes les interruptions dont pourrait souffrir l'équipe, comme les questions du management ou d'autres demandes venant d'un petit peu partout. Il rappelle, par exemple, de passer par le product owner pour tout ajout ou changement de fonctionnalité à développer. Il explique autant de fois que nécessaire à un product owner trop impatient qu'il ne suffit pas de demander plus de façon plus insistante pour obtenir plus de résultats de la part de l'équipe.

Le scrum master est également défini comme étant le garant du respect des règles de Scrum. À ce titre, il va vérifier que tout le monde avance bien dans la même direction (que l'on travaille bien sur les priorités de l'itération par exemple). Il est attentif au fonctionnement de l'équipe et met le doigt sur ce qui ne fonctionne pas.

Il fait en sorte que les réunions prévues aient bien lieu. Cela ne veut pas dire qu'il doit devenir le « secrétaire » de l'équipe. On peut très bien s'assurer que les réunions se font en rappelant qu'il faut que quelqu'un planifie les prochaines au lieu de les planifier soi-même. Il en va de même pour toutes les autres tâches « administratives » que les scrum masters ont tendance à prendre en charge.

On comptera, enfin, sur le scrum master pour résoudre tous les *impediments* de l'équipe. C'est-à-dire tous les problèmes qui bloquent ou ralentissent des membres de l'équipe. Il peut s'agir de simples questions pratiques comme avoir un ordinateur qui fonctionne ou des choses plus compliquées comme des personnes qui ne fournissent pas ce qu'elles devaient fournir à l'équipe et empêchent ainsi d'avancer sur une fonctionnalité (information, documents, etc.).

Certaines équipes décident de changer de personne pour le rôle de scrum master à intervalles réguliers. Chaque développeur pourrait assurer le rôle pendant un sprint par exemple. D'autres équipes estiment avoir atteint un niveau de maturité dans Scrum et son fonctionnement qui rend ce rôle inutile : tout le monde s'assure activement du bon fonctionnement de l'équipe dans son ensemble. Dans les deux cas, le risque est que personne ne s'investisse réellement et que petit à petit la cohésion (et l'efficacité) de l'équipe se perde (ou ne vienne jamais). Que chacun soit très occupé par diverses activités et que personne ne réagisse véritablement aux problèmes, ou qu'aucun membre de l'équipe ne se sente réellement mandaté pour aborder des problèmes plus profonds (relationnels par exemple).

Équipe de développement

Il n'y a pas d'autre distinction pour le reste de l'équipe : tout le monde est un membre de l'équipe, rien de plus et rien de moins. On évite de donner des titres et d'identifier des sous-groupes. Cela permet d'éviter les mentalités du type *« ça, ce n'est pas ma responsabilité, c'est à lui de le faire »*. Tout le monde est susceptible d'aider pour n'importe quelle tâche, dans la mesure de ses compétences.

Chacun garde, bien-entendu, ses affinités et ses compétences propres. Mais on encourage les gens à diversifier leurs capacités au lieu de se spécialiser. On invite chacun à apprendre au moins les bases de ce qu'il ne connaît pas encore et à partager ses compétences avec les autres.

On met en place une équipe *cross-fonctionnelle (ou « pluridisciplinaire »)*, c'est-à-dire qu'elle détient en son sein les compétences nécessaires à la réalisation des tâches qu'elle entreprend. Évidemment, tout le monde ne sait pas toujours tout faire. Mais tant que l'équipe détient la connaissance via certaines personnes, elle ne dépendra pas d'éléments externes et sera capable d'avancer indépendamment des autres. Cela tranche avec la division en équipes spécialisées qui était mise en place dans les méthodologies waterfall. Dans cette configuration, on constatait de trop nombreux temps d'attente causés par les dépendances entre différentes équipes.

On passe de :

> *« On ne peut pas encore développer ce module car les analystes n'ont toujours pas terminé leur travail, il faut trouver autre chose à faire. »*

À :

> *« On va commencer l'analyse de ce module et on pourra ensuite réaliser le développement. »*

L'équipe devra également être *autonome*. Elle définira elle-même son organisation interne et trouvera elle-même ses propres solutions, que ce soit pour ses problèmes ou pour ceux de son client. Tout en restant dans les limites acceptables par le reste de l'entreprise, elle aura la liberté d'utiliser les outils et librairies[34] qui lui plaisent, tant que la solution correspond au besoin du client. Il faudra cependant trouver un équilibre entre sa liberté et la volonté générale de l'entreprise de rationaliser pour simplifier la gestion des systèmes par après.

Cette approche de l'équipe mène à rendre tout le monde responsable des résultats communs de l'équipe.

On évitera les équipes trop grandes : une taille de 5 à 9 personnes semble idéale. Au-delà, il devient difficile de réellement suivre ce que les autres font et on voit des sous-groupes apparaître. C'est qu'il est temps de découper l'équipe en deux !

Stakeholders

Scrum identifie aussi une catégorie de personnes qui ne participent pas directement à l'élaboration du produit, mais qui ont un intérêt dans son résultat. Ce sont les *stakeholders*. Ils peuvent être des utilisateurs du système, ou de façon plus générale, les

[34] Librairie = routines de programmes réutilisables et partagées (publiquement ou non) qui permettent de ne pas réinventer des choses existantes mais, d'au contraire, profiter de celles qui sont déjà disponibles.

clients. Ils sont parfois invités à être présents pour suivre l'avancement du développement de leur produit et confirmer qu'on va dans la bonne direction. Contrairement au product owner, ils ne prennent pas les décisions finales et leur présence n'est pas indispensable, on peut avancer sans eux.

Backlog

Dans Scrum, on désigne une liste de fonctionnalités à développer sous le nom de *backlog* (ou « carnet de produit »). L'accent est mis sur l'importance de trier cette liste, de l'élément le plus important, qui doit être développé en premier, jusqu'à l'élément le moins important, à réaliser en dernier. On évite ainsi le piège classique des 3-4 priorités différentes (par ex. *haute / moyenne / basse*) où la plupart des demandes sont en priorité *haute* (sinon on ne les aurait pas demandées) et où on ne sait pas choisir entre les différentes priorités *hautes*.

C'est la responsabilité du product owner de créer et de maintenir à jour ce backlog ainsi que d'en ordonner les priorités.

Le backlog n'est jamais finalisé. Il est constamment mis à jour avec de nouvelles demandes et autres modifications en lien avec les besoins actuels.

On se concentre principalement sur le haut du backlog. Le reste étant prévu pour plus tard, il existe toujours un risque plus important qu'on ne le réalise jamais pour une raison ou une autre (cf. *Les besoins du client changent* dans le chapitre *3. Méthodologies légères*). On va donc éviter de consacrer trop de temps à discuter de ces points à l'avance.

Scrum identifie plusieurs sous-ensembles du backlog :

1. Le *product backlog* contient la totalité des demandes du client pour le produit à réaliser.
2. Le *release backlog* définit les fonctionnalités qu'on prévoit d'inclure dans la prochaine version.
3. Le *sprint backlog*, quant à lui, se limite à ce que l'équipe va délivrer dans l'itération actuelle.

Les éléments du backlog sont de préférence des demandes fonctionnelles du client. Dans le cas où une partie de l'équipe va consacrer du temps sur des choses techniques telles que mettre en place une infrastructure d'hébergement ou des systèmes d'automatisation de déploiement, il semble malgré tout pertinent de les inclure dans le backlog. Il y a deux raisons à cela : tout d'abord, dans un esprit pratique de planification, car il y aura probablement un impact sur les fonctionnalités qui pourront être réalisées dans la même itération. C'est également intéressant dans un esprit de transparence, car ne pas représenter ce travail dans le sprint backlog et travailler malgré tout dessus ne ferait que cacher la réalité à tous ceux qui voudraient avoir une vue sur ce qui est en cours.

Processus

Le déroulement du processus de Scrum se fait dans le cadre d'une série d'itérations appelées *sprints*. Initialement, une durée de 30 jours était prévue, mais la tendance actuelle est à des itérations plus petites.
On commence ce sprint par une réunion de *sprint planning* pour définir ce qu'on va faire. Ensuite, un rapide point est fait chaque jour, c'est le *daily scrum*. En fin de sprint, on conclut par une *sprint review* pour montrer ce qu'on a réalisé et une *sprint retrospective* pour définir comment on peut s'améliorer.
À nouveau, cette approche se veut explicitement simple. Les réunions prévues sont censées remplacer les nombreuses autres rencontres qui consomment du temps à l'équipe tout au long de la semaine. On établit ici des limites de temps très claires à ne pas dépasser pour chaque réunion dans le but de garantir un maximum de temps disponible pour la réalisation du travail en lui-même.

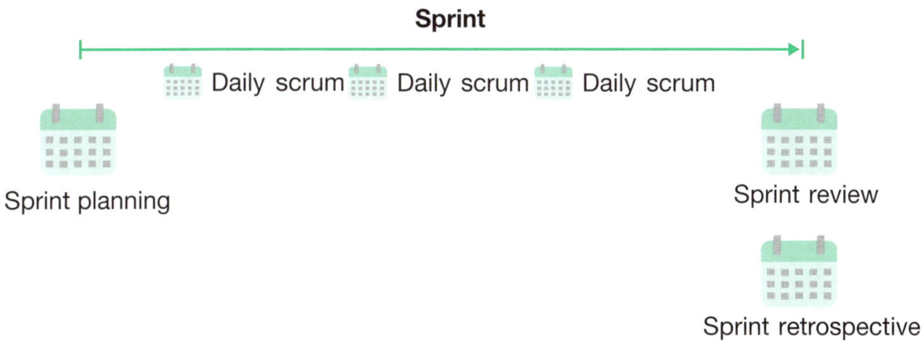

Scrum prévoit qu'un objectif soit défini pour chaque sprint. Il permet de donner du sens à ce qu'on réalise pendant l'itération et évite qu'on ne s'éparpille sur trop de choses différentes.

Sprint planning

Cette réunion de début de sprint sert à planifier ce qu'on va faire pendant l'itération et se passe en deux phases.
On y trouve tous les membres de l'équipe de développement, le scrum master et le product owner.

Partie 1

Tout d'abord le product owner va présenter les éléments du backlog qu'il a mis en priorité. L'équipe va alors estimer ce qui lui semble réalisable dans le sprint et établir ainsi le *sprint backlog*.
On obtient 2 choses de cette discussion. Tout d'abord, des estimations grossières pour les éléments du backlog les plus prioritaires, mais également un engagement de

la part de l'équipe sur la faisabilité de ce planning à court terme. Ce point n'est pas anodin, car on parle ici d'un planning réalisé par les gens qui vont ensuite le suivre, ce qui motive tout le monde à s'y tenir réellement car ça a du sens pour eux, c'est leur planning. De plus, sur une courte durée de quelques semaines on peut encore planifier de façon réaliste, contrairement à ce qu'on pouvait faire avec de longs projets de plusieurs mois, voire de plusieurs années.
Dans un sprint d'un mois, 4 h seront réservées en début de sprint pour cette activité. On peut prévoir moins dans le cas d'itérations plus courtes.

Partie 2

Dans la foulée de cette réunion, on enchaîne sur une deuxième phase. Celle-ci sera axée sur la réalisation technique des fonctionnalités.
L'équipe de développement va décomposer chaque demande du product owner en une liste de tâches techniques à effectuer. Cela entraîne généralement une discussion sur ce qui va être développé et comment ça doit l'être. On obtient ainsi un design conçu par l'ensemble de l'équipe et pas par une seule personne. Tout le monde aura alors une bonne compréhension de l'organisation du code et y adhérera plus facilement.
Cette partie du sprint planning est limitée à la même durée que la première partie.

> *i*
>
> *Dans la pratique, de nombreuses équipes fusionnent ces deux étapes en une seule et même activité où l'objectif reste d'obtenir une compréhension commune de ce qui va être implémenté dans le sprint et comment l'équipe va s'y prendre pour y arriver.*

Daily scrum

Une fois le sprint backlog défini, on se lance dans la réalisation en tant que telle. Pour cela, on va se réunir chaque matin pendant maximum 15 minutes (quelle que soit la taille de l'équipe) et donner la parole à chacun des membres de l'équipe de développement ainsi qu'au scrum master pour répondre à 3 questions :

1. Qu'est-ce que j'ai fait hier ?
2. Qu'est-ce que je vais faire aujourd'hui ?
3. Qu'est-ce qui me bloque ?

On va, grâce aux réponses de chacun, avoir une vue claire et quotidiennement à jour de l'avancement de l'équipe.
La tentation de se lancer dans de nombreux détails sur les problèmes qu'on rencontre, les différentes solutions qu'on a trouvées, etc. est grande. Bien que cela ne soit pas toujours dénué d'intérêt, il va falloir trouver un équilibre pour s'en tenir à un temps raisonnable et garder l'attention de tous.
Dans le cas où certaines personnes s'étalent dans des détails sur leur tâche qui sortent du simple statut ou de l'information nécessaire pour tous, il vaut mieux l'encourager

à se limiter au minimum utile et à éventuellement poursuivre par après dans une discussion avec certaines personnes du groupe uniquement.

Trouver la juste limite n'est pas toujours évident mais il faut faire attention si on veut garder un daily scrum intéressant pour tous.

L'équipe de développement fonctionne de façon autoorganisée. C'est-à-dire qu'elle se répartit le travail de la manière qui lui semble la plus pertinente.

Cette réunion est ouverte à tous pour se tenir au courant de l'avancement. Cependant, seuls les membres de l'équipe et le scrum master prennent la parole, de façon à éviter de faire dévier la discussion de son objectif initial.

Sans que ce ne soit prescrit par Scrum, la plupart des équipes restent debout pendant cette réunion. Cela permet d'encourager tout le monde à être bref et finir en 15 minutes car, passé ce délai, il devient pénible pour tous de rester debout. On parle donc souvent du *stand-up meeting*[35].

Objectifs

Grâce à cette discussion quotidienne, on améliore la communication et le partage de connaissances entre tous les membres de l'équipe. On évite que les gens se focalisent sur leur propre travail sans voir que leur collègue fait exactement la même tâche (ça arrive!). On encourage aussi les conseils rapides du style *« Ah si tu travailles sur ça, j'ai déjà utilisé une librairie qui facilite ce genre de choses... »*

Si une personne parle de ce qui la bloque (également appelé *impediment*[36] dans Scrum), les autres membres de l'équipe peuvent l'aider. En particulier, le scrum master s'assurera qu'une solution est apportée à ces impediments.

Le daily scrum est également le lieu des décisions rapides en présence de tout le monde. Cela évite de devoir prévoir une réunion spécialement pour ça.

C'est le dernier objectif de cette réunion matinale : en assurant la communication nécessaire en 15 minutes, on rend d'autres réunions de rapport obsolètes. En effet, l'évolution du développement peut être suivie au quotidien par tout le monde et il n'est donc plus nécessaire d'envoyer les membres de l'équipe à des réunions pour discuter de ce qui avance, ce qui est bloqué, etc. avec le management qui tente simplement de compenser le manque de visibilité qu'il a sur l'avancement du projet.

Il est intéressant d'avoir ce genre de discussion le matin car cela lance la journée en donnant de l'énergie et un objectif clair à tous.

[35] Stand-up = se tenir debout en anglais.

[36] Impediment = obstacle en anglais.

Sprint review

À la fin du sprint, on organise une présentation de maximum 4 h (selon la durée du sprint) de ce qui a été réalisé. On y invite tous les stakeholders et on reprend la liste des éléments du backlog sur lesquels on s'était engagés.

On ne montre que des fonctionnalités entièrement finies et prêtes à être éventuellement mises en ligne. Pas de test, de revue de code[37] ou de tâche administrative restant à faire donc.

On espère obtenir des stakeholders du feedback sur ce qu'ils voient. De leurs remarques et questions on retirera probablement de nouvelles idées et on mettra le backlog à jour pour les prochains sprints.

Par cette pratique, on garde un objectif concret pour toute l'équipe pendant le sprint et on leur donne un sentiment d'accomplissement motivant à la fin de chaque itération.

On renforce le lien entre le développeur et l'utilisateur.

Sprint retrospective

Les 3 dernières heures du sprint sont consacrées à une réflexion sur le fonctionnement de l'équipe.

On y invite l'équipe (et éventuellement le product owner) mais pas de manager. Chacun doit être libre de parler de tout ce qui le gêne sans craindre des conséquences ou que cela ne sorte du groupe.

Les discussions pourront alors concerner des points techniques comme l'opportunité de rajouter des tests automatisés mais aussi des questions organisationnelles ou relationnelles.

De nombreuses façons différentes de faire cette réunion existent et continuent d'être inventées tous les jours. Une simple discussion, une approche plus structurée, des jeux... L'important est d'en ressortir avec une liste d'actions d'amélioration à implémenter dans le prochain sprint. Car c'est l'objectif principal :

Encourager l'amélioration continue, à chaque itération.

Backlog refinement

Un problème souvent rencontré par les équipes fonctionnant selon la méthodologie Scrum est qu'en découvrant les éléments du backlog le premier jour du sprint on

[37] La revue de code est une pratique courante dans une équipe de développement : on demande à une personne (généralement expérimentée) de revoir le code produit par un autre développeur afin d'y détecter d'éventuels problèmes en tout genre.

peut se rendre compte que certaines zones d'ombre importantes subsistent et que le product owner n'a pas forcément toutes les informations nécessaires pour déterminer ce qu'il va falloir faire. On pourrait démarrer avec quelques informations manquantes si on est confiant dans le fait qu'on pourra facilement les obtenir au moment voulu, mais si l'impact est potentiellement trop important sur la faisabilité de la demande on peut être amené à reporter le développement en question à un sprint ultérieur en attendant que le product owner collecte les informations nécessaires.

i

Par exemple, si la demande concerne un affichage de la météo actuelle, une question pourrait être « Est-ce que les données d'OpenWeatherMap sont suffisantes ou est-ce qu'il nous faut des données plus localisées de l'institut national de météorologie ? ». Dans ce cas, le product owner pourrait répondre qu'il veut comparer les données et en discuter avec un collègue. Le design et le temps de développement peuvent être fortement impactés par ce genre de décision. Cependant, pour pouvoir inclure cette demande dans le sprint il faut être confiant qu'on peut la réaliser avec le reste des demandes. Ce n'est pas possible tant qu'on n'a pas de réponse et on devrait dans ce cas mettre la demande de côté.
Comme on le verra plus loin, il est parfois possible de réaliser une version simplifiée de la solution qui pourra facilement évoluer vers l'une ou l'autre des 2 options.

Pour pallier ce problème, une solution proposée est de parcourir ces demandes à l'avance. Souvent sous la forme d'une ou de plusieurs réunions pendant le sprint pour prévoir le sprint suivant.
La discussion se déroule alors de façon similaire à la première partie du sprint planning : le product owner présente ses demandes prioritaires. La principale différence est qu'on vise surtout d'en ressortir avec une liste de questions et d'informations à aller chercher avant le début du prochain sprint. De cette façon, on peut s'attendre à ce que le sprint planning soit très rapide car les différents éléments du product backlog ont déjà été discutés.

i

Il se peut que les questions qu'on se pose soient plutôt d'ordre technique : « Est-ce qu'on pourrait réutiliser le composant que l'autre équipe a déjà fait pour cette nouvelle demande ? Dans ce cas, ce sera vite fait, sinon il faut prévoir plus de temps. » L'équipe a alors l'occasion d'aller se renseigner avant de devoir s'engager. Il faudra juste être attentif à ne pas y consacrer trop de temps et mettre ainsi en péril le sprint actuel.

Cette activité est parfois appelée *backlog grooming*, c'est-à-dire entretien, ou nettoyage, du backlog.

Definition of done

Un autre problème qu'on rencontre souvent – et pas que dans les équipes Scrum celui-là – est le manque d'alignement sur ce qu'il faut faire pour une tâche donnée.

Pour chaque fonctionnalité, au-delà du code à écrire, il y a généralement de nombreuses autres choses à faire : écrire des tests, faire revoir son code par un collègue, faire valider la demande par le product owner, mettre à jour la documentation...

L'ensemble de ces activités doivent *impérativement* être incluses dans la tâche en elle-même et tout le monde doit bien en avoir conscience. Il faut éviter qu'une tâche ne soit terminée et qu'on découvre plus tard qu'il faut encore faire certaines choses. Impossible de savoir où on en est réellement dans ce cas.

De plus, il n'est pas possible d'estimer correctement la charge de travail nécessaire pour la réalisation de chaque fonctionnalité si tout le monde n'inclut pas les mêmes activités dans cette estimation.

Pour cela, on peut établir cette « checklist » avec l'ensemble de l'équipe. C'est la *« définition de ce qui est terminé »* (ou *« definition of done »* en anglais). L'idée est, bien entendu, de faire évoluer cette liste selon les besoins. On profitera par exemple des rétrospectives pour ajouter ou retirer un élément.

i

Si un des problèmes abordés en rétrospective est qu'on a déployé un service qui était trop buggé, une action décidée par l'équipe pourrait être de systématiquement faire un certain type de test supplémentaire. Pour ne pas oublier et s'assurer que tous les membres vont bien prendre cela en compte, elle ajoute ce point à sa definition of done.

Pourcentage d'avancement

Estimer le pourcentage d'avancement d'une tâche est un leurre. Affirmer qu'une fonctionnalité est développée à 80 % est naïf, voire malhonnête quand on entend que ces gens disent eux-mêmes que les derniers 20 % sont les plus longs. Par définition, tout le travail qui n'a pas encore été validé nécessite potentiellement d'être revu. Tous les éléments auxquels on n'a pas encore pensé se révèleront quand on réalisera que la fonctionnalité ne marche pas encore comme prévu. Qui développe sans avoir aucune surprise ? Sans jamais décider qu'il va falloir faire autrement ?

Déclarer qu'on en est à 90 % pour, après plusieurs jours, devoir dire qu'on en est toujours à 90 % ou même qu'on a découvert du travail supplémentaire et qu'on est maintenant à 80 % n'est pas sérieux.

Dans ces conditions, sur quoi l'estimation est-elle basée ? Sur l'idée qu'on se faisait en commençant le développement ? Est-elle réellement encore fiable après avoir été confrontée à la réalité ?

La seule mesure d'avancement qui ne ment pas est : **à faire, en cours, fait**.
Tout ce qui n'est pas encore totalement terminé est **en cours**.

Cela ne veut pas dire pour autant qu'on ne peut pas savoir où on en est dans l'avancement du travail. En réduisant la taille des éléments du backlog on peut, petit à petit, les amener à avoir une taille semblable dans la plupart des cas. Et il devient alors possible de simplement compter combien de demandes ont déjà été réalisées. Elles peuvent être délivrées au client. C'est un réel avancement mesurable car tout le monde peut voir la fonctionnalité qui marche et se dire « *On a fait la moitié des fonctionnalités demandées* ».

> « Un logiciel opérationnel est la principale mesure d'avancement. »
>
> *Manifeste agile*

Definition of ready

Il n'est pas rare de rencontrer des équipes qui ont établi une liste de critères qu'un élément du backlog doit remplir pour qu'elles puissent travailler dessus. Par exemple, elles pourraient requérir un minimum d'informations et de clarté.

L'objectif est de se prémunir contre les mauvaises surprises en plein milieu du sprint, et on le comprend bien : de nombreuses questions apparaissent pendant le développement et mettent en lumière des zones d'ombre qui n'ont pas été analysées de façon détaillée préalablement. Cela pose problème à l'équipe de développement et bloque l'implémentation de la fonctionnalité. Grâce à la « *définition de ce qui est prêt* » (ou « *definition of ready* » en anglais) l'équipe va pouvoir exiger une analyse plus complète au préalable et éviter cette situation en refusant tout ce qui manquerait de clarté.

Malheureusement, cette pratique nous mène tout droit dans le piège du raisonnement waterfall : on recrée une phase d'analyse en amont censée nous prémunir des imprévus par la suite.

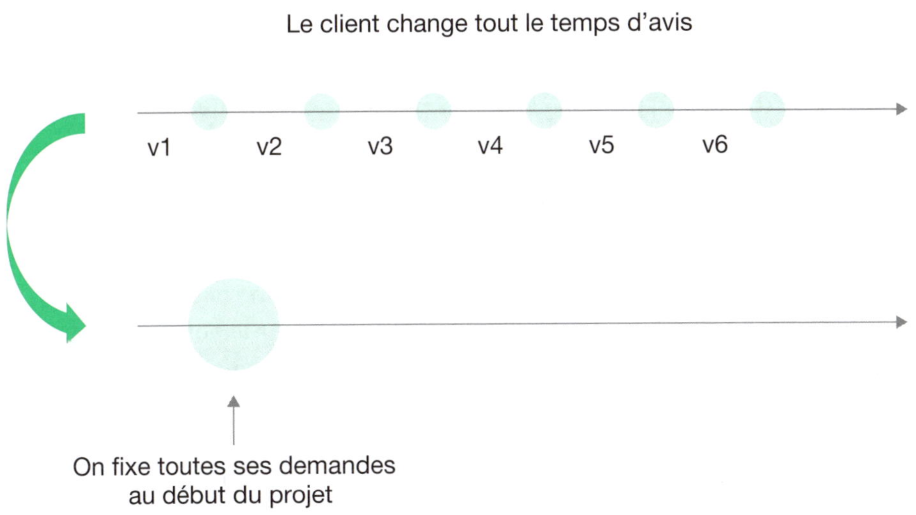

Cette approche va à l'encontre des principes agiles et n'est d'ailleurs – à ce jour – pas incluse dans le scrum guide de Ken Schwabber et Jeff Sutherland[38]. Comme on l'a vu au chapitre *2. Le modèle waterfall*, ce revirement entraînerait très certainement une augmentation du temps de livraison du fait des blocages à chaque imprécision. De plus, on verrait alors une nette diminution de la flexibilité qui permettait jusque-là de réajuster le produit par rapport au besoin réel. Il en découlerait immanquablement une baisse de la satisfaction du client.

> « Accueillez positivement les changements de besoins, même tard dans le projet. Les processus agiles exploitent le changement pour donner un avantage compétitif au client. »
>
> *Manifeste agile*

Pour éviter cela, il est préférable d'accepter le fait qu'une exhaustivité dans la description de la demande n'est pas possible et qu'il y aura toujours des questions qui surviendront lors du développement. Il faudra alors un cadre qui permette de facilement obtenir les réponses (une grande disponibilité du client par exemple).
Cela n'empêche pas de réfléchir un petit peu en amont lors des réunions de *backlog refinement*. L'important est de s'en tenir à un travail léger de préparation et de ne pas se figer dans ***un processus lourd qui faciliterait la vie des développeurs (optimisation locale[39]) au détriment de l'efficacité de l'organisation dans son ensemble***.

Burndown chart

Scrum prévoit de planifier et de suivre l'avancement du travail de façon visuelle sous la forme d'un graphique appelé *burndown chart*. L'idée est de représenter en abscisse le temps (en sprints par exemple) et en ordonnée la quantité de travail estimée (en heures ou en jours par exemple). À partir du moment où l'on sait combien d'heures de travail on va pouvoir réaliser par sprint, on peut dessiner une droite qui représente le travail restant après chaque itération et nous indique donc après combien de temps on arrivera à la fin du développement prévu. On peut faire ça pour l'ensemble des fonctionnalités prévues pour la prochaine version / la prochaine release par exemple.
On a alors une vue très théorique du déroulement du projet. Ensuite, on pourra dessiner une deuxième ligne qui représentera le travail réellement réalisé à chaque sprint. En comparant les deux, on obtient une vision très claire sur le bon déroulement du projet.

---

[38] Cf. Ken Schwabber, Jeff Sutherland, *The scrum guide*, http://www.scrumguides.org
[39] Cf. *Voir l'ensemble* dans le chapitre *12. Lean Software Development.*

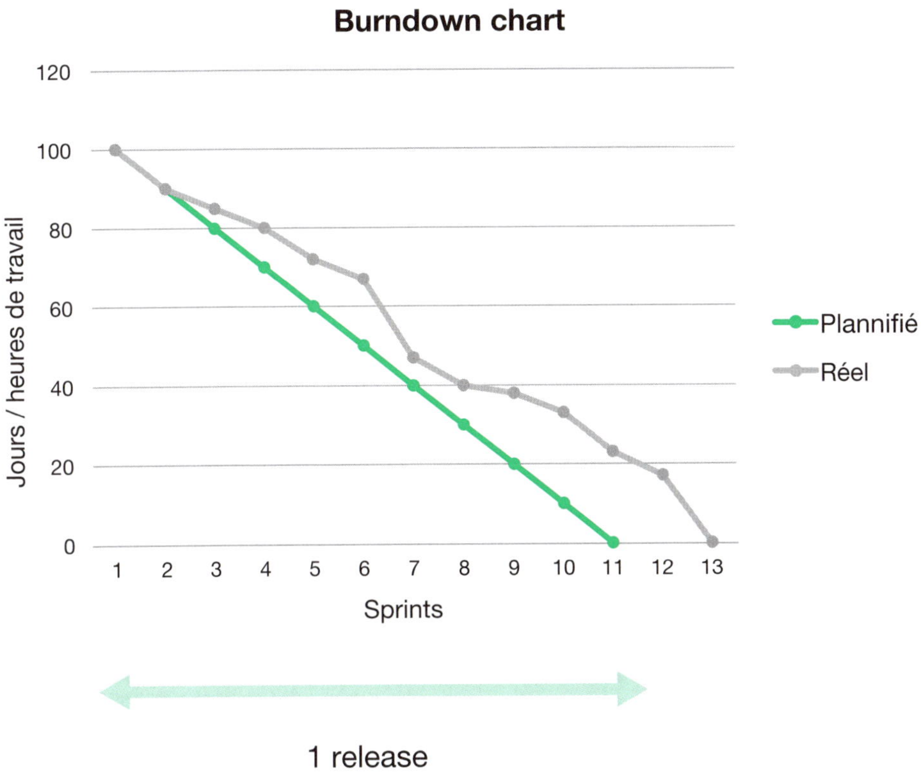

Avantages

Les avantages recherchés sont nombreux. Tout d'abord, cette représentation très visuelle permet de comprendre d'un coup d'œil où on en est. Pas besoin d'explications compliquées pour interpréter le schéma. Si la réalité s'écarte de ce qui était prévu on peut donc rapidement prendre des mesures correctives si nécessaire.

Cette clarté contribue à une plus grande transparence car il est alors très simple d'afficher ce graphique au mur à la vue de tous. L'équipe ne cherche pas à cacher ses problèmes mais au contraire permet à chacun d'être au courant de la situation et de proposer son aide.

Cette approche est à l'opposé de l'organisation waterfall où un chef de projet faisait un rapport au comité de pilotage et était poussé à tourner les choses de façon positive pour éviter les reproches.

Si une aide est nécessaire, il vaut mieux s'en rendre compte au plus tôt et pouvoir en discuter tant qu'il est encore temps de faire quelque chose. Ne serait-ce que ne pas communiquer à ses clients un planning qui n'est plus à jour.

Bien entendu, il faut pour cela une ambiance de confiance où on ne fait pas de reproches à ceux qui annoncent les mauvaises nouvelles ou à ceux qui font des erreurs.

Ensuite, la facilité de mise en œuvre : au-delà des estimations en elles-mêmes, dessiner le graphique (et le mettre à jour à chaque itération) ne prend que 5 minutes.

> *On voit ici que les méthodologies agiles ne désirent pas se passer de planning comme on le croit souvent mais bien qu'elles proposent une approche différente de celui-ci. Il s'agit plutôt d'une prévision grossière de l'avenir, qu'il faudra mettre à jour régulièrement et qui aide simplement à la prise de décision.*

Inconvénients

Pour obtenir un tel schéma, il est nécessaire d'avoir fait une estimation de la charge de travail représentée par toutes les fonctionnalités désirées pour les prochains sprints. Cela a donc un coût. Il faudra voir si l'information fournie par ce planning a assez de valeur pour justifier ce coût.

Le mouvement *#NoEstimates* de Vasco Duarte[40] propose une alternative à ces estimations en se basant simplement sur le nombre de fonctionnalités à développer et sur le nombre qu'on développe généralement à chaque itération. Ils observent que l'estimation n'est pas plus mauvaise que celle basée sur des estimations détaillées de chaque fonctionnalité. Ils ne visent cependant pas à se passer de ces estimations détaillées au début d'une itération lorsqu'il s'agit de pouvoir s'engager sur la faisabilité de ce scope limité. Ils ne veulent simplement pas faire cet effort pour l'ensemble du product backlog.

Un autre problème, plus grave celui-là, est la tentation d'utiliser ce burndown chart – ce *planning* – comme d'une référence de ce qui aurait dû se passer et en déduire que les gens n'ont pas été à la hauteur quand cette *prévision* s'avèra fausse. On voit alors des équipes constamment mises sous pression pour qu'elles reviennent à la *normale*. On commence à évoquer les heures supplémentaires… C'est l'engrenage.

> « Tout plan rationnel, aussi simple qu'il soit, est une prédiction sur les conditions, le comportement, la performance des gens, les procédures, les équipements ou le matériel.
>
> *W. Edwards Deming* »

Par sprint

Certaines équipes décident également de dessiner ce genre de graphique pour suivre l'avancement de leur *sprint*. Elles mettent alors tous les jours de travail de l'itération en abscisse et toutes les heures de travail estimées pour les fonctionnalités sur lesquelles elles se sont engagées en ordonnée.

L'objectif est le même que pour le burndown chart de la release : surveiller qu'on avance correctement et qu'on arrivera bien à terminer pour l'échéance qu'on s'est fixée.

---

[40] Vasco Duarte est un consultant en informatique et initiateur du mouvement #NoEstimates.

C'est encore plus facile à mettre en place car on n'a besoin que des estimations qu'on a probablement déjà faites lors du sprint planning. Mais il faut prendre la peine de le mettre à jour quotidiennement.

Cependant, on peut critiquer une chose : après plusieurs sprints on réalise souvent que la forme de la courbe de ce graphique est toujours la même (ou presque) pour une équipe donnée. Au début du sprint rien ne bouge, vers la fin tout se ferme. À moins que ce soit justement ce que l'équipe désire changer, faire l'effort de dessiner systématiquement le graphique (ou encoder des chiffres dans un outil qui le fait) peut sembler inutile.

Certaines équipes désirent malgré tout maintenir la pratique pour remarquer si elles s'écartent de leur courbe – leur « signature » – habituelle.

Comme toujours, à chacun d'essayer et de déterminer si ça lui apporte quelque chose ou non.

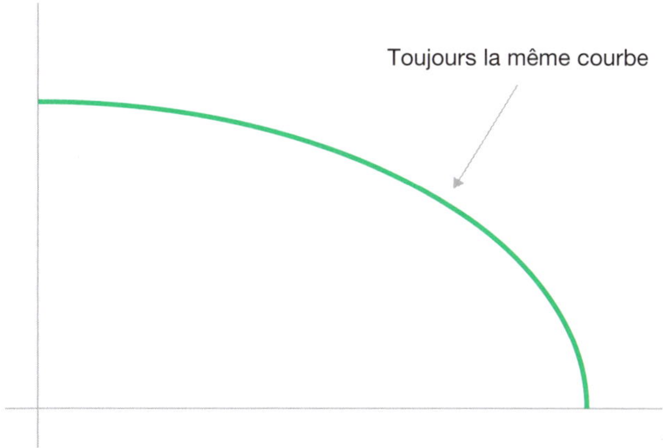

Burnup chart

Il existe une variante pour palier un défaut du burndown chart.

Celui-ci n'est, en effet, pas idéal lorsque l'équipe ajoute, pour une raison ou pour une autre, du travail pendant le sprint. Dans ce cas, la ligne du travail réellement effectué risque de descendre en dessous de la barre du zéro ! Une autre solution peut être de remonter verticalement d'un coup, mais tout le monde ne trouve pas ça clair.

Pour éviter cela, on peut inverser le schéma et représenter le travail *accompli* (et non plus le travail *restant*). On peut alors facilement appliquer les mêmes logiques pour prévoir combien de fonctionnalités seront délivrées et quand. On peut même extrapoler les lignes et mettre en avant qu'en cas de productivité plus faible que prévue on a un choix : délivrer l'ensemble plus tard (A dans le schéma ci-dessous) ou délivrer moins de choses à la date prévue (B).

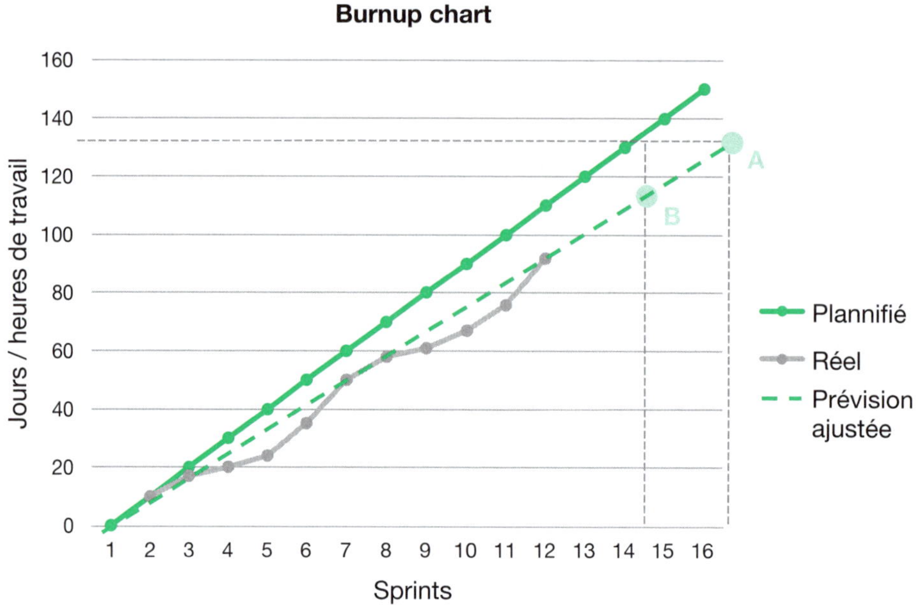

On comprend que ces burndown/up charts sont des outils pratiques et rapides pour expliquer la situation clairement et aider à la décision.

Transparence

On a vu dans plusieurs pratiques que l'idée de transparence est omniprésente dans l'organisation Scrum.
En effet, le daily scrum encourageait la présence de tous ceux qui sont intéressés par l'avancement du projet, le sprint review vise à montrer concrètement ce qui a été réalisé, le burndown chart indique directement à tous si les prévisions n'étaient pas réalistes, etc.

> La transparence mène à une meilleure prise de décision.
> Si on a des raisons de ne pas vouloir communiquer ouvertement sur ce qu'on fait et sur ce qui coince, c'est qu'on a un autre problème. Manque de confiance du management, planning et attentes non réalistes, manque de temps pour faire de la qualité... Ce n'est pas toujours évident mais il faudra tenter de changer cette situation au lieu de cacher les choses.

Derniers conseils

Scrum insiste sur le fait qu'il ne fonctionne réellement que quand l'équipe travaille ensemble vers un engagement commun. Il ne faut donc pas s'attendre à ce que l'adoption de la méthodologie résolve les problèmes relationnels d'une équipe.

> Une société peut mettre une personne très qualifiée à chaque position et être malgré tout avalée par un concurrent qui n'a que des personnes moins qualifiées, mais qui travaillent ensemble.
>
> *W. Edwards Deming*

De la même façon, rappelons encore que l'adoption de ces pratiques ne rendra pas une organisation agile si elle n'a pas intégré les valeurs et les principes agiles.

Enfin, dans l'adoption de ces pratiques il semble plus facile de proposer chaque fois une façon de faire en expliquant ses avantages et se baser sur le bon sens de tous pour accepter d'essayer. Cela rencontre parfois moins de résistance que d'arriver avec le nom d'une méthodologie (ou d'une pratique d'une méthodologie) et de dire qu'il faudrait l'appliquer. Les gens ont souvent déjà entendu le nom et s'en sont probablement déjà fait une idée.

Il vaut donc parfois mieux dire «*Pour savoir si on va délivrer à temps, je propose de noter notre avancement sur un graphique et d'extrapoler pour voir où on atterrit*», cela semble simple et logique. À l'inverse, si on dit «*Il faut faire un burndown chart, comme expliqué dans Scrum*» on risque que certains rechignent à appliquer une pratique pensée par quelqu'un d'autre.

Et cela mène à un autre risque: celui de faire les choses uniquement parce qu'elles sont prescrites par Scrum ou une autre méthodologie. On tombe à nouveau dans l'application bête et méchante d'une organisation pensée par d'autres dans un contexte peut-être différent.

> Méfiez-vous des phrases du type «**Normalement**, le scrum master doit ...», «**Normalement**, on ne peut pas modifier le sprint backlog ...», «**Normalement**, ...». Réfléchissez à ce qui est utile pour vous, ne suivez pas aveuglément ce qui est prescrit par une méthodologie.

Malheureusement, pour savoir faire la distinction entre les détails qui ne s'appliquent pas à notre situation et les détails qui font que la pratique fonctionne, il faut comprendre en profondeur chaque technique. Dans le doute, il vaut probablement mieux essayer de respecter l'idée originale d'abord. C'est l'approche défendue par les auteurs de Scrum.

Quelques questions à se poser

Et vous? À la perspective de ces idées, que pourriez-vous améliorer dans votre organisation?

- Est-ce que les demandes proviennent de plusieurs personnes? Est-ce que vous passez du temps à essayer de les aligner? Ou de définir les priorités entre ces différentes demandes?

- Est-ce que le client confirme lui-même que la fonctionnalité développée lui apporte bien la valeur escomptée ?
- S'il y a un dysfonctionnement dans l'équipe, qui va s'en rendre compte ?
- S'il y a un scrum master, est-ce qu'il a l'impression de ne faire que le travail de secrétariat de l'équipe et non de mener l'équipe vers une amélioration constante ?
- Est-ce que l'équipe peut mener son travail à bien sans avoir à recourir à d'autres personnes ? Est-elle bloquée en attendant les disponibilités de ces personnes sans pouvoir terminer le travail entamé ?
- Avez-vous une liste claire des demandes du client ? Y a-t-il un *ordre* de priorité clairement défini pour chaque élément (pas simplement *priorité haute, moyenne ou basse*) ?
- Avez-vous l'impression de passer trop de temps en réunions ? Si vous travaillez selon Scrum, avez-vous d'autres réunions que celles prévues par Scrum ? Sont-elles redondantes ?
- À quel moment le client peut-il voir le résultat de ce qui a été fait pour lui ? Avec quelle facilité les développeurs peuvent-ils comprendre du client ce qui est important pour lui et ce qui lui servira réellement ?
- Est-ce que tous les membres de l'équipe délivrent la même chose pour chaque user story ? Arrive-t-il souvent qu'on s'aperçoive plus tard qu'il manquait quelque chose, comme des tests, de la documentation, une revue de sécurité par un tiers... ?
- Est-ce que quelqu'un manque de visibilité sur l'avancement total du projet ? Sur les possibilités d'une prochaine release ?

Chapitre 6

Autres pratiques agiles

Quelques pratiques inclassables mais résolument associées à l'agilité.

Tableau de tâches

Une pratique très répandue qui n'a pas attendu Scrum ou Extreme Programming pour être adoptée par de nombreuses équipes (agiles ou pas d'ailleurs) est la visualisation et la gestion des tâches sous la forme d'un tableau et de post-it. Mike Cohn[41] est un des premiers à avoir publié un article sur ce sujet.

On dessine des colonnes correspondant aux différents statuts par lesquels la tâche va passer avant d'être terminée. Par exemple : *à faire, développement en cours, validation en cours, fini.*

Encore une fois, avec cette pratique très visuelle on peut comprendre en un clin d'œil ce que chacun fait, ce qu'il reste à faire et beaucoup d'autres informations utiles. On voit immédiatement s'il y a un goulot d'étranglement, une étape du processus qui ralentit l'équipe.

Puisqu'une image vaut mieux que mille mots, montrer une tâche du doigt en disant « *Je vais m'occuper de ça* » est beaucoup plus clair pour tous qu'une explication du style « *Je vais m'occuper du problème qu'on a eu l'autre jour, enfin pas celui sur l'application web, l'autre, celui avec les résultats erronés.* »

En affichant ce tableau sur un mur on le rend visible pour tous, tout au long de la journée. Il suffit de lever la tête pour se rappeler ce qu'il y a à faire. Encore une démonstration de transparence : n'importe qui peut venir voir si une demande en particulier avance bien ou si elle est toujours en attente par exemple.

Le caractère concret des post-it est souvent apprécié. On peut les prendre en main, écrire quelque chose dessus, les organiser comme on veut, ...

On rencontre cependant de plus en plus d'équipes qui utilisent une application (souvent web) pour gérer les tâches de façon visuelle. Cela vise à apporter les avantages de l'informatique (cf. *Suivi de tâches* dans le chapitre *10. Livraison Continue*) tout en gardant le côté visuel. Malheureusement, cela ne reprend pas tous les avantages du tableau au mur et certaines équipes décident de s'en tenir au post-it ou encore

[41] Mike Cohn est un formateur Scrum qui a contribué à l'élaboration de la méthodologie Scrum.

d'utiliser les deux supports en même temps (ce qui requiert un certain niveau de discipline pour ne pas désynchroniser les deux).

Planning poker

Estimer la charge de travail que va représenter un développement est une activité peu fiable qui donne souvent de mauvais résultats. Il suffit de voir le nombre de projets qui ne finissent pas à la date prévue.
Une technique, le *planning poker*[42], a été inventée par James Grenning[43] pour limiter les problèmes souvent rencontrés.

Influence des autres

Tout d'abord, ce qu'on constate systématiquement quand une équipe doit donner une estimation c'est qu'une personne va commencer à donner son avis (souvent quelqu'un avec une position d'influence comme un responsable technique), et qu'ensuite les autres seront très fortement influencés par ce chiffre et l'estimation finale se retrouve alignée sur la première qui a été donnée.
C'est évidemment dommageable car si une autre personne avait d'abord pensé à un chiffre plus élevé par exemple, il se peut qu'elle ait en réalité pensé à quelque chose qui a échappé à tout le monde. Mais pour éviter de dire une bêtise cette personne ne dira rien et se rangera à l'avis de tous.

> *À l'inverse, peut-être qu'une troisième personne a connaissance d'une librairie qui simplifie grandement ce type de développement, et sera donc étonnée du grand chiffre donné par les autres. Mais là encore, la facilité l'emporte souvent et on ne creuse généralement pas plus loin.*

Pour régler ce problème, James Grenning propose que chacun choisisse une valeur représentant son estimation avant de la révéler aux autres. Pour ce faire, on peut utiliser un jeu de carte particulier sur lequel on aura noté des chiffres. Chacun prend alors une carte de son jeu et la place face cachée en attendant que les autres en aient fait de même. Ensuite, on retourne toutes les cartes en même temps et on compare les différentes estimations. Tout l'intérêt est alors de lancer la discussion. Celui qui a choisi un nombre fort éloignée de ceux des autres peut commencer par expliquer ce qui lui a fait choisir cette carte par exemple. Il parlera alors peut-être de cette complication à laquelle personne n'a pensé, aux tests qui vont être laborieux, etc.

> Cette discussion aboutira très certainement à une meilleure compréhension commune du travail à faire, ce qui est essentiel pour que l'équipe soit efficace.

[42] Cf. https://wingman-sw.com/articles/planning-poker.
[43] James Grenning est un formateur en méthodologies agiles qui a participé à l'élaboration du manifeste agile.

Au final, on tente de trouver un nombre qui convient à tout le monde. Mais on garde également à l'esprit que l'estimation n'est jamais vraiment totalement juste. De plus, elle ne sert qu'à planifier et n'a pas de valeur en tant que telle. Il ne faut donc pas y consacrer trop de temps et éviter les argumentations interminables.

Consensus

C'est pour éviter de s'éterniser en argumentation qu'il n'y aura pas une carte pour tous les nombres possibles. Au lieu de cela, on va suivre une suite similaire à la suite de Fibonacci, par exemple 1, 2, 3, 5, 8, 13, 20, 40...
Cela va permettre 3 choses. Premièrement, on atteindra bien plus vite un consensus si tout le monde doit choisir dans cette liste limitée : on ne discute pas entre 7 h et 9 h[44], de toute façon la seule possibilité offerte par les cartes dans ce cas est 8 h. On va donc plus vite proposer les mêmes valeurs et l'estimation sera plus vite finie.
Mais ce raisonnement s'applique aussi au moment de choisir sa propre carte : pas besoin de tergiverser, 5 h semble trop faible et 13 h bien trop gros, ce sera donc 8 h.
Enfin, la suite progressant de façon non-linéaire, on met en avant l'incertitude liée aux grands chiffres. Au plus on considère une grande quantité de travail, au plus la marge d'erreur sera grande. Si une tâche est estimée à 20 h de travail, elle prendra peut-être en réalité 25 h à réaliser. Inutile donc de perdre du temps à hésiter entre 20 h et 23 h.

Une estimation d'une petite quantité de travail sera généralement plus juste que celle d'une grande quantité de travail.

44 Au lieu d'heures ou de jours, on peut utiliser des story points (cf. *Story points* dans le chapitre *7. Extreme Programming*)

Il existe également des applications pour smartphones qui remplacent le jeu de carte. Elles permettent simplement de choisir une carte virtuelle et de la montrer quand tout le monde est prêt.

Chapitre 7

Extreme Programming

La méthodologie qui a jeté les bases du développement d'application agile.

Introduction

Extreme Programming se base sur 5 *valeurs* dont découlent des *principes* qui, à leur tour, aident à appliquer les *pratiques*.
Au vu de ce qui a déjà été dit dans ce livre et de l'approche souhaitée pour le lecteur, le choix a été fait de présenter ces pratiques sous une autre structure et de mettre l'accent sur certaines plutôt que d'autres. Les pratiques populaires sont mises en avant, alors que celles qui sont plus confidentielles ou sont redondantes avec d'autres méthodologies (comme Scrum) ont moins de place.
De nombreux ouvrages (de Kent Beck et d'autres) permettent d'approfondir le sujet pour le lecteur intéressé.

Origines

C'est pour un projet en difficulté chez Chrysler (le projet C3) que Kent Beck et ses collègues (dont Ward Cunningham et Ron Jeffries) vont développer les pratiques d'Extreme Programming (XP) dès 1996. S'inspirant des bonnes pratiques mises en avant par les autres méthodologies légères des années 90, ils vont pousser les logiques plus loin (d'où le nom *extreme*). Tester plus souvent devient tester en continu, intégrer souvent devient intégrer en continu, revoir le code souvent devient revoir le code en continu en le produisant à deux, etc.
Kent Beck rassemble ces pratiques dans un livre publié en 1999 : *Extreme Programming explained*[45].

Valeurs

L'ensemble de la méthodologie repose sur 5 valeurs. Elles sont au fondement des pratiques XP.

[45] Kent Beck, *Extreme Programming explained*, Addison-Wesley Professional, 2000.

Elles sont également toutes liées : la *communication* permet le *respect*, le *respect* génère du *courage*, le *courage* de supprimer ce qui ne sert à rien renforce la *simplicité*, le *feed-back* permet de renforcer les autres valeurs, etc.

Communication

La communication est au cœur de la plupart des problèmes dans les projets informatiques et dans l'entreprise en général. Cette réalité est souvent connue de tous mais cela ne résout pas la situation.

L'idée que la communication ne doit pas se faire au travers de documents, mais plutôt oralement est de plus en plus acceptée mais ne coule pas encore de source pour tout le monde.

Partager les informations et les connaissances au sein de l'équipe permet d'éviter des pertes d'efficacité.

> *i*
>
> *Par exemple, si seule une personne de l'équipe connaît un module du système, il suffit que cette personne ne soit pas là pour bloquer toute l'équipe sur cette partie. Même sans absence effective, les autres pourraient faire des développements qui ne seraient pas compatibles ou ne profiteraient pas des bénéfices de ce module ... Les exemples de gaspillages dus à un manque d'information ne manquent pas.*

Une autre communication qui va être critique est celle qui se fait entre le client (ou l'utilisateur final) et le développeur. Un échange d'information insuffisant à ce niveau-là peut rendre le développement entier caduque car ne remplissant pas les réels besoins.

Simplicité

La valeur de simplicité est bien résumée par l'acronyme *YAGNI : You aren't gonna need it.*

> Vous n'en aurez pas besoin.

Combien de fois avez-vous développé un module avec plus de fonctionnalités qu'il n'en avait besoin ? Juste parce que c'était logique ? Parce que vous en aurez besoin plus tard ?

Seulement voilà, statistiquement ... *vous n'en aurez pas besoin*. On n'y repense souvent plus après, on se dit qu'on a bien fait. Mais tout le code que vous gardez a un coût. Il va falloir le maintenir. Il se retrouvera peut-être dans le chemin d'un refactoring plus tard. Peut-être même que quelqu'un perdra son temps à corriger un bug qu'il trouvera dedans sans savoir que ce n'est pas utilisé !

Un cas classique est de développer un module qui consomme un service web. On pourrait être tenté d'implémenter dans ce module client les appels vers toutes les possibilités du service distant. Alors qu'il serait tout à fait possible, et même souhaitable, de rajouter les méthodes les unes après les autres au fur et à mesure des besoins uniquement.

L'argument avancé contre cette idée de simplicité est qu'on risque de devoir faire ces développements par la suite et qu'il aurait été plus efficace de les faire directement pour ne pas devoir se replonger dedans plus tard.

En réalité, les quelques fois où on en aura réellement besoin par la suite sont généralement trop rares pour justifier de systématiquement prévoir le coup. De plus, on aura justement plus de temps disponible si on n'a rien développé en trop au début. La facilité de lecture induite par un code simple permet des évolutions plus rapides par la suite et cela a donc une réelle valeur.

Feedback

Une approche itérative pour s'adapter à chaque étape n'est possible qu'avec un mécanisme de feedback efficace pour pouvoir identifier ce qui fonctionne et ce qui doit changer.

On va donc mettre l'accent sur ce feedback à tous les niveaux. Les tests unitaires nous indiqueront à tout moment si le code fonctionne ou non. Les démos faites au client à intervalles réguliers nous confirmeront qu'on répond bien à sa demande. La livraison et la mise en production fréquente nous donneront l'occasion de constater auprès des utilisateurs la réelle valeur ajoutée.

En raccourcissant ces boucles de feedback, on les rend plus efficaces encore. On s'efforcera donc de réduire constamment le temps entre une activité et la confirmation que tout va bien.

Sans ces mécanismes de feedback, l'amélioration n'est pas possible.

Courage

Dans certaines situations, faire ce qui est nécessaire au lieu de ce qui est facile demande du *courage*.

Afficher en toute transparence l'état d'avancement ainsi que les problèmes de l'équipe n'est pas si évident. Il faut pouvoir affronter le jugement des autres. Être amené à devoir s'expliquer.

Dans un environnement fort politisé où chaque département essaie de reporter les fautes sur les autres et de pointer les fautifs du doigt, une attitude qui apparaît souvent est de tenter de se protéger et de consacrer plus de temps et d'énergie à amasser des preuves qu'on n'a fait aucune erreur qu'à réellement progresser. Dans un tel contexte, essayer de nouvelles idées et innover est bien plus risqué que ne rien faire du tout. Cependant, cette approche est évidemment néfaste sur le long terme et il faudra du courage à celui qui voudra faire évoluer les pratiques et les mentalités.

Face aux critiques, l'équipe doit apparaître entière. Si un membre de l'équipe a fait une erreur, c'est la responsabilité de l'équipe entière de ne rien avoir mis en place pour éviter cette situation. Chacun doit se sentir libre de faire des erreurs et d'être malgré tout soutenu par ses collègues.

Une autre situation qui demande du courage est quand on a fait un choix (technique par exemple), et qu'après quelques temps on réalise que ce n'était peut-être pas le bon. Il faut pouvoir reconnaître l'erreur et accepter de faire marche arrière quand il est encore temps. S'entêter dans la mauvaise direction ne ferait qu'aggraver le problème jusqu'au moment où on prendra enfin la décision qui s'impose.

De la même façon, personne n'aime jeter du code qu'il a écrit. Mais garder du code qui n'est plus utilisé ou n'avait pas lieu d'être va à l'encontre de la valeur de *simplicité*. Il faut accepter l'idée que le code n'est qu'un chemin vers une solution ultérieure. Chaque version, chaque essai, nous permettent d'en apprendre un peu plus sur le problème à résoudre.

> *i*
>
> *Même si la seule connaissance qu'on a acquise est qu'on n'avait pas besoin de quelque chose. S'il fallait passer par là pour faire avancer notre réflexion, cela n'a pas été inutile. Le code peut donc ensuite être supprimé sans regret*[46].

Respect

Le respect est une valeur évidente pour de nombreuses personnes. Pourtant, on peut être témoin au quotidien d'actions qui font preuve d'un manque de respect pour l'autre. Cela n'est pas toujours fait de façon délibérée, mais les conséquences sont graves et supplantent vite les éventuels effets positifs amenés par d'autres actions.

Les membres de l'équipe doivent commencer par se respecter entre eux. Il faut pouvoir reconnaître que chacun apporte ses propres compétences et expériences. Il est plus facile de voir les aptitudes des autres s'ils nous ressemblent, mais la diversité d'idées au sein du groupe et les questions « bêtes » qui nécessitent de justifier les choix pris par l'équipe apportent une réelle plus-value.

Tout le monde n'est pas une pointure en développement, mais une équipe a besoin de beaucoup d'autres choses qu'une expertise technique uniquement pour bien fonctionner.

---

[46] Allez-y franchement, n'ayez pas peur. Votre système de contrôle de source gardera une copie de toute façon (cf. *Contrôle de source* dans le chapitre *10. Livraison Continue*).

> *Pour prendre un exemple extrême, si une personne ne sait pas produire grand-chose mais accompagne les autres avec enthousiasme et les motive à avancer, sa présence dans l'équipe pourrait bien avoir une très grande valeur-ajoutée. Mais ce ne sera pas mesurable. Une approche de type Systems Thinking*[47] permettrait de mettre en lumière ce type d'interaction.

Mais le respect est également essentiel entre une équipe et son responsable. Il faudra que celui-ci accorde sa confiance à ses employés pour leur laisser l'autonomie dont ils auront besoin et pour ne pas punir les erreurs par facilité au lieu d'encourager la recherche de solutions.

Bien évidemment, ce respect devra être réciproque si on veut qu'il dure dans le temps : les employés devront apprendre à reconnaître les compétences de leur supérieur et accepter qu'il ait une vision parfois différente de la leur.

Un dernier acteur qu'il ne faut pas négliger est le client. Il n'est pas rare de s'exaspérer de ses changements d'avis, de ses nouveaux besoins, de son manque de logique ou de sa compréhension incomplète du système fait pour lui.

Mais, aussi difficile que ce soit, il faut s'efforcer de se mettre à sa place et comprendre que lui non plus ne sait pas exactement ce qui lui fera gagner de l'argent, que son contexte/métier à lui n'est pas toujours stable, et que s'il manque d'esprit logique c'est probablement pour ça que ce n'est pas lui qui développe l'application.

À nouveau, cette relation n'étant pas à sens unique, on attend des clients qu'ils acceptent que l'informatique soit un domaine complexe, où l'erreur n'est jamais impossible.

> *Il ne faut, par contre, pas se faire d'illusion : les clients sont des humains comme les autres et il suffit de que quelques erreurs répétées pour gâcher l'image qu'ils se font de nous.*

Une fois que chacun aura reconnu les compétences de l'autre, un partenariat réellement efficace basé sur la confiance et dans le but de fournir de la valeur au client est possible.

Coût du changement

Dans son livre, Kent Beck propose une autre approche de la vision classique du coût du changement.

Comme on l'a vu dans le chapitre *2. Le modèle waterfall - Coût d'un changement*, il est généralement accepté qu'au plus tard on introduit un changement dans la chaîne de développement, au plus son coût sera important. Cela justifie donc de renforcer les premières étapes d'étude et d'analyse avant de commencer le développement pour éviter les problèmes en aval.

[47] Systems thinking est une théorie de management qui met l'accent sur la compréhension de l'entièreté d'un système, ses éléments et leurs interactions.

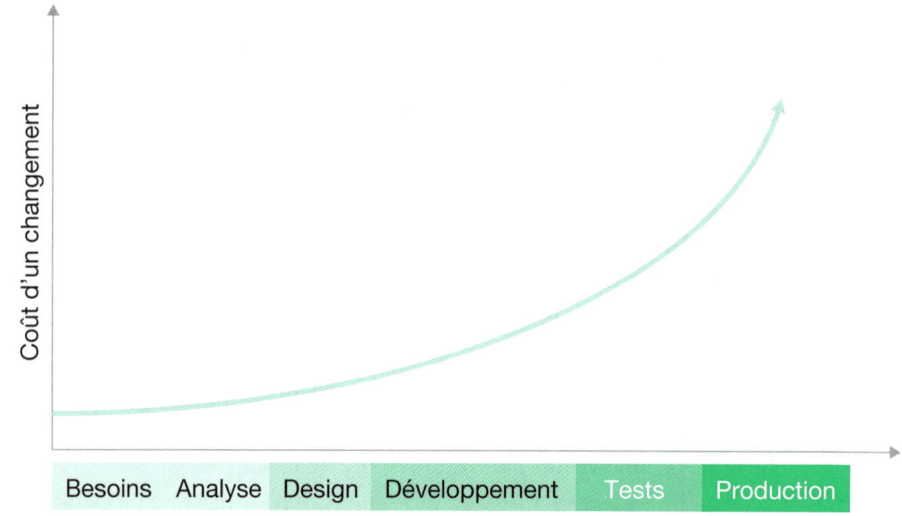

Mais la proposition fondamentale que Kent Beck fait avec l'*Extreme Programming* est celle-ci :

> En adoptant de nouvelles pratiques, le coût du changement peut progresser bien plus lentement.

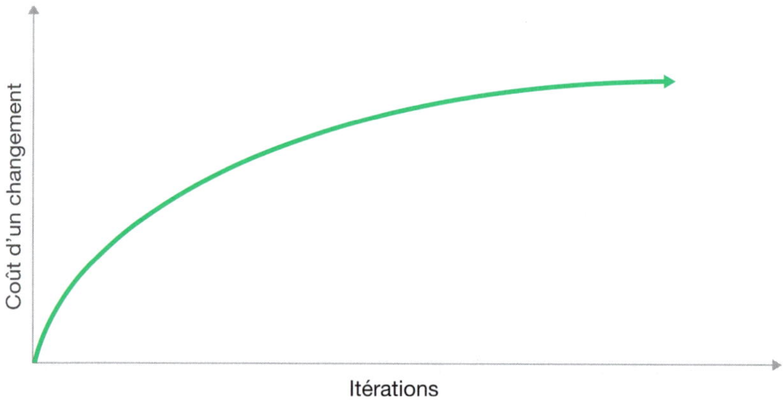

Sous cette nouvelle hypothèse, certaines logiques établies dans le développement d'application sont remises en question.
Si le coût pour changer une partie de l'application n'augmente pas de façon exponentielle, certaines décisions peuvent être prises plus tard, quand on aura une meilleure connaissance du problème. S'il est possible d'améliorer la structure de l'application par la suite, on peut s'en tenir à un design simple pour commencer. C'est toute notre approche qui évolue.

Cependant, modifier cette courbe ne se fait pas en le souhaitant simplement. De nombreuses pratiques, une discipline constante et une excellence technique vont permettre de se rapprocher de la situation idéale où un changement dans 6 mois ne coûte pas plus cher qu'aujourd'hui.
XP propose des pratiques concrètes pour y arriver.

Tests unitaires

Introduction

Il y a quelques années, un de mes collègues a commencé à travailler sur une fonctionnalité de sécurité de notre système. Il devait permettre de renseigner dans les options une adresse IP (ou un sous-réseau d'IP) qui était autorisée à accéder au système. Toutes les connexions venant d'IP qui ne seraient pas renseignées dans ce champ *AuthorizedIPs* seraient alors exclues.
Il a donc commencé à programmer, en se basant sur le cas où *AuthorizedIPs* était *192.168.0.0/16.* Voyant que ça fonctionnait bien, il vérifia le cas *192.168.16.48/32* qui marchait également bien. Pour le cas où une seule IP était acceptée, comme *192.168.16.48*, il dû faire quelques adaptations. Enfin, pour des raisons de rétro-compatibilité avec des données qui allaient être importées d'un vieux système, il implémenta le cas d'une notation hybride un peu particulière: *192.168.16.0-192.168.16.255*. Celle-ci ne lui causa pas trop d'ennuis, et assez rapidement il put terminer sa fonctionnalité.
Après ça, il vint me demander de tester rapidement, juste pour être sûr. Lui-même était sûr de ce qu'il avait fait car il avait testé chacun des cas prévus. J'ai donc mis une autre IP que la mienne dans *AuthorizedIPs* et j'ai tenté d'accéder à la fonctionnalité. Et j'ai eu la surprise de voir que le système ne me refusait pas l'accès. Le cas le plus basique à implémenter ne fonctionnait même pas!
Je lui ai donc fait remarquer, et après une petite investigation il m'a expliqué que tout fonctionnait parfaitement jusqu'à ce qu'il fasse un dernier changement pour optimiser le dernier cas et qu'il n'avait pas eu le courage ou pas estimé indispensable de tester à nouveau tous les cas prévus.
Étant moi-même très fainéant, je compatis complètement avec lui. Nos clients, en revanche, ne comprendraient pas une telle situation. Je ne peux pas les en blâmer: si je paie pour un système sécurisé, et quand je l'essaie ça ne bloque même pas les accès pour une configuration basique, je n'aurai absolument plus confiance dans la prétendue sécurité de l'application.
Heureusement pour nous, Kent Beck et ses collègues ont inventé une solution à ce problème: SUnit (porté ensuite vers pratiquement tous les langages de programmation modernes sous la forme de JUnit, NUnit, PHPUnit, etc.). Un système capable de tester automatiquement tous les cas déjà prévus. Plus aucune raison de ne pas

tester une énième fois le programme dans son entièreté après un petit changement. Plus de manque flagrant de professionnalisme devant nos clients.

Les tests unitaires

L'exemple suivant permet de bien comprendre ce qu'est un test unitaire pour quelqu'un qui n'en a jamais écrit. Il concerne une application faite avec le framework Microsoft .Net. Certains détails sont différents selon les langages (en particulier pour les langages interprétés[48]), mais l'idée est très semblable.

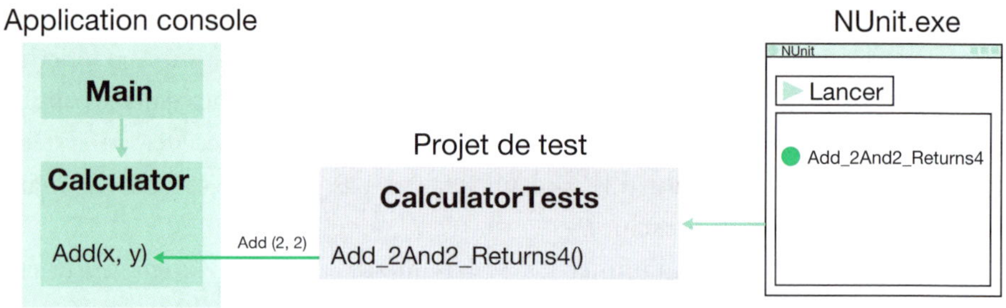

Pour une application console qui ne sert qu'à faire des additions, on a 2 classes : `Main` (le point d'entrée du programme) et `Calculator`. Cette dernière sert à faire les calculs et contient une méthode `Add(int x, int y)`.

Pour faire des tests, on va écrire une classe à part dans un projet différent. Dans cette classe, chaque méthode représente un test. La librairie NUnit fournit les éléments nécessaires pour marquer notre classe et nos méthodes comme étant des tests. On pourra alors utiliser un *test runner* (NUnit.exe) pour analyser le résultat de la compilation de notre projet de test et lister les tests qui y sont présents.

On peut alors dire à NUnit.exe d'exécuter ces tests. Il va ainsi simplement appeler le code de chaque méthode de test.

Dans une de ces méthodes, `TestAdd_2And2_Returns4()`, on fait un appel vers `Calculator.Add()` avec comme paramètre 2 et 2. On compare alors le résultat reçu avec la valeur qu'on attendait (4). Cette comparaison est faite grâce à une autre chose fournie par la libraire NUnit : la classe `Assert`. Celle-ci va utiliser le résultat de la comparaison pour indiquer à NUnit.exe si le test est réussi ou non.

De nos jours, la plupart des IDE, comme Visual Studio ou Eclipse ont un test runner intégré.

Lorsqu'on ajoutera une méthode `Substract(int x, int y)` à la classe `Calculator`, on ajoutera également un test dans la classe `CalculatorTests`.

---

[48] Contrairement aux langages de programmation *compilés,* qui sont délivrés sous la forme d'un fichier exécutable directement par la machine, les langages *interprétés* sont relus par la machine et interprétés au moment de l'exécution. On garde donc le code source jusque sur la machine qui va l'exécuter.

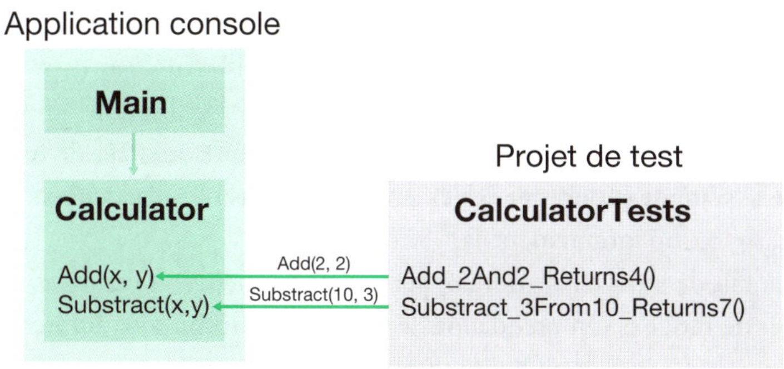

Extreme Programming insiste sur l'importance de créer un test pour chaque bug découvert. Si on continue notre réflexion sur les tests à faire, on pensera peut-être à vérifier ce qui se passe si on soustrait 15 à 10 pour obtenir un résultat négatif. Et on pourrait constater que le programme plante dans ce cas. Ou peut-être qu'un utilisateur l'aura découvert avant nous et nous l'aura rapporté. Dans tous les cas, on ajoutera un test unitaire reproduisant le problème en plus de le corriger. Personne ne souhaite entendre un utilisateur rapporter le même bug pour la deuxième fois, il vaut donc mieux s'assurer que ce problème ne se reproduira plus.

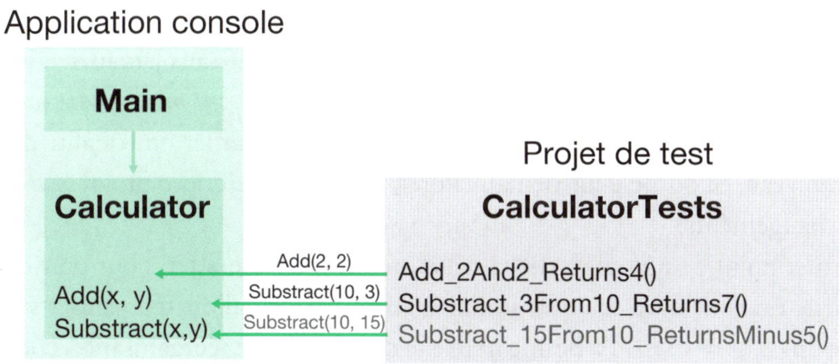

Avantages

Les avantages des tests unitaires sont nombreux.

Tout d'abord, le point principal est qu'ils assurent la *non-régression* du code. C'est-à-dire qu'on garde à tout moment l'assurance que le code continue de faire ce qu'il doit faire. Il s'agit donc principalement de se prémunir contre les changements futurs qui pourraient casser la fonctionnalité qu'on vient de développer.

En plus d'être très utile quand on travaille seul sur un projet pendant un certain temps, cela devient particulièrement nécessaire lorsque plusieurs personnes travaillent sur le même code. Même avec un très bon niveau de compétence et une équipe consciencieuse, il est pratiquement inévitable qu'un développeur applique une modification nécessaire pour ce qu'il fait mais qui casse une fonctionnalité réalisée par quelqu'un d'autre dont il n'avait peut-être même pas connaissance.

Les tests unitaires sont notamment un outil que l'on fournit à ses collègues (ou à soi-même plus tard) pour qu'ils puissent vérifier qu'ils n'ont pas cassé notre fonctionnalité. Ils énumèrent exhaustivement tous les cas d'utilisation qui doivent être supportés. Sans eux, nos collègues pourraient vérifier quelques cas de base et ne pas réaliser que le système supportait également d'autres cas plus particuliers et qu'ils ont peut-être cassé ce fonctionnement-là.

En outre, le fait de s'arrêter de développer pour commencer à écrire les tests permet de « changer de mode ». On prend alors le temps de réfléchir aux différents cas d'utilisation de notre système et on pense souvent à de nouveaux *cas limites*.

> *i*
>
> *Dans l'exemple ci-dessus je n'aurais peut-être pas pensé à vérifier la soustraction avec une valeur négative car cela ne correspond pas à la demande principale. Mais ce cas pourra se présenter un jour, et avoir pris le temps d'y réfléchir maintenant me sera probablement fort utile et m'évitera une correction précipitée et non planifiée par la suite !*

Quand on a des tests unitaires sur lesquels on peut réellement se reposer, notre attitude pendant le développement change. On a beaucoup ***moins peur de modifier le code***. On commence donc à se permettre de petites améliorations, régulièrement. Quand on voit un problème on peut essayer de le corriger sans jamais se dire *« Je ne vais pas corriger cette ligne, je risque de casser quelque chose sans m'en rendre compte... »*. Or c'est justement cette attitude qui est nécessaire pour garder une qualité de code à un bon niveau. Si on ne peut rien améliorer, le code se détériore progressivement au fil des changements.

Un dernier point positif concerne la structure du code. En effet, pour pouvoir tester une partie du code avec des tests unitaires, il va parfois falloir réorganiser son code, en faire du *code testable*. La bonne nouvelle c'est que cette réorganisation correspond exactement aux bonnes pratiques et patterns connus tels que la découpe en petites classes à responsabilité unique et l'injection de dépendance.

> Tout le code doit passer tous les tests unitaires avant de pouvoir être délivré.

Lorsqu'on a une suite de tests unitaires, il est important de toujours corriger un test dès qu'il devient rouge. Puisqu'on ne sait pas ce qui cause le problème, on ne sait pas combien de temps sera nécessaire à sa correction. On vit donc avec un risque important sur notre capacité à délivrer quelque chose à temps. Il faut éliminer ce risque en priorité. Ne pas le faire et continuer de développer sur du code qui ne marche pas à 100% pourrait aggraver les choses, rendre la situation encore plus compliquée à résoudre et nous amener ainsi dans un engrenage dangereux.

Coût et rentabilité

Malheureusement, cette valeur ajoutée ne vient pas sans coût. Le temps consacré à l'écriture (et la maintenance) des tests peut être conséquent. On peut légitimement se poser la question de savoir si cela est bien rentable.

Très peu de véritables chiffres fiables existent sur le sujet car la nature même du développement d'application fait qu'on n'est jamais amené à développer 2 fois la même chose, dans des situations exactement identiques, une fois avec tests et une fois sans. Même si on le faisait pour l'expérience, on aurait soit 2 équipes différentes, soit une même équipe qui saurait exactement quoi faire la deuxième fois et la situation ne serait donc pas comparable.

Il est, en conséquence, difficile de prouver une bonne fois pour toutes que c'est rentable ou que ça ne l'est pas. En réalité, cela dépend surtout de la situation. L'écriture de tests est un investissement qu'on fait pour éviter de perdre du temps par après.

On peut donc délivrer des fonctionnalités plus rapidement sans écrire ces tests. Seulement, le temps passant, on risque très probablement d'être confronté à de plus en plus de régression ou de temps consacré à tester manuellement. Il existe donc un moment où il devient clair qu'on aurait dû avoir des tests. Malheureusement, il est souvent fort tard pour entreprendre l'écriture d'une suite de tests complète, et généralement impossible d'être exhaustif car les différents cas supportés ont été oubliés.

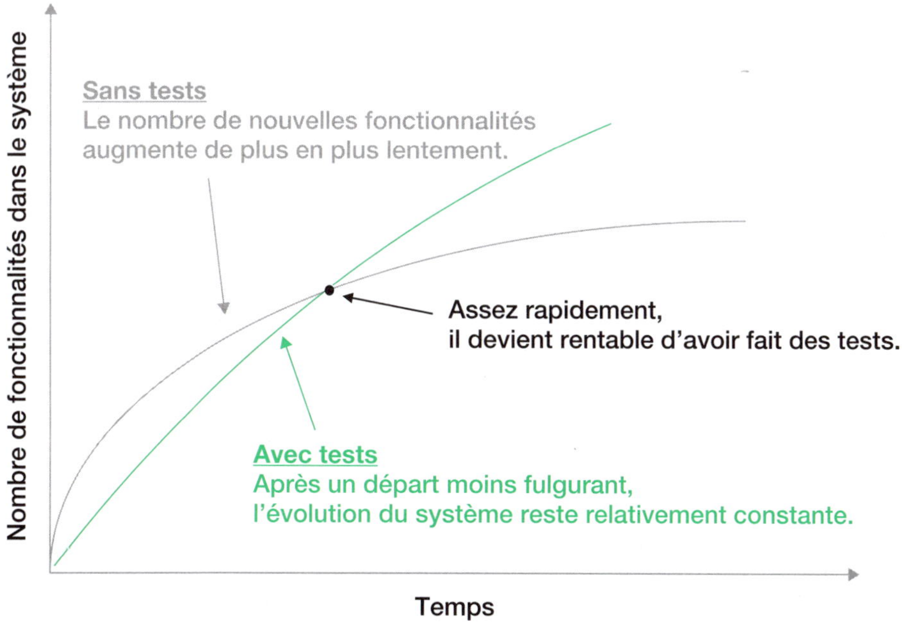

Il n'est pas aisé de définir ce moment où les tests deviennent rentables. En réalité, on sous-estime très largement la complexité des systèmes développés. Un projet de quelques personnes va très vite devenir complexe – il n'est pas possible de tout avoir en tête tout le temps. Mais même seul, après quelques semaines de développement on ne pense plus toujours à tout ce qu'on a prévu comme possibilités et on commence à casser des choses réalisées précédemment sans s'en rendre compte.

Reste à voir si on peut se le permettre. Peut-être n'est-ce pas grave d'avoir des bugs pour cette application ?

Compte-tenu du fait que peu de projets restent à un stade de prototype où les bugs ne gênent personne, il est peut-être plus avisé de tabler dès le début sur la qualité. Ne serait-ce parce que le moral est toujours plus haut quand on développe avec qualité que quand on corrige des bugs en urgence.

> Chaque test est un pari. Le pari est payant quand un test devient rouge. Si on le pouvait, on n'écrirait que ces tests-là. Mais puisqu'on ne le sait pas à l'avance, on écrit les tests qui pourraient être payants. Au fur et à mesure des tests, on réfléchit sur quels tests sont généralement payants et lesquels ne le sont pas et on écrit plus de ceux qui le sont.
>
> *Kent Beck* [49]

Critique

De nombreuses personnes essaient de couvrir leur application de tests unitaires pendant un certain temps et finissent par abandonner en disant qu'ils en arrivaient à consacrer tout leur temps aux tests et presque plus au code lui-même. Or, c'est bien les fonctionnalités qui ont de la valeur.

Il s'agit très souvent de situations où l'approche n'était pas très bonne et a mené à ce manque de productivité. Car c'est la difficulté : écrire des tests requiert autant de réflexion et d'expérience qu'écrire une fonctionnalité, avec toutes les possibilités de différents designs qui s'offrent au programmeur. Face à autant de choix, il est nécessaire d'avoir une certaine habitude pour trouver la configuration la plus adaptée au système.

C'est la deuxième mauvaise nouvelle : chaque projet a sa situation particulière et il n'est donc pas possible de définir *la* meilleure approche de tests automatisés pour tous les projets.

Test driven development

Cette suite de tests qu'on a réalisée constitue en réalité les spécifications de notre système. Chaque test décrit une partie du fonctionnement de l'application au travers d'*exemples concrets*.

---

[49] Kent Beck, *Extreme Programming explained*, Addison-Wesley Professional, 2000.

En partant de ce constat, on pourrait envisager de déterminer d'abord ce que le système doit faire avant d'implémenter la fonctionnalité correspondante, et pas l'inverse. C'est le principe de base du *Test driven development* (TDD) : écrire un test, et le code ensuite seulement.
Pour chaque fonctionnalité, changement ou correction de bug à appliquer on suit alors un cycle en 3 étapes : *Red - Green - Refactor.*

1. Red

On écrit un test qui détermine le nouveau comportement attendu par le système. On peut aussi simplement modifier des tests existants si ces tests décrivent justement le comportement qui doit changer.
En faisant cela, on réfléchit bien au résultat attendu avant de se lancer dans l'implémentation.
On a maintenant un test rouge, qui ne passe pas. Il nous confirme que le système ne fait pas encore ce qu'on veut.

> *Mais il arrive qu'on découvre que ce cas est déjà géré sans que rien n'ait été programmé pour. Dans ce cas, on laisse le test, affirmant que c'est maintenant une fonctionnalité explicitement voulue et qu'on ne peut pas casser à l'avenir.*

2. Green

On va ensuite implémenter la fonctionnalité dans le code de production[50].
Mais on ne va pas faire cela n'importe comment : on va se concentrer sur le test à faire passer et ***on va écrire le code le plus simple***, qui demande le moins de réflexion et de temps à produire. On copie-colle sans gêne. On utilise autant de boucles `for` et d'`if` imbriqués qui nous passent par la tête quand on essaie de se représenter l'algorithme. On donne les noms qui nous viennent à l'esprit sans trop se fatiguer.
L'objectif est de se concentrer à 100 % sur le problème et le moins possible à écrire du code de bonne qualité. On ne veut pas mélanger les activités, on fait une chose à la fois. Dès que le test devient vert – il passe – on s'arrête.

> *Voir un test rouge passer à vert nous garantit également que le test vérifie bien ce qu'on veut. Si le test est directement vert et on ne l'a jamais vu rouge il ne vérifie peut-être rien.*

3. Refactor

Une fois notre test vert, le travail n'est pas terminé. On doit maintenant refactorer le code afin de le rendre plus facilement modifiable pour les prochains changements.

[50] On appelle comme cela le code qui sera effectivement déployé en production, par opposition au code de test qui ne le sera pas.

C'est seulement maintenant qu'on va, une modification à la fois, supprimer du code dupliqué (en le rassemblant à un seul endroit, d'une façon ou d'une autre), renommer les variables, extraire du code dans une nouvelle classe, appliquer des design patterns[51] si c'est pertinent, etc.

Après chacun de ces petits changements, on vérifie que tous nos tests sont toujours verts. On a la liberté de réorganiser notre code comme on le souhaite, car on a ce filet de sécurité que sont nos tests automatisés. On peut donc aller jusqu'au niveau de qualité souhaité sans risque d'introduire une régression.

Conclusion

Cette approche a des avantages importants.

Tout d'abord, si chaque fonctionnalité a été développée pour faire passer un test, ***on a la garantie que tout notre code est couvert par des tests***.

Ensuite, les tests encourageant ***un code testable et donc modulable***, on a ici un système entier conçu sur cette bonne pratique et le résultat sera donc généralement plus ouvert aux modifications par la suite.

Mais ce qui change réellement la donne avec le TDD, c'est l'approche complètement différente de la programmation.

En général, un développeur code ce qu'il a en tête, appliquant des modifications ici et là au gré de ses inspirations, suivant trop souvent des pistes de modifications qui en entraînent d'autres, des changements dans une classe pour accommoder d'autres changements dans d'autres classes, accumulant mentalement contexte après contexte, perdant son chemin en cours de route pour en arriver à se demander « *Pourquoi je faisais ça encore ?* »

On en viendrait à se poser des questions sur qui maîtrise encore ce qui se passe et comment on peut espérer arriver à un résultat fiable dans un délai fiable en se laissant autant aller au gré de ses pensées.

Fort heureusement, TDD nous propose une méthode pour éviter ce piège. En se focalisant sur un petit objectif à la fois, on refuse toute tentation de déborder sur d'autres problématiques au passage. On va plutôt se forcer à noter chaque idée qui nous vient à l'esprit, comme « *Ah tiens, on pourrait introduire une abstraction*[52] *ici* » ou « *Il faudrait aussi vérifier ce qu'il se passe dans cette méthode si aucun résultat n'est trouvé* ». La liste des tests nous permet de progresser continuellement sans nous perdre dans les différents cas à supporter car on a une liste claire de ce qui est implémenté et on ne fait qu'en ajouter, un à la fois.

[51] Un design pattern est une structure de code reconnue comme étant une bonne pratique. Il en existe une multitude qui visent à résoudre des problèmes différents. Cf. Erich Gamma et al., *Design Patterns: Elements of Reusable Object-Oriented Software*, Addison-Wesley, 1994.

[52] Technique de programmation qui permet de gérer la complexité d'une partie d'un système.

Face au développement d'une fonctionnalité supportant de nombreuses combinaisons d'input, comme la validation du contenu d'un formulaire par exemple, on peut vite tourner en rond sur les cas qu'on teste et avoir le sentiment qu'on ne sait plus où on en est, recommencer encore et encore des combinaisons déjà vérifiées, ...
Une solution évidente est d'écrire cette liste de scénarios de test. Le TDD permet de systématiser cette approche dès le début du développement de la fonctionnalité.

Notons également que de nombreux adeptes du TDD disent prendre plus de plaisir à développer de cette manière. Établir un objectif et tenter de le faire passer s'apparente parfois à un jeu et rend l'activité amusante.

Test d'acceptance

Pour chaque fonctionnalité à développer pour le client, on va au préalable se mettre d'accord avec lui sur la façon de vérifier qu'elle a bien été implémentée comme souhaité. Il pourrait donc nous expliquer comment il ferait pour contrôler cela et on pourra vérifier nous-mêmes pendant le développement afin d'éviter toute surprise face au client.
On appelle cette vérification les *tests d'acceptance*.

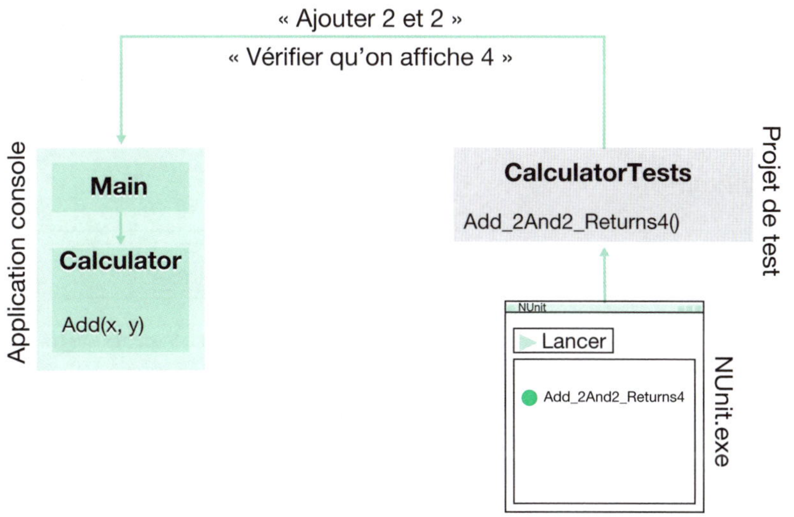

On va donc proposer au client de vérifier lui-même que ces scénarios de tests sont bien fonctionnels. Bien qu'on ait eu l'occasion de le faire nous-mêmes avant, il peut toujours apporter des remarques supplémentaires ou des précisions qui n'étaient pas explicites jusqu'alors.
Il est important que ce soit la même personne qui écrive les tests d'acceptance et qui les exécute pour valider le développement à la fin du processus. Seule cette personne

peut réellement interpréter le besoin initial qui était exprimé et valider que la fonctionnalité apporte la valeur escomptée.

La difficulté vient quand on développe une seconde fonctionnalité. On effectue les nouveaux tests d'acceptance. Le client se prête au jeu et donne son feedback. Mais qu'en est-il de la première fonctionnalité ? On peut difficilement demander au client de vérifier à nouveau tout ce qui a été développé pour lui jusqu'ici. On peut payer quelqu'un pour le faire, mais comme pour les tests unitaires, la quantité de travail va augmenter continuellement. La solution pour éviter de ne plus pouvoir délivrer facilement et rapidement une nouvelle version sera donc la même : automatiser.

On peut, pour cela, remplacer les interactions humaines avec notre système par des tests qui auront la même structure que nos tests unitaires, utilisant même la même librairie pour définir ces tests et le même test runner. Leur contenu sera, lui, un peu différent car au lieu d'appeler une méthode de notre code de production, il devra en piloter l'interface. Entrer des valeurs dans une application console, cliquer sur les boutons d'une application desktop, piloter un navigateur pour un site web, ou un simulateur de smartphone pour une « app » mobile.

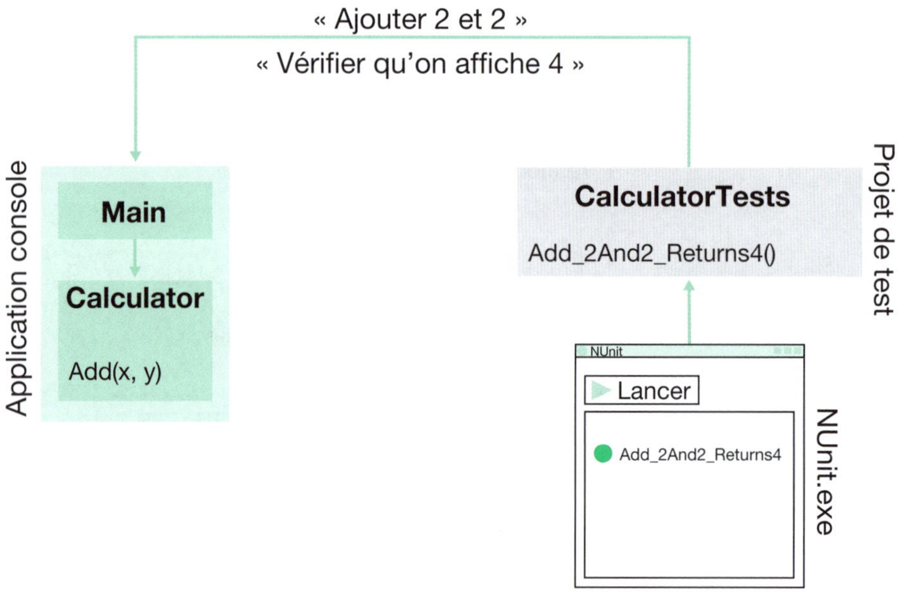

La librairie Selenium est actuellement la plus connue des pilotes pour browsers. Elle permet d'ouvrir une page, cliquer sur des boutons, lire le contenu de la page pour vérifier le résultat, etc.

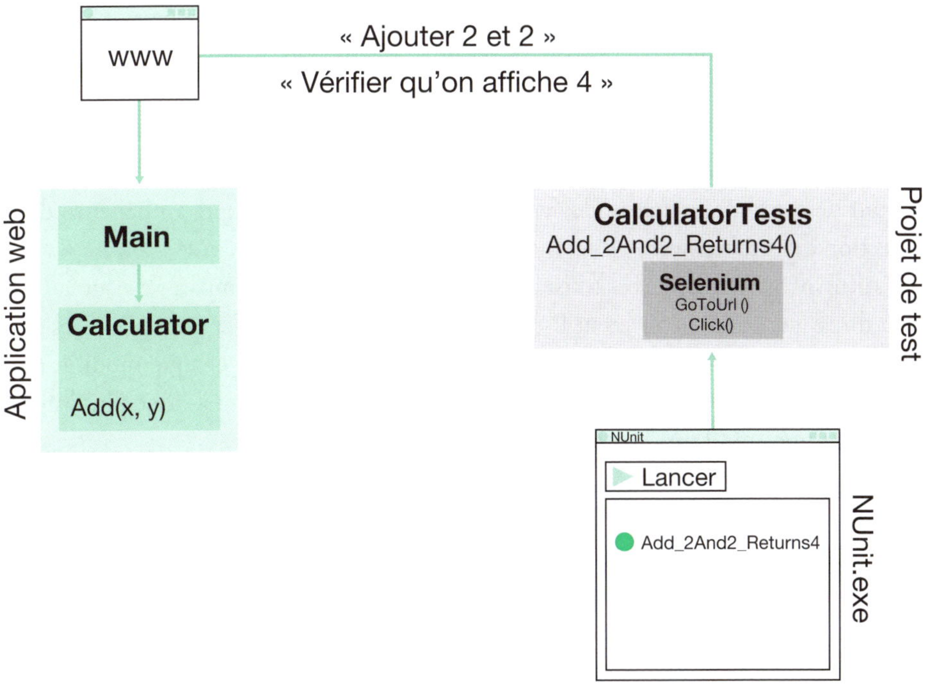

Avant chaque exécution des tests, on va devoir déployer notre application, lui donner la configuration, la base de données, les web services... dont elle a besoin pour tourner. C'est donc bien plus contraignant que les tests unitaires qui s'exécutaient indépendamment de tout autre système.

Avantages

Bien entendu, l'intérêt premier de la mise en place de ces tests est de vérifier la non-régression de notre système après chaque modification.

Contrairement aux tests unitaires, ces tests vont nous donner une assurance sur le bon fonctionnement de l'ensemble du système. C'est très concret et donc rassurant : on simule une utilisation réelle. Toutes les classes communiquent bien entre elles. La configuration de l'application est à jour. La connexion à la base de données marche bien. Le schéma correspond bien. Les données nécessaires sont bien présentes... Cela fait beaucoup de choses supplémentaires qui sont vérifiées par rapport aux tests unitaires. C'est un avantage mais également un inconvénient.

Inconvénients

Des tests qui vérifient en même temps autant de composants du système sont par conséquent dépendants de tous ces composants pour fonctionner correctement. Cela veut dire qu'ils peuvent se casser pour de très nombreuses raisons et auront donc tendance à être instables. Ils nécessiteront une maintenance régulière pour vérifier à chaque fois pourquoi un test est rouge. De nombreuses bonnes pratiques seront à mettre en place pour éviter que la raison de cette instabilité soit « *Quelqu'un a supprimé les données de la base de données* » ou « *La configuration n'est plus la bonne* ». Le risque est qu'il arrive plus souvent que les tests rouges soient des faux positifs et n'indiquent en réalité pas un problème de l'application en elle-même. Dans ce cas, le coût de cette maintenance devient disproportionné par rapport au bénéfice de la détection des problèmes.

Un autre inconvénient de ces tests est qu'ils prennent plus de temps à s'exécuter. Cela veut dire qu'on va pouvoir les utiliser de façon moins flexible (par exemple ne les exécuter que quelques fois par jour au lieu de tout le temps après chaque modification comme on le fait avec les tests unitaires). La boucle de feedback est donc plus longue et on sera prévenu d'un éventuel problème introduit plus tard.

La pyramide de tests

C'est Mike Cohn en premier qui utilise cette métaphore d'une pyramide pour représenter les différents types de test et la quantité qu'il faudrait en faire pour chaque projet.

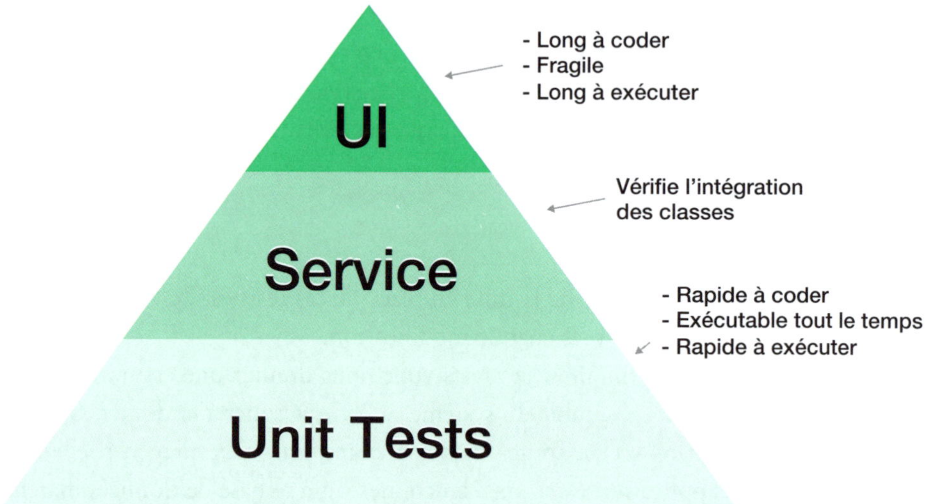

Tout en haut, on a les tests d'acceptance, d'interface (UI). Ils sont longs à mettre en place car ils nécessitent de nombreuses choses (cf. *Test d'acceptance* dans ce chapitre), longs à exécuter et se cassent facilement. Pour réduire ces inconvénients, on veut s'en tenir à un minimum de tests.

L'objectif est de nous garantir que tous les composants s'intègrent bien les uns avec les autres et que l'application fonctionne pour les fonctionnalités principales. On pourrait éviter de tester les cas négatifs par exemple. À chacun de déterminer où est sa limite. L'expérience aide à trouver un bon point d'équilibre.

Tout en bas de la pyramide, on trouve les tests unitaires qui vérifient des fonctionnalités spécifiques de notre système. Ils sont censés être faciles à coder car ne demandent pas beaucoup de mise en place avant de tourner, sont exécutables tout le temps et sur n'importe quelle machine et donnent un feedback très rapidement au développeur.
Entre les deux, Mike Cohn identifie un autre type de tests: les *tests de service*. Techniquement, ils s'apparentent à des tests unitaires mais s'exécutent sur toute une série de classes en même temps pour garantir leur fonctionnement intégré. Ils représentent donc un intermédiaire entre les tests unitaires et les tests d'interface et partagent leurs avantages et inconvénients.

i

La discipline évoluant, on identifie maintenant de nombreux autres types de tests automatisés[53], avec chacun leurs avantages et inconvénients.

L'important est de comprendre qu'il faut combiner les différents types de tests et savoir tirer les avantages de chacun en trouvant un équilibre entre eux qui convient au contexte du moment.

Losange de tests

Une critique fréquente des tests unitaires utilisée par les développeurs qui ont décidé d'arrêter de faire des tests est qu'une fois tous les tests unitaires en place, dès qu'on veut faire un changement on se retrouve à devoir modifier de nombreux tests qui ne correspondent plus au code. Dès qu'on veut refactorer des classes et changer leurs interfaces on doit jeter tous les tests et en réécrire de nouveaux.
Dans ce cas, le coût de la création de ces tests n'est pas du tout rentabilisé et on peut être tenté de décider de ne plus faire de tests.
En réalité, cela indique plutôt que le choix des tests à faire n'a peut-être pas été le plus judicieux. En faisant correspondre chaque classe à une classe de tests, un changement de l'interface de cette classe induit forcément un changement dans la classe de test correspondante.
Les tests à un plus haut niveau, comme les tests de service, d'intégration, de composant ou autre permettent, eux, de se concentrer sur une fonctionnalité à un haut niveau de l'application sans empêcher de refactorer les classes sous-jacentes tant que la fonctionnalité reste intacte.
Cela semble un bon compromis et on peut s'orienter vers ce que certains appellent le losange de test (« test diamond »), où ce type de tests de haut niveau mais sans interface ni autre dépendance serait le plus fréquent.

[53] Cf. https://martinfowler.com/articles/microservice-testing.

Tests exploratoires

Bien entendu, cette pléthore de tests automatisés ne remplace pas l'utilité des tests exploratoires : ceux où une personne clique sur tout et fait exprès de remplir des données incohérentes, retourne en arrière et exécute les actions dans l'ordre inverse juste pour voir ce que ça fait.
On découvre de cette façon une grande quantité de bugs et il faut encore un esprit humain pour envisager de faire autre chose que ce qui est logique et prévu. C'est pourtant ce que les utilisateurs finissent toujours par faire un jour ou l'autre.
Un développeur peut très bien s'en charger, mais il est intéressant que ce ne soit pas la personne qui a développé la fonctionnalité. Sinon le schéma prévu est trop présent dans son esprit pour réellement trouver des cas problématiques.
Ces découvertes peuvent donner lieu à des tests automatisés si on estime qu'il est nécessaire de s'assurer que ce comportement-là aussi fonctionnera toujours bien.

Design

Extreme Programming préconise une ***approche incrémentale du design***[54] d'une application. La valeur de simplicité nous encourage à prévoir la solution la plus simple pour la problématique actuelle. Grâce aux bonnes pratiques de programmation on sera capable de faire évoluer cette solution à chaque nouveau besoin.

« Et si ça fait mal, faites-le plus souvent. »

Un code plus simple est plus facile à lire et à comprendre pour tous. Il contiendra donc moins de bugs.
On résistera dès lors à la tentation de prévoir un système qui supporte déjà des possibilités pour lesquelles aucun besoin n'est encore clairement identifié.
Il faudra, par contre, prévoir que chaque nouvelle fonctionnalité méritera un petit peu d'analyse technique pour déterminer si une évolution du design est nécessaire.

> On reconnaît ici une approche résolument agile dans la répétition itérative à petite échelle de toutes les activités nécessaires au développement de l'application.

Les longs documents d'analyse technique sont probablement à proscrire s'ils ne prouvent pas leur valeur. Le plus souvent, ce qui est couché sur le papier par les uns n'est pas vraiment implémenté tel quel par les autres.

---

[54] Le design est l'activité de concevoir une solution et l'organisation du code : quelles classes, quelles méthodes...

Cela ne veut pas dire pour autant que les diagrammes sont inutiles. Ils sont, au contraire, excellents pour communiquer une idée de solution. C'est à cela qu'ils doivent être utilisés, ils font office de support de réflexion ou de discussion et sont éphémères. Le tableau blanc ou une simple feuille de papier et un stylo permettent de *rapidement* jeter ses idées et d'expliquer ce qu'on propose de faire. Une photo permet d'immortaliser la discussion si besoin.

La notation UML[55] peut servir à représenter les classes ou autres éléments d'une façon standardisée si tous les interlocuteurs sont familiers avec celle-ci. Cependant, elle n'est absolument pas nécessaire et il ne faut pas se laisser intimider par cette rigueur : le plus important est de se faire comprendre et quelques rectangles et flèches le permettent pratiquement toujours.

L'activité de design est essentielle et doit se faire tout au long du développement. On ne veut pas, par contre, consacrer trop de temps à une réflexion uniquement théorique et on préfère passer assez vite à l'implémentation pratique qui révèlera probablement les limitations de nos solutions.

On peut garder ces diagrammes quelques temps après pour se souvenir de ce qu'on avait dit ou y faire référence mais ils seront vite dépassés et l'effort de les mettre à jour devra, à nouveau, être bien mesuré.

Au-delà des dessins, le code est la façon la plus concrète de réfléchir au design d'une solution. Il ne faut pas avoir peur de prendre un clavier et taper une ébauche de la solution qu'on a en tête. Difficile de faire plus clair pour ses interlocuteurs (et pour soi-même).

i

Le plus souvent, quand je développe un composant d'une application avec quelqu'un[56], je me munis d'une feuille de papier et d'un stylo. En discutant de la première classe dont on va avoir besoin, je dessine très grossièrement à quoi ça ressemblerait et, surtout, comment elle interagirait avec les autres.

Je peux alors continuer d'utiliser le dessin pour chaque classe qu'on désire ajouter. Discuter visuellement des interactions envisagées. Il me suffit de pointer du doigt un appel d'une classe à une autre pour que mon interlocuteur comprenne ce dont je parle sans équivoque.

Notre dessin évolue avec la progression de notre solution. Il n'a pas besoin d'être beau, il doit être fait rapidement et sera probablement jeté peu de temps après.

Voici un exemple d'un tel dessin. On voit qu'il n'a probablement pas coûté plus de quelques minutes à faire et m'aide pourtant déjà à expliquer la solution que je propose.

---

55 UML = Unified modeling language, une notation standardisée qui permet de représenter le design d'un système au travers de plusieurs types de diagrammes (classe, activité, séquence, cas d'utilisation…).

56 Cf. *Pair Programming* dans le chapitre *7. Extreme Programming*.

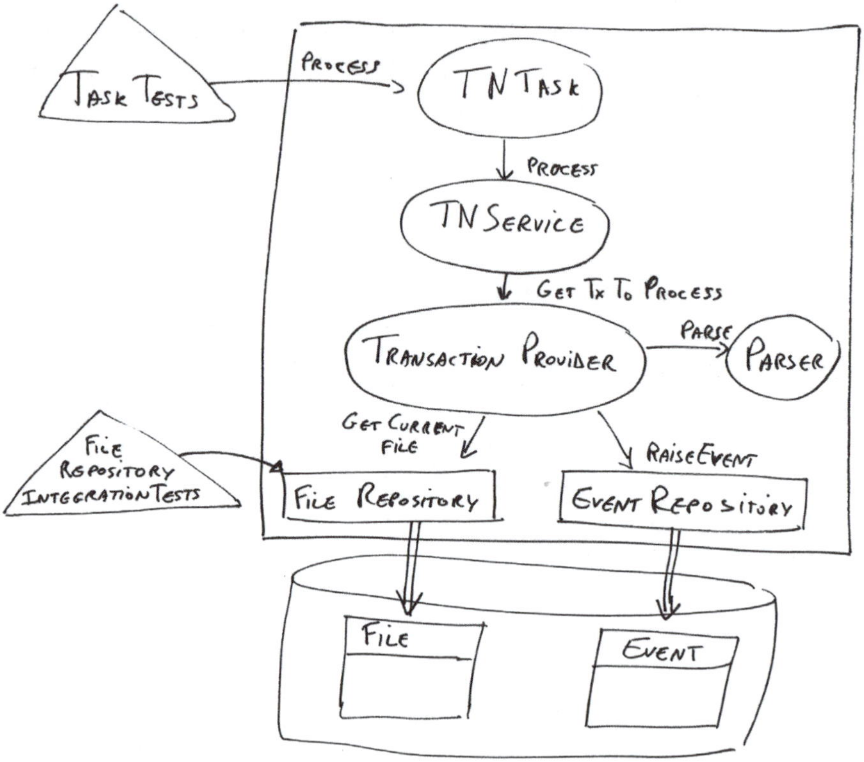

Règles d'un design simple

Pour nous aider à y voir plus clair dans les moments de doute, Extreme Programming définit 4 règles pour un design simple et nous encourage à éviter tout ce qu'on voudrait implémenter qui n'est pas justifié par au moins une de ces règles.

1. **Tous les tests sont verts.**
   Quel que soit le design choisi, le plus important reste que l'application fasse ce qui est demandé actuellement, et tout ce qui y contribue est évidemment nécessaire.
2. **Aucune logique n'est dupliquée.**
   Éliminer la duplication du code permet de faciliter les changements par la suite et est donc souvent source de réflexion sur le design. Il existe de très nombreux types de duplication, allant de la simple et évidente copie de lignes de code à une duplication de logique moins facile à repérer (2 choses similaires mais exprimées différemment).
3. **Révèle l'intention aux programmeurs.**
   Un code doit être clair et facile à comprendre si l'on souhaite pouvoir aisément y apporter des modifications par la suite. La clarté et la lisibilité du code est donc un élément essentiel à un bon design.

4. **Contient le moins de classes et méthodes possible.**
   Tout ce qui n'est pas indispensable pour les règles précédentes devrait être supprimé, rendant l'ensemble plus simple et donc plus facile à comprendre et à modifier.

Propriété collective du code

Il fut un temps où la bonne pratique reconnue par tous pour éviter d'introduire des bugs dans des fichiers longs de plusieurs dizaines de milliers de lignes était d'attribuer chaque fichier à une personne et de ne pas autoriser un autre développeur à modifier le code qu'il n'avait pas lui-même écrit.

Bien que cela partait probablement d'une bonne intention, ce genre de pratique entraîne la création d'une multitude de goulots d'étranglement. En effet, pour chaque fichier ne pouvant être modifié que par son unique propriétaire, on est confronté au risque de ne pas pouvoir effectuer les changements si le programmeur en question n'est pas disponible pour une raison ou pour une autre (surcharge de travail, absence, départ, ...).

C'est pour cette raison que le principe de propriété collective du code (ou *collective code ownership*) est maintenant largement répandu. Chacun a l'autorisation de faire les changements où il le désire dans le code. Cela veut également dire que chacun devrait connaître un minimum de l'ensemble de l'application où il pourrait être amené à effectuer des modifications.

On désire également encourager l'équipe entière à définir le design de l'application et ne pas réserver cette activité à une personne identifiée comme étant l'*architecte* ou le *lead designer*. Cela permettra d'obtenir un meilleur design car il combinera plus d'idées et aura été challengé par plus de personnes. Mais l'intérêt est également dans le fait que l'équipe entière s'appropriera le design de la solution et développera donc celle-ci avec conviction. C'est son design à elle, et pas celui qui a été produit par une personne externe.

De plus, si tous les membres de l'équipe connaissent bien les principes du design, ils peuvent mieux l'appliquer et assurer une cohésion au travers de l'application, peut-être même le faire évoluer.

Cela laisse, malgré tout, une responsabilité essentielle aux membres les plus expérimentés et détenteurs de ce genre de fonctions de type « responsable technique ». Ils doivent accompagner l'équipe dans ses réflexions et l'aider à trouver les meilleures solutions. Ils pourront trancher dans les cas où un consensus ne peut être trouvé. Ils apportent également une vue plus large de l'entreprise et permettent à l'équipe de s'assurer qu'elle s'inscrit dans une logique établie selon les règles en vigueur dans l'entreprise.

Règles de codage

La question des règles de codage est un débat qui divise les développeurs. Ces règles qui imposent de respecter un certain style dans la rédaction du code ont des avantages mais sont également contraignantes pour ceux qui doivent les suivre. Il peut s'agir de l'utilisation systématique ou non d'accolades après un `if`, de l'utilisation d'espaces ou de tabulations pour indenter son code, des noms des champs privés d'une classe, etc. La position d'Extreme Programming est qu'une équipe qui suit les mêmes règles produira un code qui aura une certaine cohérence et il sera donc plus facile pour chaque membre de travailler dans n'importe quelle partie sans être totalement perdu dans un code qui ne respecte aucune des conventions auxquelles le programmeur est habitué.

> En facilitant la lecture pour tous, les règles de codage encouragent la propriété collective du code.

De plus, les règles choisies se basent généralement sur des bonnes pratiques tirées de l'expérience de toute la profession et peuvent parfois permettre d'éviter des bugs par la suite. De nombreux outils existent pour aider tout un chacun à ne rien oublier avant de partager son code avec les autres. Ils peuvent être directement intégrés à l'IDE[57] du développeur, mais également faire office de contrôle supplémentaire dans le *deployment pipeline* (cf. *Deployment Pipeline* dans le chapitre *10. Livraison Continue*) afin d'éviter tout oubli. Idéalement, ces deux contrôles devraient suivre les mêmes règles exactement. De manière générale, tout développeur devrait pouvoir vérifier tous les contrôles qui sont inclus dans la chaîne de *deployment pipeline* avant de partager leur code, confiant qu'ils ne vont rien casser ni gêner personne.
Comme toujours, il vaut mieux mettre ce genre de chose en place progressivement et de façon collaborative : si ces règles sont définies par l'équipe entière elles seront acceptées par l'équipe en tant qu'aide pratique que chacun a voulu. À l'inverse, si une personne a le pouvoir d'imposer ses règles aux autres, il y a de fortes chances pour qu'elles soient vues uniquement comme des contraintes et rejetées en bloc.

Refactoring

On l'a vu, atteindre, et surtout garder, un certain niveau de qualité est nécessaire si on veut pouvoir continuer de faire évoluer l'application dans le temps. Sans cette attention à la maintenabilité du code, on prend de plus en plus de temps à effectuer un changement, on introduit de plus en plus souvent des régressions et on passe donc de plus en plus de temps à corriger de nouveaux problèmes au lieu d'ajouter de la valeur.

---

[57] *Integrated Development Environment*, éditeur de texte amélioré pour le développement d'application, comme Eclipse ou Visual Studio par exemple.

C'est pour cela qu'il est important d'introduire une étape systématique d'amélioration de la qualité du code après chaque modification. Cette étape s'appelle le *refactoring* (ou *« réusinage de code »*).
Il s'agit d'effectuer toute amélioration du code qui semble nécessaire afin de faciliter la prochaine modification sur cette partie du logiciel tout en préservant les fonctionnalités existantes. Après cette opération, l'application ne fonctionne pas différemment, c'est juste le code qui a changé. On peut factoriser du code dupliqué dans une fonction commune, renommer des variables ou méthodes, réorganiser du code en appliquant un design pattern, réduire la complexité d'une partie, supprimer du code ou un commentaire inutile, etc.
Cette étape est incluse dans le cycle de test driven development, mais est applicable à toute méthode de développement, quelle qu'elle soit. Cependant, une suite de test fiable est nécessaire pour permettre de refactorer facilement.
L'idée est de n'appliquer qu'un seul petit changement à la fois avant de passer au suivant. De cette façon, on réduit les risques de provoquer un problème.
Le refactoring est intégré au développement et ne représente pas une activité séparée. Il ne faut donc pas prévoir de tâche de refactoring dans son backlog, mais bien terminer chaque petite session de développement par une phase de refactoring (plusieurs fois par jour donc).

> *i*
>
> *Si de gros changements de type « refactoring » sont, à un moment, nécessaires et que l'équipe décide d'intégrer un élément spécifique dans son sprint backlog pour cela, il vaut probablement mieux parler de « re-design » du code.*
> *Ce détail permet de souligner qu'il ne suffit pas de faire un gros changement une fois pour pouvoir se permettre de ne plus refactorer au quotidien.*

Cette activité n'a d'intérêt que pour du code dans lequel on va être amené à faire des modifications. Mais il est rare qu'il en soit autrement, et encore plus qu'on le sache à l'avance. Simplifier le code est toujours plus facile quand on vient de l'écrire.

Intégration Continue

L'approche traditionnelle lorsqu'on se lance dans un projet de développement conséquent est de répartir le travail à faire dans le temps (planning) et entre différents groupes / personnes pour paralléliser et avancer plus vite.
On a donc des sous-ensembles du système (des composants, des modules, des classes, des fonctions...) qui sont en cours de développement en parallèle pendant pratiquement toute la durée du projet.
L'objectif est de rassembler tous ces modules quand ils sont finis, un peu avant la fin du projet. À ce moment, on va pouvoir effectuer les tests du système complet avant de livrer au client.
Malheureusement cette approche comprend de nombreux problèmes.

Problèmes

Pas encore visible pour le client

Le premier problème est que pendant toute la durée du projet on ne peut rien montrer au client. Tous les morceaux de code déjà écrits ne l'intéressent évidemment pas. Il ne peut donc donner aucun feedback sur ce qui est en train d'être réalisé et on ne saura qu'à la fin du projet si cela lui convient.

> *Si le feedback du client en fin de projet est qu'il trouve que l'organisation des écrans de l'application n'est pas pratique, il sera bien trop tard pour tous les refaire. Si on avait su ça après le premier écran, on aurait fait les suivants avec une logique différente.*

Integration hell

De plus, du point de vue technique, personne ne sait si tous les morceaux fonctionneront correctement ensemble. Il n'est pas possible de vérifier leur *intégration* avant la fin du projet. Ce qui arrive invariablement c'est que malgré les spécifications détaillées qui avaient été définies en amont (et pour lesquelles on avait consacré beaucoup de temps) il se trouve que les pièces finales ne fonctionnent pas ensemble.

Quand on définit une interface entre deux systèmes, on va toujours jusqu'à un certain niveau de détail qui nous semble suffisant. Mais il est impossible d'éviter toute marge d'interprétation, de sous-entendu, de choses « évidentes ».

> *Si on définit l'interface d'un service web qui donne les prévisions de température pour les jours suivants avec cette signature :*
>
> **GET /weather/temperature?day=[DATE]**
>
> *On aurait pu penser à préciser le format de la date :*
>
> **GET /weather/temperature?day=DD-MM-YYYY**

Mais peut-être que le système appelant enverra en juin «3-6-2017» alors que le web service ne supporte que «03-06-2017».
Parfois le problème n'est pas le format, mais simplement quelle date devait être envoyée ... ou une autre chose à laquelle on ne pense pas. Peut-être que le client voudrait pouvoir envoyer des dates dans le passé et que le service ne supporte que les prévisions des dates futures.

Si on découvre tous ces problèmes d'intégration à la fin du projet, on va se retrouver dans une situation très inconfortable : le client attend bientôt qu'on lui délivre le produit, mais on doit d'abord arriver à tout intégrer. Pour ne rien améliorer, le temps nécessaire pour corriger les problèmes est par définition impossible à estimer puisqu'on ne sait pas d'où viennent les incompatibilités avant de les avoir trouvées (et donc probablement réglées). Ce phénomène est tellement répandu qu'on lui a donné un nom : l'*integration hell*. Cette phase de crise où tout le monde est sous pression et personne ne sait où on en est, ni combien de temps ça va encore durer.

Solution

Pour éviter cette situation, XP nous propose une technique appelée l'*intégration continue*. L'idée est de passer par cette phase d'intégration le plus souvent possible. C'est contre-intuitif car compte tenu de l'expérience pratiquement traumatisante que cette période représente dans les projets traditionnels, il faudrait être masochiste pour vouloir vivre ça tout au long du projet.
En réalité, si on met en commun tout le code réalisé à la fin de la première semaine, on aura beaucoup moins de travail d'intégration car :

1. Le nombre et la taille des changements sont moins importants, il y a donc moins d'incompatibilités.
2. S'il y a une incompatibilité, elle est facile à trouver car elle vient forcément d'un de ces quelques changements.
3. Résoudre le problème est plus simple car on se souvient encore de ce qui a été fait et pour quelle raison ça a été fait comme ça.

En poussant cette logique plus loin, on pourrait faire cette intégration après chaque journée de développement, ou même après quelques heures ! Dès qu'un morceau de code est terminé et qu'il fonctionne il peut déjà être intégré aux changements des autres personnes / équipes (et donc partagé avec eux). Grâce à ça, tout le monde continue son travail sur base des derniers changements et on évite des surprises plus tard. C'est ce qu'on appelle l'***intégration continue***.

> *i*
>
> *Si je supprime sur mon ordinateur une vieille fonction qui n'est plus utilisée et que je ne partage pas ce changement directement avec les autres, ils pourraient commencer à utiliser la fonction et ne réaliser que bien plus tard, quand on met notre code en commun, que le code ne compile plus car on fait appel à une fonction qui est désormais inconnue.*

Avec l'intégration continue on règle également l'autre problème qu'on avait : puisque tout problème d'incompatibilité est réglé dès qu'il apparaît, on a un système qui fonctionne techniquement tout au long du projet. Il nous est donc possible de montrer ce qui marche au client et d'avoir son feedback.

Concrètement

Dans la pratique, si deux développeurs prennent un fichier sur leur machine pour y faire des modifications et renvoient la version modifiée sur un repository commun (source control), on va pouvoir exécuter une série de vérifications sur cette nouvelle version, la première étant de compiler le code (pour les langages compilés comme Java ou C#). Après, on pourra également enchaîner d'autres vérifications telles que lancer des tests unitaires ou autres tests automatisés, faire des vérifications statiques de code[58], etc.

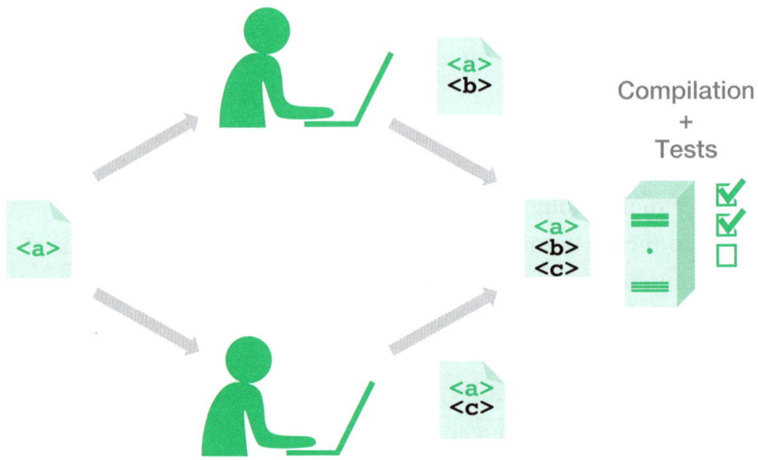

[58] Cf. *Métriques* dans le chapitre *10. Livraison Continue.*

Avantages

Les avantages d'une telle pratique sont très importants:

1. On reçoit du feedback plus tôt.
2. Cela donne confiance dans le système. On sait qu'on ne va pas avoir de surprises en fin de projet.
3. On a un produit qui fonctionne tout au long du projet, on peut le donner au client quand on veut.

Avertissement

Attention à ne pas tomber dans un piège qui est très fréquent:
Pour se faciliter la vie à court terme, certains développeurs ou équipes préfèrent ne pas mettre leur code en commun tout de suite, généralement grâce à des branches dans le système de contrôle de source. Ils se rassurent en installant une vérification automatique de leur version du code également. Ce n'est pas inutile, mais on oublie dans ce cas le principal: l'*intégration*! De nombreux problèmes n'apparaîtront que lorsque les versions seront mises en commun.

Remarque: on pourrait également être tenté de croire qu'il suffit de faire l'intégration dans un seul sens: «je prends les changements des autres, mais je n'envoie pas mes changements car je n'ai pas envie de devoir régler les incompatibilités maintenant». Le souci en faisant ça c'est qu'on reporte le problème sur les autres, qui auront une mauvaise surprise le jour où ils recevront tous les changements du développeur d'un coup. D'ailleurs si tout le monde fait ça, il n'y a aucune nouvelle version à prendre des autres car ils gardent aussi leurs changements pour eux...

Ordinateur dédié

Un conseil à l'époque était également d'avoir une machine dédiée à la compilation uniquement. Actuellement, pratiquement tout le monde utilise un serveur qui surveille le repository de source control et lance une compilation dès qu'une nouvelle version est ajoutée, mais ça n'a pas toujours été possible.

Ces outils peuvent être installés sur ses propres machines comme *Jenkins* (produit open source très populaire) ou *Team Foundation Services* de Microsoft (pour .Net). Il existe aussi de plus en plus de services en ligne qui permettent la même chose à partir d'un repository accessible sur internet. On peut citer *Travis CI*, *GitLab* ou *Visual Studio Team Services*.

Intégration continue / déploiement en continu

Une certaine confusion autour de la définition de l'intégration continue règne depuis que le terme est également utilisé par certaines personnes de référence du mouvement DevOps[59] pour parler de l'ensemble des vérifications exercées par le *deployment pipeline*[60]. En effet, cette technique se base sur le serveur mis en place pour l'intégration continue et qui vérifie systématiquement la compilation et l'exécution des tests. On en oublierait presque le plus important : *intégrer son code avec celui des autres en continu*.

Radiateurs d'information

Une équipe de développement surveille souvent de nombreuses informations et indicateurs pour vérifier que tout va bien, se projeter dans un avenir proche et décider d'actions correctives si nécessaire.

Un moyen particulièrement efficace de faire cela est de mettre en place ce qu'Alistair Cockburn appelle des *radiateurs d'information*. L'idée est d'afficher une information simple à la vue de tous (sur un mur par exemple) au lieu de la mettre sous une forme (souvent électronique) qui demande une action pour être consultée. L'information se propagera alors naturellement dans le bureau, à l'image de la chaleur émanant d'un radiateur.

> Un graphique placardé au mur vaut mieux qu'un fichier Excel placé dans un dossier partagé.

Pour être efficace, ce graphique doit :

1. Évoluer dans le temps : ne pas montrer quelque chose qui ne change jamais, sinon plus personne ne regarde.

---

59 Cf. le chapitre *11. DevOps*.

60 Cf. le chapitre *10. Livraison Continue*.

2. Être facile à voir : pas caché dans un coin.
3. Être facile à lire : pas tout plein de détails et de légendes incompréhensibles.

Une autre application de ce concept est d'afficher des alertes sur une TV au lieu de les envoyer par email. L'avantage est qu'on évite les interruptions intempestives alors qu'on est concentré sur son travail. Lorsqu'on est moins concentré, qu'on se lève pour aller chercher un café, etc., on remarque les icônes rouges sur la TV. Ainsi les problèmes sont pris en compte rapidement, mais sans interrompre la concentration des gens.

Personnellement, je déconseille de faire défiler les informations sur un écran à la façon d'un « carrousel ». Il est important de pouvoir regarder l'écran et y voir ce qu'on y recherche, sans devoir s'armer de patience en attendant que l'information revienne. Pire : il se pourrait qu'on ne remarque pas les problèmes assez vite s'ils n'apparaissent que quand on ne regarde pas.

La première utilisation de ce genre de radiateur d'information est souvent pour afficher les résultats des compilations d'intégration continue. Mais le concept peut bien entendu être étendu à n'importe quel élément jugé important à un moment donné par l'équipe tel que les tickets clients, les erreurs loggées par le système de production...

Ci-dessous un exemple que nous avons mis en place dans une équipe où j'ai travaillé en 2012. Il montre qu'un simple ordinateur placé dans une position centrale du bureau suffit. On voit à gauche le résultat des compilations effectuées par Hudson (l'ancêtre de Jenkins), à droite le nombre de tickets et erreurs qui ne sont pas encore traités.

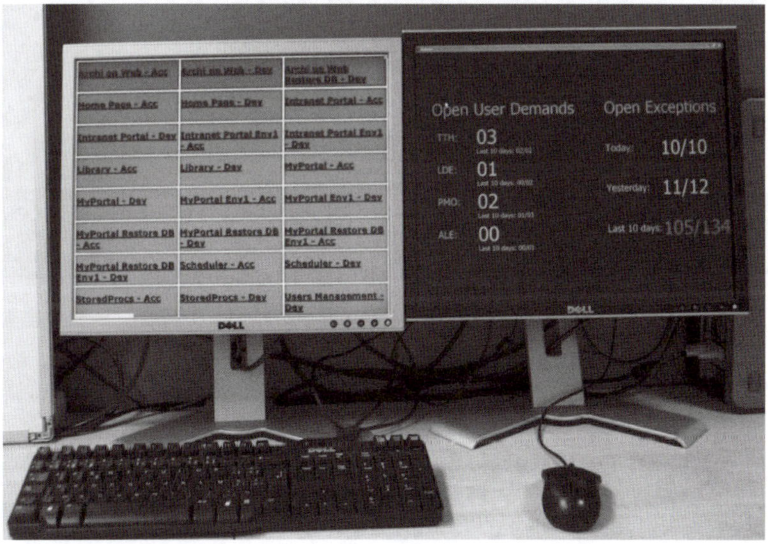

Le tableau de tâches utilisé par beaucoup d'équipes pour représenter l'état d'avancement du travail est également un radiateur d'information.

Extreme Programming promeut l'utilisation de *grands graphiques visibles* dans le but d'améliorer la communication pour une multitude de situations.

La photo ci-dessous montre le tableau de tâches utilisé dans une des équipes où j'ai travaillé. On y voit des post-it représentant les tâches et la colonne où elles se trouvent indique leur statut. Outre les avantages déjà cités dans le chapitre *Tableau de tâches*, on peut voir ici que le concept est très flexible et peut être utilisé pour représenter tous les éléments importants de la vie de l'équipe. Par exemple un panneau *stop* pour indiquer que l'équipe est bloquée sur une fonctionnalité. Ou des couleurs différentes pour représenter la résolution de bugs/problèmes ou autres imprévus. À nouveau, l'aspect visuel permet d'immédiatement comprendre ce qui se passe. Par exemple, si à la fin d'une itération on ne voit que des post-it rouges dans la colonne *terminé* on peut directement déduire que l'équipe a un problème de qualité et ne peut plus délivrer des fonctionnalités car elle passe son temps à réparer des problèmes à la place. Pas besoin de convaincre qui que ce soit : c'est visible aux yeux de tous !

Pair programming

Le pair programming est une technique inventée par XP pour augmenter la *qualité* et l'*efficacité* du développement. Il s'agit de demander à deux personnes de travailler ensemble, sur un seul ordinateur, au développement d'une fonctionnalité.

Critique

La première réaction à cette proposition est souvent de penser que deux personnes travaillant ensemble sur la même chose avec un seul ordinateur vont produire deux fois moins de code que deux développeurs indépendants.

C'est oublier un point fondamental du développement: il ne s'agit pas simplement d'écrire un maximum de code, mais bien de trouver une solution à un problème. Le temps passé à taper le code ne représente qu'une petite partie du temps total de développement car cette *activité de créativité* va demander de nombreux essais/versions/itérations avant d'arriver à la solution finale. C'est l'idée derrière cette technique: *deux personnes ensemble peuvent résoudre plus de problèmes que deux personnes séparées*.

Pourquoi ça fonctionne

Échanges et critiques

La collaboration avec un collègue va favoriser les échanges et les critiques. On trouvera plus d'idées et on pourra plus vite s'arrêter quand une idée ne fonctionne pas pour passer à la suivante. Tout seul, on a tendance à avancer dans sa solution sans prendre le recul nécessaire pour valider régulièrement qu'on va toujours dans la bonne direction. On perd alors son temps sur du code qui va être supprimé juste après.

On retrouve ici l'idée d'encourager la communication orale, face-à-face, pour tous les échanges d'information.

Partage de connaissances

En changeant de partenaire régulièrement, chacun va pouvoir travailler sur des parties différentes et voir des façons de faire différentes. On encourage ainsi chacun à apprendre de ses collègues et à toucher à chaque partie du système au lieu de s'en tenir à ce qu'il connaît.

Bugs découverts directement

De plus, de nombreux bugs peuvent être découverts au moment même où ils sont écrits. «*Tiens, tu as oublié d'initialiser la variable.*» «*Attention, tu as copié-collé cette ligne sans modifier également cette partie-ci...*» Bien que ces bugs ne finiraient pas toujours en production, ils seraient malgré tout une source de perte de temps considérable pour le développeur qui chercherait un peu plus tard pourquoi son code ne fonctionne pas.

Pas de raccourcis pris sur la qualité

Quand on développe, on est souvent tenté de passer certaines étapes moins amusantes pour pouvoir délivrer sa fonctionnalité plus vite. On a parfois tendance à se trouver des excuses: «*C'est une partie moins importante donc ce n'est pas grave*».

Cela arrive beaucoup moins souvent quand on a quelqu'un qui regarde ce qu'on est en train de faire. Au contraire : on veut montrer qu'on est capable de faire du bon boulot ! On applique les bonnes pratiques décidées par l'équipe !

Moins d'interruptions

La dynamique autour de deux personnes qui travaillent ensemble est également fort différente. Il n'est pas rare de voir des personnes venues interrompre le développeur se diriger finalement vers quelqu'un d'autre après avoir vu qu'ils ou elles étaient occupé(e)s.

Mais les distractions contre lesquelles il faut lutter de nos jours sont bien plus nombreuses évidemment : popup d'emails, nouveaux messages sur son smartphone, alertes de son réseau social favoris... autant de raisons de s'interrompre en plein milieu de son travail pour quelques minutes… ou plus. De nombreuses analyses montrent malheureusement que le temps nécessaire pour se replonger dans le travail en cours et retrouver le même niveau de concentration est considérable. On parle souvent d'un quart d'heure pour chaque interruption, ce qui, vu la fréquence des questions et remarques lancées par les collègues, peut rapidement atteindre des heures de perdues chaque semaine.

Là aussi le pair programming nous aide à garder notre concentration : qui irait lire ses emails en pleine séance de programmation avec son collègue ? L'autre est toujours là pour nous rappeler à l'ordre, ne serait-ce que par respect pour lui !

Rythme soutenu

Paradoxalement, et contre les attentes de certains qui craignaient une perte de productivité, la présence constante d'un collègue oblige l'un et l'autre à garder une attention constante. Impossible de rêvasser quand on a quelqu'un à côté de soi qui attend une réaction. Qu'on ait un coup de fatigue, une journée difficile ou la tête ailleurs, il faut rester concentré !

Cette réalité est à double tranchant : on avance bien, mais on peut facilement pousser trop loin et tomber dans les travers d'un rythme qui ne serait pas soutenable à long terme. Il faudra donc être attentif aux signes de fatigue et s'autoriser les pauses nécessaires. De nombreuses équipes choisissent de limiter le pair programming aux tâches les plus compliquées et de laisser du temps libre sur des tâches de moindre valeur. Cela permet de trouver un équilibre qui convient à chacun.

Le pair programming n'est pas du coaching

On pourrait être tenté d'utiliser le pair programming pour former les nouvelles recrues. En effet, en mettant chaque nouveau membre de l'équipe avec une personne plus expérimentée, on aura un apprentissage souvent efficace. Mais on passe en réalité à côté du principe de la technique : toute l'activité est alors dirigée par le senior et le nouveau venu n'apportera que très peu, ne serait-ce parce qu'il osera moins intervenir. Dans ces conditions on ne peut espérer retirer les nombreux avantages du pair programming. Il s'agit plutôt de coaching. C'est également utile et encouragé, mais il ne faut pas en attendre les mêmes résultats.

Pour qu'une session de pair programming apporte un maximum, il vaut mieux essayer de mettre deux personnes de même niveau d'expérience et de connaissance sur le sujet. C'est dans ces conditions que tous deux pourront échanger, remettre en question la piste qui est suivie, proposer d'autres idées... afin d'aboutir à un résultat optimal.

Mob programming

Cette pratique a donné à certains l'idée de mettre encore plus de personnes sur une même tâche, jusqu'au point de rassembler l'équipe entière sur une même activité à la fois. Il peut s'agir de programmer une fonctionnalité, définir le design du prochain développement, redéfinir les possibilités de test pour un changement à apporter, etc.

Il n'est pas nécessaire (ni fréquent) de fonctionner comme cela toute la journée. On peut, par exemple, prévoir un workshop de quelques heures pour développer ensemble une partie complexe du système dans le but d'obtenir la meilleure solution, mais aussi – et c'est important – de s'assurer que l'entièreté des membres de l'équipe s'est bien approprié le résultat de ce travail car tout le monde y a participé et les décisions ont été prises ensemble. C'est l'idéal pour partager une même vision.

Grâce à cette pratique, on réduit également très fortement les problèmes de communication qu'on rencontre souvent au sein d'une équipe où chacun travaille seul.

User Story

Dans Extreme Programming, les besoins du client sont exprimés en une phrase ou deux, sur un bout de papier. On est très loin des *requirements* de waterfall qui laissent penser qu'il est impératif de réaliser tout ce qui est écrit à la lettre, en perdant souvent de vue où se trouve la valeur pour le client.

On appelle ce morceau de papier une *user story*. Elle est rédigée avec les mots du client, sans terme ou concept technique. Elle décrit ce qui va changer de son point de vue et, idéalement, ce qu'il va y gagner. Elle contient un titre, une estimation et une courte description.

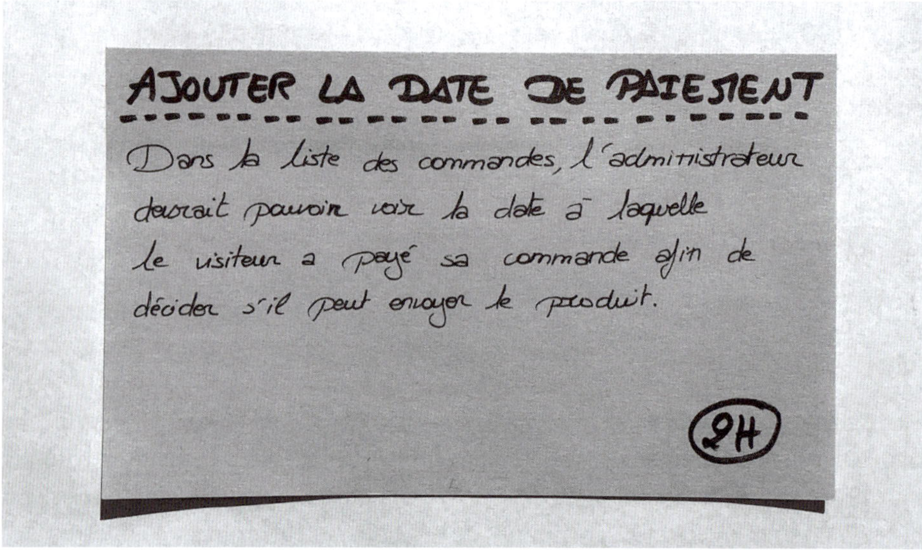

Exemple de user story

Le format n'est pas choisi au hasard. En écrivant au stylo sur un morceau de papier (de type A6), on limite la quantité de texte qu'on peut y inclure. Et c'est l'objectif : *la user story est une base de discussion*. Elle représente la fonctionnalité à développer, elle ne la décrit pas de façon exhaustive. Le développeur qui travaillera dessus sera donc forcé d'en parler avec le client. On l'a vu, cette communication sera bien plus efficace et fournira les mécanismes de feedback nécessaires pour s'assurer que le développeur partira bien dans la bonne direction.

Tout au long de son travail, le programmeur sera probablement amené à questionner le client sur des points de détail qu'il ne pouvait que difficilement entrevoir avant d'être confronté à la situation, mais également sur de nouvelles idées, des limitations techniques, etc. Cela demandera évidemment du temps au client mais assure un résultat plus proche des attentes de celui-ci (cf. *Le client est toujours disponible* dans ce chapitre).

Utiliser un morceau de papier pour représenter cette user story au lieu d'une ligne dans un fichier Excel donne un aspect concret que de nombreuses équipes apprécient.

Formats

Afin de ne pas oublier d'indiquer quelque chose sur la carte, comme le but recherché par exemple, certaines équipes décident de s'imposer un format à respecter.

Par exemple :

- As a **<role>**, I want **<goal/desire>** so that **<benefit>**
- As a **<role>**, I want **<goal/desire>**
- In order to **<receive benefit>** as a **<role>**, I want **<goal/desire>**

– As **<who> <when> <where>**, I **<what>** because **<why>**.
– As a **<role>**, I can **<action with system>** so that **<external benefit>**
– ...

Cela peut être pratique, mais on peut aussi se retrouver avec des phrases un peu forcées qui n'expriment pas l'idée de la façon la plus claire possible – ce qu'on veut éviter, bien entendu.

> Si vous vous inquiétez de la façon d'écrire vos user stories, vous passez à côté de l'essentiel.
>
> *Michael D. Hill*[61]

INVEST

Pour bien cerner le contenu idéal d'une user story, on peut utiliser ces indications (facilement mémorisées grâce à l'acronyme anglais INVEST).

Independent	Ne dépend pas d'autres user stories.
Negotiable	Peut toujours être modifié.
Valuable	Fournit de la valeur à l'utilisateur.
Estimable	Il est possible de faire une estimation.
Small	Limite l'incertitude de l'estimation en étant petite.
Testable	Il est possible de tester que c'est fait ou non et on sait comment on va le faire.

Epics

Dans le cadre d'un projet, il peut être pratique de découper et d'organiser les besoins en une hiérarchie logique. On pourrait alors identifier 3 niveaux. L'*epic* définirait un module et serait composée de plusieurs *features* (fonctionnalités), elles-mêmes constituées de plusieurs *user stories.*

Par exemple, pour un système de comptabilité, on pourrait avoir :

– Epic : *Gestion des factures*
  - Feature : *Consultation des factures*
    – User story : *Une liste des factures du mois passé sont affichées*
    – User story : *Les factures sont affichées par ordre de pertinence*
    – User story : *Les factures peuvent être filtrées par date, client et n° de tva*
  - Feature : *Encodage des factures*
    – ...

[61] Michael D. Hill est un programmeur et coach expérimenté en Extreme Programming.

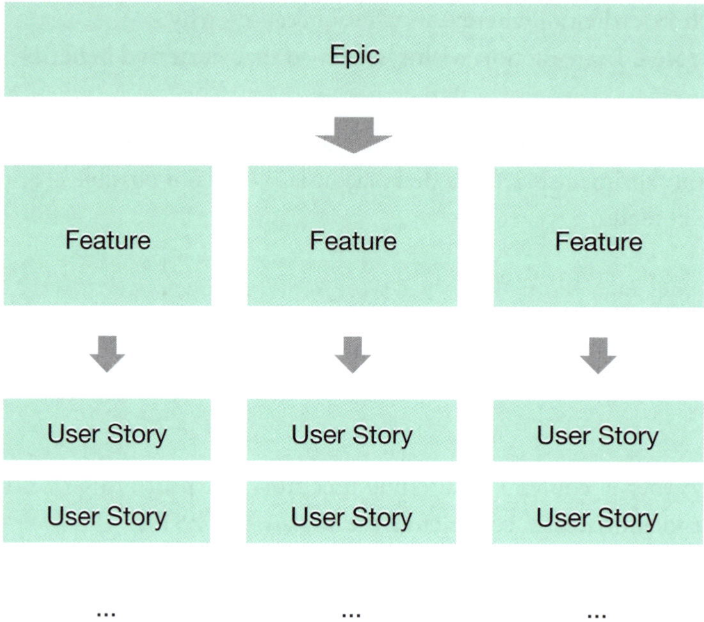

Exigences non-fonctionnelles

Certaines demandes sont difficiles à traduire en user stories. En plus des fonctionnalités requises explicitement par le client, de nombreuses qualités sont attendues du système. Il doit être performant, sécurisé, facile à maintenir. Ce sont les *exigences non-fonctionnelles* (*« non-functional requirements »* ou *« NFR »* en anglais). Elles peuvent être vues comme des contraintes sur le design du système, ou comme des exigences de qualité. Voici quelques exemples parmi des dizaines de sujets possibles :

- Performance : « Toutes les pages doivent se charger en moins de X secondes. » ou « Fonctionne toujours aussi bien avec X utilisateurs concurrents. »
- Sécurité : « Aucune librairie utilisée ne contient de faille de sécurité non corrigée. » ou « Il n'est pas possible d'exploiter une faille de cross site scripting sur le site. »
- Disponibilité : « Le système doit être disponible 99,99% du temps. »
- Accessibilité : « L'entièreté de l'application est lisible avec un navigateur pour mal-voyants. »
- Conformité : « Les données sont toujours sauvegardées dans un espace conforme au RGDP. »
- Maintenabilité : « Le temps moyen pour réparer l'application en cas d'incident[62] reste en dessous de 4 h. »
- …

[62] Cette métrique, appelée « Mean time to repair » ou « MTTR » en anglais est très fréquemment utilisée dans les équipes opérationnelles.

Malheureusement, ces sujets ne sont pas toujours discutés entre le client et l'équipe de développement, restant plus ou moins sous-entendus jusqu'au jour où l'un de ces points fait défaut. Spécifier ces exigences explicitement et de façon la plus concrète possible permet parfois d'éviter des crises.
Une autre raison qui explique que l'on ne s'y attarde souvent pas assez est qu'il s'agit généralement d'aspects peu visibles, qu'on ne sait pas réellement montrer à son client et qu'il ne va donc pas réclamer très clairement. Il y aura toujours quelque chose de plus « important » à délivrer et il ne semble pas très grave de reporter à un peu plus tard. À vous d'expliquer clairement l'importance de ces exigences de qualité.

> *Donner des exemples concrets de ce qu'il risque de se passer dans le cas où on ne ferait pas les efforts nécessaires est généralement une stratégie qui fonctionne bien. Tout le monde est plus enclin à investir de l'argent dans la sécurité quand on leur rappelle que la société américaine Target a vu ses bénéfices nets chuter de 34,28 % en 2013*[63] suite à une cyber-attaque qui a mené à la fuite des données bancaires de 110 millions de clients

Pour prendre chacun de ces NFR en compte, deux approches se complètent :
- Travailler spécifiquement sur une exigence et mettre l'entièreté du système en conformité.
- Inclure la mise en conformité dans chaque nouveau développement, une fonctionnalité à la fois.

La première est nécessaire lorsque le système est déjà existant et que l'on décide, par exemple, que toutes les pages du site web doivent répondre en moins de 5 secondes. Il faut alors repasser sur l'entièreté des écrans existants, vérifier leur temps de réponse et l'améliorer si besoin. Pour planifier et organiser ce travail on voudra certainement créer une user story spécifique.
Par la suite, on s'assurera de continuer à respecter ce critère à chaque développement supplémentaire. La meilleure façon de ne pas oublier de s'en occuper est de rajouter un point dans sa definition of done (cf. *Definition of done* dans le chapitre *5. Scrum*). Pour les exigences qui le permettent, un test automatisé sera la meilleure garantie de ne pas s'écarter de ses objectifs sur le long terme.

> *Sans être parfaites, de nombreuses possibilités d'automatisation existent : certains outils d'analyse de code statique*[64] permettent de vérifier automatiquement qu'aucune librairie incluse ne manque de mise à jour de sécurité. Une autre possibilité est d'écrire soi-même un test qui fait la vérification, comme charger chacune des pages de l'application et vérifier que le temps est inférieur à 5 secondes.

[63] Cf. https://www.pdgb.com/images/articles/le-cout-financier-d-une-faille-de-securite-1482141564.pdf
[64] Cf. *Métriques* dans le chapitre *10. Livraison Continue.*

Il existe des dizaines de catégories de NFR, et les critères et mesures possibles pour chaque point sont très nombreux. Dans ces conditions, il est difficile d'être irréprochable sur chaque élément et il faut être capable de définir ses priorités pour ne pas y consacrer tout son temps.

Vélocité

Comme on l'a vu au début de ce livre, une question qui se pose systématiquement avant d'entreprendre du travail est de savoir combien de temps cela va mettre et combien ça va coûter.
Quand on travaille par itération, la question devient : *« Combien de travail peut-on accomplir pour la prochaine itération ? »*

Tout l'effort d'estimation ne sert qu'à répondre à cette question.

Dans la plupart des cas, cette simple information est utile mais ne vaut pas la peine d'y investir un temps déraisonnable, il faut trouver un bon équilibre.
La *vélocité* est un concept inventé par Extreme Programming pour répondre à cette question. Elle est au cœur de la planification mais force est de constater qu'elle n'est pas toujours facile à appréhender pour tout le monde.

Fonctionnement

Après l'estimation de chacune des user stories en heures de travail, il reste une inconnue : la capacité de l'équipe. L'approche évidente est de compter 8 h de travail par personne par jour sur la durée de l'itération et d'en tirer le total de capacité de travail de l'équipe.

i

Pour une équipe de 5 personnes travaillant pendant 2 semaines on aurait donc :
5 personnes × 10 jours × 8 heures = 400 heures.

Seulement, des dizaines d'années de planification de projet nous ont appris qu'un employé ne travaille pas réellement à 100 % de sa capacité, de façon uniforme, pendant toute la semaine. Ce n'est pas une machine. Il est parfois un peu malade, distrait, fatigué, préoccupé par autre chose, etc. Dans un environnement d'entreprise, il lui sera souvent demandé de participer à d'autres activités que celles de production à proprement parler : tâches administratives, réunions diverses, discussions avec des collègues pour les aider, etc. De plus, de nombreuses études ont montré qu'une personne normalement constituée ne pouvait maintenir sa productivité de façon constante. Chacun aura son moment de la journée où il est le plus concentré et où il produit le plus.

Il n'est donc pas réaliste de penser que la charge de 40 heures de travail sera effectivement accomplie chaque semaine par chaque employé.
Cette incertitude vient s'ajouter à l'incertitude (vue au chapitre *Planning poker*) sur l'estimation du temps nécessaire pour réaliser la tâche dans des conditions idéales. Pas étonnant qu'on ait aussi souvent de grandes différences entre planning et réalité !
On doit donc trouver une méthode d'estimation de la capacité de l'équipe qui prendrait en considération toutes les activités de celle-ci afin de rendre compte de la réalité souvent très complexe du travail au sein de l'organisation.
Au lieu de calculer la capacité, on va la *mesurer*.

En mesurant le travail accompli à chaque itération, on peut s'attendre à faire la même quantité de travail pour les itérations suivantes et on peut donc s'engager sur cette base.

Par exemple, une équipe a réalisé lors de la dernière itération d'une semaine 3 user stories : 2 qu'elle avait estimées à 8 heures et 1 estimée à 13 heures. Elle peut donc dire qu'elle a réalisé 29 h de travail *estimé* en 1 semaine.
Pour la semaine suivante, elle prend les user stories demandées par ordre de priorité. Elle avait estimé les 2 premières à 13 heures chacune. La suivante à 8 heures. Sur base de ce qu'elle a fait jusqu'ici, elle a confiance pour s'engager sur les 2 premières (pour un total de 26 heures *estimées* donc) mais ne s'engage pas sur la 3e car cela représente plus d'heures estimées que ce qu'elle a réalisé la semaine précédente (un total de 34 heures contre 29 heures). ***On appelle ce nombre la vélocité de l'équipe. C'est sa capacité pour chaque itération.***

Semaine 1	**Semaine 2**
User story 1 (8 h)	User story 4 (13 h)
User story 2 (8 h)	User story 5 (13 h)
User story 3 (13 h)	~~User story 6 (*8 h*)~~
Total : 29 h	**Total : 26 h**

De cette façon, le temps que l'équipe peut réellement consacrer au développement, les interruptions auxquelles elle doit faire face, les tâches administratives à exécuter… tout cela est pris en compte pour définir la capacité de l'équipe pour l'itération suivante.
Bien entendu, d'itération en itération, l'équipe voit sa vélocité évoluer et adapte sa planification en conséquence. L'idéal est que cette valeur se stabilise (ou augmente progressivement éventuellement), de façon à pouvoir planifier correctement.

La bonne nouvelle, c'est que cette technique résout également les erreurs d'estimation de la charge de travail pour chaque user story. En effet, si on surestime ou sous-estime systématiquement, le résultat est le même, tant qu'on reste constant.
Pour bien le comprendre, prenons une deuxième équipe qui a tendance à toujours sous-estimer le travail à faire. On lui donne le même travail à faire qu'à la première équipe. Fidèle à leur habitude, les membres de l'équipe estiment la charge de travail bien moins importante que leurs collègues de l'autre équipe.

Semaine 1	**Semaine 2**
User story 1 (3 h)	User story 4 (5 h)
User story 2 (3 h)	User story 5 (5 h)
User story 3 (5 h)	~~User story 6 (*3 h*)~~
Total : 11 h	**Total : 10 h**

Ils attribuent aux tâches de 8 heures une estimation de 3 heures et aux tâches de 13 heures une estimation de 5 heures. Ils constatent donc avoir réalisé l'équivalent de 11 h de travail estimé la semaine précédente. Cela leur permet d'accepter 2 tâches de 5 heures pour la semaine suivante et de refuser de s'engager sur une tâche supplémentaire qu'ils ont estimée à 3 heures car cela dépasserait les 11 heures qu'ils savent être capables d'accomplir.
On voit donc que les deux équipes arrivent à la même conclusion, quelle que soit leur tendance à sous-estimer ou non la charge de travail. Ce qui va compter c'est d'identifier les user stories qui vont prendre plus ou moins le même temps de travail, celle qui prendra bien plus ou bien moins de temps et leur donner ainsi *des estimations relativement correctes les unes par rapport aux autres*.
On comprend aussi que dans notre exemple il serait insensé d'affirmer que la 1re équipe a mieux travaillé avec ses 29 h réalisées que la 2e équipe et ses 11 h. Et ce n'est pas un problème : elles ont toutes les deux réalisé la même quantité de travail, et ont toutes les deux été capables de l'estimer et le planifier correctement. Car pour rappel, leur vélocité n'est qu'un outil qu'elles utilisent pour répondre à la question *« Qu'est-ce qui sera prêt à la fin de la prochaine itération ? »*.

Il n'est pas possible de comparer la productivité de 2 équipes grâce à leurs vélocités. Ni d'évaluer la productivité d'une équipe.

C'est facile à comprendre : avec cette technique, n'importe quelle équipe peut surestimer ou sous-estimer le travail, volontairement ou non, sans que cela ne lui pose de problème de planification.

L'équipe elle-même pourra suivre l'évolution de sa propre vélocité afin de voir si celle-ci augmente ou diminue et éventuellement en tirer des conclusions si c'est pertinent.

> *Généralement, face à une semaine pendant laquelle une partie de l'équipe est en congé, l'équipe applique une règle de 3 pour revoir temporairement sa vélocité à la baisse. Attention toutefois à ne pas trop perdre son temps en comptes d'apothicaire...*

Estimation

Pour estimer une user story dans le but de la comparer avec la vélocité de l'équipe, il faut inclure toutes les activités nécessaires à la réalisation de la user story selon la *definition of done* de l'équipe.

Ainsi, si une user story va demander un effort de test particulièrement important, il faudra probablement augmenter son estimation. De même, on adaptera les chiffres si certaines zones d'ombre subsistent et qu'on prévoit plus de discussions avec le client que d'habitude. Les incertitudes et le risque (de devoir refaire une partie du travail, de prendre plus de temps que prévu car on ne connaît pas bien cette partie, etc.) doivent également être inclus dans l'estimation de la user story pour ne pas cacher le fait qu'elle pourrait coûter plus. Il vaut mieux avoir la bonne nouvelle qu'on a été trop prudent plutôt que l'inverse et avoir un client déçu.

Le temps passé à attendre une personne externe (ce qu'on voudrait ne jamais voir mais qui arrive malgré tout pour beaucoup d'équipes) ne doit pas être pris en compte dans l'estimation si on sait qu'on va pouvoir travailler sur autre chose pendant ce temps. Seul le temps effectivement consacré par un membre de l'équipe influence l'estimation.

De nombreuses questions de ce style apparaissent lors d'une séance d'estimation. Au final, face aux exemples cités, la question à se poser pour décider d'impacter l'estimation d'une user story ou non est : ***« Est-ce que cela pourrait nous empêcher de faire quelque chose d'autre en plus dans la même itération ? »*** Après tout, c'est la seule chose qu'on voulait savoir...

Story points

Si, en lisant qu'une équipe de plusieurs personnes a réalisé 29 heures de travail (estimé) en une semaine, vous avez froncé les sourcils, vous n'êtes pas le seul ou la seule. C'est en effet une curieuse chose que d'affirmer au management que l'équipe ne produit pas 40 heures par semaine par employé. C'est affirmer qu'il y a un problème et qu'il faut prendre des actions pour le régler. Or, comme on l'a vu, ce n'est pas le cas.

C'est pour cette raison que, très vite, l'idée de remplacer l'unité de temps en une unité plus abstraite, des *story points*, a fait son apparition.

Pour faire cela, on prend une user story dont l'implémentation est claire et on lui attribue un chiffre arbitraire (par exemple 3). Ensuite, la user story suivante va être comparée avec la première pour déterminer si elle représente autant de travail ou plus (et combien de fois plus). On compare alors la 3e avec les 2 premières, et ainsi de suite pour toutes les suivantes. Les user stories sont ainsi comparées les unes aux autres pour obtenir des estimations *relatives*, sans aucune autre unité que les *story points*. Car comme on l'a vu, cette unité n'a pas d'importance si on utilise le mécanisme de la vélocité pour planifier chaque itération par rapport à l'itération précédente. ***Qu'on ait réalisé 29 heures ou 29 points, on peut prévoir d'en faire le même nombre dans l'itération suivante.***

Au-delà du message erroné qui était envoyé quand on parlait d'heures, cette nouvelle unité abstraite aide à se détacher du fait qu'on estime probablement trop haut ou trop bas et à se concentrer sur ce qui compte : les valeurs relatives.

Les heures mènent souvent à des sous-estimations. Tout le monde a peur d'annoncer qu'une tâche prendra 16 heures de travail alors qu'elle semble simple. Dire qu'elle prendra le même temps qu'une autre similaire est, par contre, très facile. Et si cette tâche similaire avait occupé une personne pendant 16 heures, la nouvelle prendra aussi 16 heures, c'est tout.

> « Les story points sont une indication de temps un peu obfusquée[65], *rien de plus et rien de moins.*
>
> *Ron Jeffries* »

Autres Techniques

De nombreuses autres techniques et conseils sont proposés par XP pour améliorer le travail de l'équipe.

Releases et itérations

La planification a évolué depuis ses débuts, mais elle se fait globalement de façon similaire à Scrum. On prévoit de petites releases régulières au lieu d'une grande release délivrée d'un coup avec toutes les fonctionnalités demandées. À l'intérieur de ces releases on retrouve des itérations, avec une tendance plus courte que dans Scrum (idéalement d'une semaine).

---

65 Obfuscation = Technique qui consiste à rendre un programme illisible pour un humain, tout en le gardant pleinement fonctionnel.

Rythme soutenable

Le principe agile de travailler à un rythme soutenable afin de pouvoir maintenir la productivité dans le temps est pleinement adopté par les équipes XP.

Cartes CRC

Dans le but d'améliorer les réflexions sur le design du système, XP propose une technique utilisant des cartes *Class-Responsibility-Collaboration*. On va prendre une carte en papier pour chaque objet/classe du système et noter dessus son nom, ses responsabilités et ses collaborateurs (les autres classes).
L'intérêt est de les utiliser dans les discussions pour matérialiser leurs interactions et aider à la réflexion sur chaque scénario.
Voici un exemple de carte :

Classe : Client	
Responsabilités :	**Collaborateurs :**
Passer une commande Connaît : – Nom – Prénom – Adresse – Commandes passées	Commande

Spikes

Quand l'équipe a des difficultés à estimer la faisabilité et la charge de travail d'une fonctionnalité qui demande l'utilisation d'une nouvelle technologie ou toute autre difficulté technique inhabituelle elle peut envisager de faire un essai et de voir comment ça se passe.
L'idée est alors de faire au plus vite, sans prendre en compte les contraintes habituelles de qualité, sécurité, etc. Le but est d'obtenir le plus rapidement possible l'information voulue. On pourra ensuite repartir sur une base vierge et, fort de notre nouvelle connaissance, réaliser la fonctionnalité correctement et dans les règles de l'art cette-fois.

Métaphore de la dette technique

La dette technique est une métaphore qui nous vient de Ward Cunningham. Pour un de ses projets il a dû expliquer à un responsable financier les choix techniques qui s'offraient à eux. Il a décidé de présenter les choses avec des termes financiers pour que cela parle à son interlocuteur.

Il lui a expliqué que pour leur projet ils pouvaient délivrer quelque chose très rapidement s'il y avait vraiment un besoin primordial. Mais qu'il fallait pour cela prendre de nombreux raccourcis techniques qui leur feraient gagner du temps, et cela avait un coût : une dette qui allait ralentir les prochaines modifications au système (comme si on en payait les intérêts) et qu'il faudrait tôt ou tard rembourser en améliorant la qualité du code (refactorer) si on ne voulait pas finir par ne plus pouvoir rien développer (être surendetté).

Cette métaphore présente donc un choix possible, mais éclairé, sur les conséquences des raccourcis et responsabilise quant au refactoring à effectuer par après. L'image de dette technique est maintenant très souvent utilisée pour parler d'un code de faible qualité. Comme pour un emprunt, il est parfois utile d'avancer vite, et la connaissance obtenue nous permet de venir améliorer par la suite (refactoring). Mais gare au surendettement !

Espace de travail ouvert et dédié

Une des recommandations faites concerne l'environnement de travail de l'équipe. En effet, celui-ci aura une influence importante sur la communication dans l'équipe. Ce qui est essentiel pour un fonctionnement efficace.

Pas de murs

Les membres de l'équipe ne devraient pas être séparés par des murs ni par des parois de « cubicles ». Il faut qu'à tout moment chacun puisse voir ses collègues et être conscient de ce qu'il se passe, de qui est disponible pour l'aider, etc. Donner un espace dédié à l'équipe sans bureau individuel encourage cela.

Table de discussion

Pour toute réunion, discussion d'équipe, etc. une table devrait idéalement être mise à disposition. Si cette table est juste à côté de l'équipe, tout le monde a conscience des discussions et peut se joindre si nécessaire.

Place pour le stand-up

Il faut assez de place pour que toute l'équipe puisse se réunir facilement pour le daily stand-up.

Tableau blanc

Le tableau blanc permet d'encourager toutes les discussions de design ou autre. Elles peuvent être plus visuelles, ce qui améliore grandement la compréhension de tous. Les informations du moment peuvent y être vite inscrites et rester disponibles pour tous. C'est un outil à utiliser un maximum dans de nombreuses situations !

Afficher des graphiques

On gardera de la place pour afficher les grands graphiques visibles prônés par XP.

Travail à distance

Depuis la création d'extreme programming, les outils et les habitudes de travail ont fortement évolué. Il est maintenant possible de faire des vidéoconférences à tout moment via Internet, chatter avec ses collègues et partager ses documents et son travail sur des plates-formes en ligne. De plus, les gens sont généralement demandeurs de plus de flexibilité et de moins de trajets domicile-travail (d'autant plus que la mobilité se détériore chaque année dans la plupart des grandes villes). De leur côté, la mondialisation aidant, les managers cherchent parfois à combiner les forces d'employés éloignés de plusieurs milliers de kilomètres. La tentation de réduire les coûts de location de bureaux en réduisant leur taille encourage également certaines grandes entreprises à suggérer à leurs employés de travailler de plus en plus souvent de chez eux.

Cela nous mène à l'émergence de nouveaux modèles d'équipe. Elles ne sont plus forcément réunies dans les mêmes locaux. Certaines ont un bureau habituel et laissent la liberté à leurs membres de travailler de la maison une partie de la semaine. D'autres intègrent une personne ou l'autre qui vit trop loin du bureau central pour s'y rendre quotidiennement. Il existe aussi des équipes qui sont constituées de deux groupes (ou plus) qui travaillent à distance. Par exemple 4 personnes à Paris et 4 autres à Bucarest. Enfin, certaines organisations décident d'aller encore plus loin et constituent des équipes qui travaillent entièrement à distance. C'est-à-dire qu'elles fonctionnent entièrement en ligne et ne se rencontrent qu'occasionnellement. C'est notamment le cas des employés de start-up américaines comme GitHub ou Etsy.

Malgré ces évolutions vers plus de travail à distance et plus de flexibilité, on peut également observer un courant inverse, qui encourage le travail sur un seul site. Certaines start-up (et pas des moindres) font aussi partie de ce groupe : Google, Netflix …

La principale raison invoquée est la diminution de productivité supposée des équipes qui ne sont pas situées dans les mêmes locaux. Ce débat est ouvert depuis longtemps car il n'existe pas de bonne manière scientifique et irréfutable de mesurer la productivité d'une équipe. De plus, trop d'autres éléments interviennent par ailleurs pour être certain que la différence vient du modèle d'équipe choisi et non des personnes elles-mêmes ou d'autres facteurs. On doit donc se résoudre à se baser sur le sentiment des personnes concernées, ce qui donne des réponses très variées.

Cependant, il semble que la plupart des avis convergent sur certains éléments.

Premièrement, la communication est beaucoup plus riche entre deux personnes qui se parlent face à face. La communication non-verbale, les possibilités de rapidement échanger des informations et le feedback immédiat rendent ces discussions précieuses. C'était d'ailleurs déjà souligné par extreme programming dès 1999. Malgré tous les progrès technologiques apparus jusqu'à ce jour, il est bien plus naturel de rapidement demander une information à son collègue situé à quelques mètres et qui semble disponible, qu'à une personne qu'il faut contacter par email, chat ou vidéoconférence (on se dit souvent que « ça ne vaut pas la peine » et on essaie de se débrouiller seul). De plus, la relation créée par ces discussions parfois moins formelles contribue à former un esprit d'équipe et à améliorer la collaboration au sein de celle-ci.

Pour les situations où un employé vit dans un autre pays que le reste de son équipe et travaille principalement à distance, le problème majeur est que cette personne se retrouve vite isolée du reste du groupe et ne participe donc pas à la vie de celui-ci. Seules les informations importantes ou officielles lui sont communiquées, et l'esprit d'équipe n'y est décidément pas. On pourrait être tenté de se dire qu'il suffit de lui donner du travail relativement peu lié au reste et de le ou la rendre autonome, mais ce serait oublier un élément important : *la programmation en équipe est une activité sociale*. Le succès ou non de l'équipe dépend bien plus souvent de sa capacité à s'organiser et à avancer tous ensemble dans une même direction que celle d'abattre aveuglément un maximum de travail.

Les équipes coupées en deux sites, elles, présentent un défaut majeur. Elles peuvent sembler, à première vue, fournir le meilleur des deux mondes : une main d'œuvre moins chère[66] et plus disponible tout en gardant des interlocuteurs sur place et donc une visibilité et un contrôle rassurants. Cependant, cette dichotomie entraîne généralement une mentalité de « eux contre nous » où les critiques fusent. On cherche moins à comprendre les raisons de telle ou telle action (ou morceau de code) et on présume l'incompétence. C'est malheureusement bien naturel et difficile à éviter dans une situation comme celle-ci.

Toutes ces difficultés ne doivent pas occulter une réalité de notre société actuelle : travailler de chez soi offre énormément de confort et dans un contexte où les développeurs sont difficiles à engager, leur offrir ce genre de conditions peut s'avérer indispensable, au risque de passer à côté de profils intéressants qui sont justement capables d'augmenter la productivité de l'équipe dans laquelle ils travaillent. Étendre son champ de rechercher et pouvoir embaucher la personne idéale, quelle que soit sa localisation dans le monde est un atout de recrutement non négligeable.

Enfin, les équipes travaillant exclusivement à distance et ne se rencontrant qu'en de rares occasions plébiscitent très souvent leur modèle. Elles éliminent de facto les problèmes liés aux informations qui ne circulent que chez les personnes présentes sur site puisqu'il n'y a pas de site privilégié et que l'ensemble de la communication ne peut se

[66] Soyons réalistes, mis à part les problématiques de fuseau-horaire, c'est souvent la principale raison de délocaliser une partie d'une équipe : chercher un pays où le salaire est bien moins important que celui de l'employeur.

faire qu'au travers d'outils en ligne. Elles sont alors amenées à utiliser pleinement ces moyens d'échange et partagent beaucoup plus sur les chats et autres plates-formes.

> Les équipes entièrement distribuées finissent par fonctionner mieux car elles sont obligées d'être mieux organisées si elles veulent fonctionner tout court.
>
> *Bob McWhirter*[67]

Encourager le pair programming entre personnes distantes au moyen de vidéoconférence peut s'avérer très efficace pour maintenir une collaboration étroite entre les membres de l'équipe et maintenir la productivité de celle-ci.

On l'a compris, c'est souvent cette productivité qui est au centre du débat sur le télétravail. À une époque où tout le monde vous dira que le facteur déterminant de la réussite d'une organisation est la communication au sein de ses membres, il peut paraître risqué d'adopter un mode de fonctionnement qui réduit les échanges entre les employés. Optimiser le travail d'une personne en la laissant s'isoler néglige l'optimisation du résultat de l'équipe elle-même, ce qui est pourtant ce qui compte réellement pour l'entreprise.

Dans des situations ou le travail à distance est inévitable, encourager toute l'équipe à fonctionner dans ce nouveau mode semble être une bonne approche (même si ce n'est qu'un seul jour par semaine). Utiliser alors pleinement les outils de chat pour la communication formelle et informelle ainsi que la vidéoconférence avec partage d'écran pour les sessions de pair programming permettra certainement de limiter l'impact négatif de la distance.

Bouger les gens de place

Une équipe est un ensemble de relations entre des personnes qui se connaissent, pas une simple addition de « ressources ». À ce titre, il ne faut pas réassigner les gens d'une équipe à l'autre pour boucher des trous comme les méthodologies waterfall l'auraient préconisé. Cela briserait les dynamiques en place et génèrerait des frustrations.

Cependant, malgré l'inconfort et les désagréments que des changements de place et d'équipe peuvent provoquer, laisser les gens trop longtemps à la même place, à faire la même chose n'est pas une bonne chose non plus.

En effet, à rester toujours sur le même produit, avec les mêmes problèmes, on finit par tourner en rond et ne plus vraiment apprendre. À l'inverse, un changement d'équipe va obliger d'apprendre de nouvelles choses, voir d'autres façons de faire, s'adapter à une nouvelle situation… Ces nouvelles connaissances viendront compléter celles acquises auparavant et permettront probablement de faire des liens et améliorer la cohérence entre les systèmes réalisés par les différentes équipes.

[67] Bob McWhirter est un ingénieur américain adepte du travail à distance.

De plus, une personne qui serait la seule à toujours s'occuper d'un produit (ou une partie de ce produit) finirait par devenir la seule capable de s'en occuper et formerait un goulot d'étranglement en cas de forte demande. Cela représente aussi un risque en cas d'absence / départ : personne n'est capable de remplacer le membre de l'équipe manquant !

Le client est toujours disponible

La disponibilité maximale du client est un point fondamental de toutes les méthodologies agiles. Dans l'idéal, le client serait présent avec l'équipe tout au long de la semaine. S'il peut travailler dans le même bureau c'est encore mieux ! Il doit au moins être disponible par téléphone et régulièrement rencontrer les membres de l'équipe.
Cet engagement représente une charge de travail non négligeable. On aura besoin de lui pour répondre aux questions tant à la présentation des fonctionnalités à développer que pendant le développement lui-même. Il sera également sollicité pour valider le travail réalisé pour lui.
D'un autre côté, il gagnera du temps en ne devant pas investir des mois de travail dans la rédaction d'un cahier des charges détaillé. De plus, une application qui fonctionne directement comme il le souhaite lui permet d'en tirer immédiatement bénéfice, ce qui augmente considérable son retour sur investissement. Le calcul est alors vite fait pour le convaincre d'investir de son temps en plus de son argent, de peur d'avoir investi pour rien ou de devoir passer autant de temps à demander des changements par la suite !
Certaines organisations désignent une personne pour servir d'intermédiaire. Mais si cette personne doit constamment consulter le vrai client, cela ralentit fortement la boucle de feedback, est source de malentendus et est moins efficace.

Corrigez XP quand il ne va pas

XP se veut une base qui doit évoluer en fonction des besoins de l'équipe. Le processus choisi par l'équipe doit être amélioré régulièrement. C'est l'objectif des rétrospectives, elles sont essentielles à un fonctionnement optimal de l'équipe.

Comment l'adopter

Il n'est pas conseillé d'adopter toutes les pratiques d'Extreme Programming d'un coup. En plus d'être difficile à mettre en place, on ne pourrait pas identifier ce qui donne de bons résultats et ce qui n'en donne pas car on ne saurait pas quelle pratique est à l'origine de quel résultat.
Cependant, on remarque que les pratiques se supportent mutuellement : le fait de faire du TDD encourage le refactoring, le design réalisé en équipe et les règles de codage facilitent la propriété collective du code, la présence du client permet la brièveté des user stories, etc.

L'essence d'XP est l'excellence en développement d'application au travers de l'amélioration continue afin d'optimiser le retour sur investissement du client.

> Il ne s'agit pas d'artisanat ou d'art ou de beauté. Il ne s'agit pas d'être un bon citoyen. Il ne s'agit pas de prendre une longue vue illusoire au lieu d'une courte. Il ne s'agit pas d'être une meilleure personne. Il ne s'agit pas d'améliorer la qualité.
> Il s'agit d'argent.
>
> *Michael D. Hill*

Quelques questions à se poser

Et vous ? À la perspective de ces idées, que pourriez-vous améliorer dans votre organisation ?

- Est-ce que tous les membres de l'équipe sont au courant de ce qui se passe dans le reste de l'équipe ? Que se passe-t-il si une personne est absente pendant une semaine ? Quelqu'un peut-il reprendre le travail et le terminer à sa place ?
- Avec quelle facilité peut-on faire des modifications dans du code qui fonctionne déjà ? Est-ce qu'il y a une peur de casser quelque chose ?
- Est-ce que toutes les fonctionnalités sont couvertes par des tests automatisés ou uniquement une partie ? (Ou pas du tout ?) Si tout n'est pas couvert, est-ce un choix ou un oubli ?
- Avez-vous plus de tests d'interface que de tests unitaires ? Est-ce que les régressions détectées le sont assez tôt ? Ou faut-il attendre le lendemain ?
- Est-ce que vous consacrez beaucoup de temps au design avant de commencer à développer ? Faut-il souvent changer ce qui avait été décidé initialement ?
- Si vous réalisez des schémas, sont-ils souvent consultés par la suite ?
- Est-ce que tout le monde est à l'aise pour modifier n'importe quelle partie du code ? Si non, pourquoi ?
- Avez-vous plusieurs versions en cours de développement en parallèle ? Faut-il attendre plus de 24 heures pour qu'un développeur voie les changements qu'un autre développeur a faits ? Vous arrive-t-il d'avoir des conflits compliqués en voulant fusionner ?
- Si un développeur enregistre ses changements et casse le build, combien de temps doit-il attendre avant de s'en rendre compte ?
- Est-ce que l'estimation de la charge de travail est réalisée par les personnes qui vont effectuer ce travail ?
- Avez-vous des difficultés à évaluer votre capacité ? Et donc à délivrer au moment prévu ?

Chapitre 8

Behavior Driven Development

Une approche de développement inspirée de TDD qui améliore la communication entre les gens du métier et l'équipe technique

Les débuts

Le Behavior Driven Development (BDD) a été inventé par Dan North[68]. Sa première publication sur le sujet est un article[69] qui date de 2006.

En tant que fervent praticien du TDD, il était souvent confronté à des suites de tests qui n'étaient pas toujours aussi utiles qu'elles pourraient l'être. Or *ces tests représentaient le comportement (les spécifications) de leur système*. En partant de ce constat, il a voulu rendre ces tests plus parlants pour une personne non technique qui ne comprendrait pas le code et les utiliser pour enrichir les discussions avec le client.

Sa première solution fut d'utiliser un outil (TestDox) développé par un de ses collègues qui lisait les noms des tests et les affichait en texte dans un anglais tout à fait normal. Par exemple, ces tests :

```
[TestMethod]
public void CreateActivityRegistration_WhenFirstTimeUser_CreatesUser
AndRegistration()
{
        ...
}

[TestMethod]
public void CreateActivityRegistration_WhenUserAlreadyExists_Creates
OnlyRegistrationForThisUser()
{
        ...
}
```

[68] Dan North est un coach et programmeur américain.

[69] L'article original est disponible à l'adresse : https://dannorth.net/introducing-bdd.

Afficheront :

```
Activity Service
- Create activity registration when first time user creates user and registration
- Create activity registration when user already exists creates only registration for this user
```

On peut alors très facilement discuter de cette liste de *comportements* avec le client ou les utilisateurs et vérifier qu'on se comprend bien.

Ce qui est fondamental ici c'est que ces spécifications sont très pratiques : elles décrivent ce que le système fait vraiment, elles viennent du système. Mieux même : elles sont vérifiées à chaque modification et seront donc toujours à jour !

Ce qui rend ces spécifications particulièrement efficaces par rapport à des spécifications « traditionnelles » c'est qu'elles sont basées sur les exemples des tests. Les spécifications par l'exemple telles que prônées par les tests d'acceptance d'XP évitent tout équivoque. C'est loin d'être le cas lorsqu'on se base sur de longues descriptions textuelles.

En plus de toutes les personnes non-techniques (analystes, testeurs ...) qui pourront comprendre ces spécifications / ces tests, les développeurs eux-mêmes auront bien plus facile à interpréter le sens de chaque demande. Ce sera utile pour garantir une implémentation proche du besoin réel de l'utilisateur, et cela tout au long du projet car ces tests resteront présents.
Cette approche qui débouche sur des tests moins liés à l'implémentation et plus liés aux fonctionnalités attendues a tendance à nous focaliser sur ce qui compte réellement en termes d'impact utilisateur et à rester flexible sur la réalisation technique qui soutient ces fonctionnalités / comportements.

Un vocabulaire commun

La communication entre deux groupes de personnes différents est une chose compliquée. Dans de très nombreux cas, des informations exprimées par les uns sont comprises différemment par les autres. Il s'agit parfois d'une simple différence de vocabulaire.

Par exemple, un banquier qui souhaite pouvoir gérer facilement les « comptes » de ses clients pourrait en faire la demande à une équipe d'informaticiens et recevoir une interface de gestion de « comptes » utilisateurs à la place.

L'agilité permet de réduire la boucle de feedback et de se rendre compte relativement tôt de ce genre de malentendu, mais le problème reste présent et dommageable.
Pour éviter cela, il est nécessaire de s'accorder sur un *vocabulaire commun*, unifié et partagé de tous. Le principe de langage omniprésent (ou « ubiquitous language » en anglais) proposé par Eric Evans dans son approche de la conception logicielle *Domain Driven Design*[70] permet de répondre à ce besoin et est donc emprunté par les praticiens du BDD pour s'assurer que les exemples qui forment les spécifications sont bien compris de la même manière par tous.

3 amigos

Définir correctement le comportement attendu de l'application, l'implémenter et vérifier le résultat demande une collaboration étroite entre les personnes responsables du produit (product owner, analyste…) les développeurs et les testeurs.
C'est pour insister sur cet élément clé que l'expression « les 3 amigos » est utilisée par George Dinwiddie[71] (en référence à un film américain du même nom des années 80). Il met donc en avant l'importance d'avoir *au moins* un représentant de chaque profil dans les discussions (en réunion mais également tout au long de la réalisation du produit).

Impact mapping

Les aficionados du BDD utilisent régulièrement une technique appelée « impact mapping » pour identifier toutes les options qui permettent de répondre au besoin exprimé par le client, et exclure les idées qui n'y contribuent pas. La logique à la base de cette pratique est que le logiciel lui-même ne peut atteindre aucun objectif métier, c'est bien l'utilisateur qui a cette capacité et on doit l'y aider en soutenant ses *comportements*. Ce qui rapporte de l'argent ce n'est pas le logiciel mais bien l'utilisation que les gens en font.
Il est important que les efforts engagés sur le développement de fonctionnalités soient bien liés à ces objectifs métiers afin d'éviter de créer une simple liste d'envies sans contexte ni justification. L'impact mapping permet de voir clairement les bénéfices attendus derrière chaque effort de développement et d'optimiser celui-ci en comparant le pour et le contre de chaque proposition.
La technique est très simple : il s'agit de réaliser une arborescence (aussi appelé « mind map » ou « carte mentale ») sur laquelle on va représenter :

1. **Pourquoi** – En racine, l'objectif métier.

---

[70] Le Domain driven design (DDD, à ne pas confondre avec BDD) est une technique de conception (de design) d'un système. Cf. Eric Evans, *Domain-Driven Design: Tackling Complexity in the Heart of Software*, Addison Wesley, 2003.

[71] George Dinwiddie est un américain coach en développement informatique et méthodologies agiles.

2. **Qui** – Les différents acteurs qui peuvent aider ou empêcher d'atteindre l'objectif.
3. **Comment** – Pour chaque acteur, les différentes manières d'impacter la réalisation de l'objectif sont listées. Ce sont les *impacts*.
4. **Quoi** – C'est uniquement à ce niveau-ci que les options du logiciel sont envisagées. Quelle fonctionnalité pourrait soutenir ou éviter certains des impacts listés précédemment ?

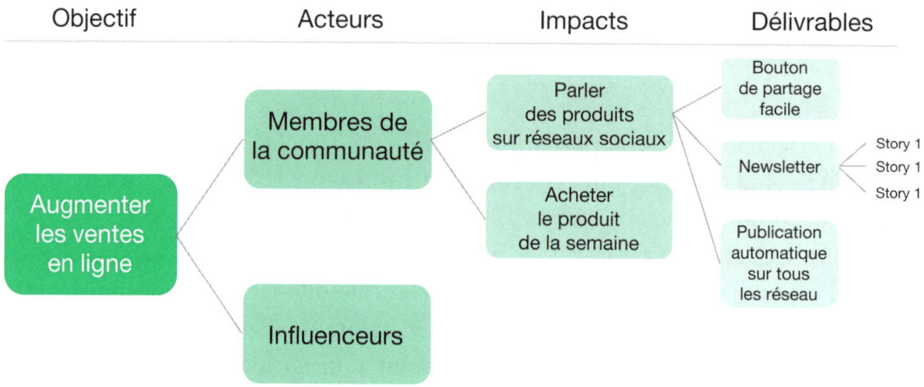

Example mapping

Pour passer d'une user story exprimée très brièvement à une compréhension claire du comportement attendu et des cas à implémenter, une discussion est nécessaire entre toutes les personnes concernées (personnes du métier, personnes techniques…). Cette discussion peut avoir lieu à différents moments selon l'organisation de votre équipe et elle est pour beaucoup de gens désordonnée, trop longue et pas toujours productive. C'est pour cela que Matt Wynne[72] propose en 2015 la technique du *example mapping*[73].

Il conseille de limiter cette discussion à plus ou moins 25 minutes et établit comme objectif explicite d'en ressortir avec 4 choses distinctes : des user stories, des règles, des exemples et des questions.

On commence donc par écrire la *user story* concernée sur une fiche jaune et on la place en haut de la table. On ajoute ensuite toutes les *règles* (les critères d'acceptance) qu'on a déjà et on les place, en bleu, en dessous de la user story. On illustre alors chaque règle avec différents *exemples*, chacun sur une carte verte, en dessous de la règle correspondante.

[72] Matt Wynne est l'auteur d'un livre sur le BDD. Cf. Matt Wynne, *The Cucumber Book: Behaviour-Driven Development for Testers and Developers*, Pragmatic Bookshelf, 2012.

[73] Cf. https://cucumber.io/blog/2015/12/08/example-mapping-introduction

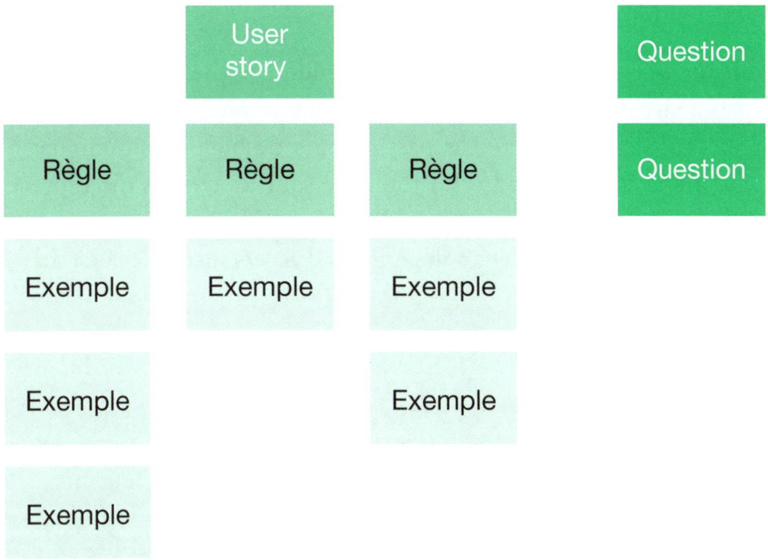

Il n'est pas nécessaire à ce stade d'écrire chaque exemple selon le format Gherkin (voir plus loin dans ce chapitre), une simple phrase est généralement suffisante. Si ce n'est pas le cas, on peut aussi structurer un peu plus, mais sans forcément être rigide à l'extrême.

> *Par exemple, dans une équipe où j'ai travaillé, nous avons écrit une user story pour un système d'exports de paiements et listé les cas à supporter de cette façon : « le client a quelques paiements », « le client n'a aucun paiement » et « le client a énormément de paiements (+ de 100 000) ».*
> *Pour une règle d'une user story plus compliquée, nous avons listé plusieurs variations de :*
> *« Total des paiements = 5000 EUR, réserve visée = 1500 EUR, réserve actuelle = 1000 EUR.*
> *→ Transfère 4500 EUR vers compte, 500 EUR vers réserve. »*

Tout au long de cette discussion, certains points peuvent s'avérer incertains, des questions rester encore ouvertes, des exemples où le résultat attendu n'est pas sûr. Tout cela donne lieu à une carte rouge « *question* » qui permet de mettre le point de côté et nous rappeler de nous procurer la réponse par après.
À la fin de l'exercice, l'aspect visuel de la technique nous permet très vite de voir s'il nous reste trop de questions ouvertes ou si la user story est trop compliquée avec trop de règles (elle pourra alors être découpée). Après cela, l'équipe peut décider si la user story est prête à être implémentée ou non.
Matt Wynne précise également que dans le cas où la règle est extrêmement simple pour tout le monde, il n'est pas nécessaire de se forcer à identifier les exemples. Le bon sens et l'expérience aideront à faire la part des choses.

JBehave

Après avoir utilisé TestDox, Dan North s'est rendu compte qu'un nom de méthode était un peu court pour décrire en détail le comportement attendu pour une fonctionnalité et que cela ne permettait pas toujours de bien communiquer à tout le monde le comportement attendu. En réalité ce sont les critères d'acceptance de ses user stories qu'il voulait pouvoir utiliser. Il a donc développé JBehave, un outil qui ferait le lien entre le texte en anglais des critères d'acceptance et le code du test à exécuter pour vérifier ce critère.
Par exemple, ce test / critère d'acceptance :

```
Given the calculator is set on «base 10»
When I add 5 and 3
Then the result shown is 8
```

Sera exécuté par le code / les tests suivant(s) :

```
public void GivenTheCalculatorIsSetOnBase(int base) { ... }
public void WhenIAddXAndY(int x, int y) { ... }
public void ThenTheResultShownIsZ(int z) { ... }
```

Cela permet de faire un lien direct entre nos 3 amigos : les phrases décrivent explicitement la demande du product owner au travers d'exemples et les tests liés permettent au testeur de vérifier que l'implémentation fournie par le développeur correspond à ce qui était attendu.
On obtient donc une documentation du comportement de l'application toujours à jour. Si un changement est apporté, le texte/test correspondant doit obligatoirement être mis à jour. On peut donc réellement se fier à ces spécifications pour comprendre l'état actuel du système et discuter des éventuels prochaines modifications.

i

Selon les interlocuteurs, on peut parfois arriver à un résultat similaire avec des tests unitaires écrits très clairement, mais JBehave est très pratique pour des personnes qui ne savent pas lire et écrire des tests avec du code.
Ils peuvent ici reprendre eux-mêmes des phrases existantes pour des fonctions habituelles du système et leur passer des paramètres différents pour vérifier les résultats. Tout cela sans jamais avoir à écrire une ligne de code !

Remarque : le format textuel du test (`Given ... When ... Then ...`) est appelé Gherkin, il peut être utile pour améliorer la communication entre toutes les parties et ne doit pas forcément mener à un test automatisé. Comme toujours, le bon sens et le contexte permettront de définir si s'assurer contre la non-régression est nécessaire ou non.

Autres plateformes

Cette librairie a ensuite été portée vers de nombreuses différentes plateformes. Par exemple pour Ruby (Cucumber), C# (Specflow) et PHP (Behat).
Certaines autres librairies ont également été créées dans l'esprit BDD mais n'utilisent pas le langage Gherkin. Par exemple, Jasmine (javascript) propose une solution entre les deux qui prévoit des tests relativement lisibles qui sont plus simples et rapides à développer et à maintenir.

```
describe("The 'toBe' matcher compares with ===", function() {
  it("and has a positive case", function() {
    expect(true).toBe(true);
  });

  it("and can have a negative case", function() {
    expect(false).not.toBe(true);
  });
});
```

Critique

Obtenir un texte décrivant les scénarios de test et qui se compile est une avancée très séduisante dans le rapprochement entre le client et l'équipe technique. Cependant, la réalité n'est pas toujours aussi belle.
En effet, la rédaction de ces textes et surtout l'implémentation des différentes étapes du scenario en code prennent du temps. Pire: au fur et à mesure que des phrases sont ajoutées, on souhaite de plus en plus les réorganiser pour s'y retrouver. Le coût de développement des tests est donc conséquent et la valeur ajoutée devra être à la hauteur.
C'est le second problème: la valeur dégagée par ses scénarios exécutés automatiquement n'est pas toujours aussi importante qu'espéré. La principale raison est qu'on réalise parfois trop tard que le client n'est pas réellement intéressé par la lecture de ces scénarios très détaillés. On leur demande souvent de lire de nombreuses variations des mêmes textes et, même si on les accompagne pour le faire, seuls certains profils ont la patience et le temps de faire cela. Il est probable qu'un comptable se penche plus en détail sur ces textes qu'un manager. Or, si le client ne lit pas les tests, des tests plus classiques – et plus rapides à développer – auraient probablement fait l'affaire.

Certaines équipes sont, malgré tout, contentes de pouvoir ressortir ces scénarios en cas de désaccord avec le client sur ce qui avait été demandé.

Vu leur coût, il vaudra probablement mieux cibler les fonctionnalités qui nécessitent ces scénarios de tests explicites et détaillés: des règles compliquées qu'on n'est pas sûr d'avoir bien comprises et où ces exemples pourront éviter des malentendus.

Dans le cas où un produit comme JBehave est adopté avec comme objectif de permettre à des personnes non techniques d'écrire elles-mêmes les scénarios, un risque classique est que, pour diverses raisons, ces personnes ne les écrivent pas et que les développeurs finissent par devoir s'en charger. Dans ce cas, probablement que des tests écrits avec du code directement (et donc plus rapidement) auraient été plus rentables.

Conclusion

Les pratiques du behavior driven development permettent de réaliser des logiciels qui ne sont pas uniquement bien conçus et bien testés, mais qui correspondent également à ce dont le client a besoin en maintenant une communication claire et régulière entre responsables produit, développeurs et testeurs.
Au travers des spécifications basées sur des exemples et d'un vocabulaire unifié, on améliore la communication et la compréhension commune de toutes les personnes impliquées.
L'utilisation d'outils tels que JBehave n'est pas indispensable pour y arriver, et, au final, si on pense que ça peut servir mais qu'on a peur de gaspiller cet investissement il vaut mieux faire un petit essai et voir comment ça se passe avec le client. On peut même s'en tenir à écrire des scénarios au format texte et à ne pas les automatiser tels quels dans un premier temps !

Quelques questions à se poser

Et vous ? À la perspective de ces idées, que pourriez-vous améliorer dans votre organisation ?

- Vous arrive-t-il d'avoir fait exactement ce que le client demandait et qu'il soit, malgré tout, mécontent et dise qu'il avait demandé autre chose ?
- Êtes-vous certain que tous vos interlocuteurs utilisent les mêmes mots que vous pour parler des mêmes choses ? Dans le cas contraire, cela peut-il mener à des malentendus ?
- Avez-vous parfois l'impression que des fonctionnalités sont réalisées sans qu'elles ne représentent une réelle valeur ajoutée pour l'entreprise et sans lien avec ses objectifs ?
- Est-ce que certaines règles sont formulées par le client de façon simpliste, sans véritable exemple ?
- Les personnes en charge des tests sont-elles impliquées dès le début dans la définition de la demande ou sont-elles simplement informées par la suite ? Cela leur pose-t-elles parfois problème pour bien comprendre le sens et la finalité de la fonctionnalité ?

Chapitre 9

L'approche agile de la programmation

Les principes agiles fondamentaux appliqués au code.

Avant de clôturer cette partie et d'élargir l'application des principes agiles à l'ensemble des acteurs qui participent à fournir de la valeur au client, il reste un sujet à aborder : *la programmation agile.*

Plusieurs techniques ont déjà été expliquées dans le chapitre *7. Extreme Programming* mais d'autres éléments en découlent et il est important d'en avoir également conscience et de les prendre en compte.

Pratiquement toutes les méthodologies agiles recommandent explicitement de ne pas sous-estimer l'importance de ces pratiques techniques, sous peine de ne pas pouvoir obtenir la flexibilité et les autres avantages que la réorganisation du travail en processus agiles est censée apportée.

Développement progressif

Au cœur de cette approche se trouve le principe de base agile de tout faire en petites étapes validées, c'est-à-dire de faire une petite chose à la fois et d'avoir le moyen de vérifier ce nouvel élément ainsi que tout ce qui a été fait avant. Cela réduit les risques, assure un feedback plus rapide et permet de commencer à délivrer de la valeur plus vite.

i

On vise alors toujours plus petit, toujours plus rapide, toujours plus sûr.

Cette logique a été appliquée aux releases, réduisant les projets de plusieurs années à des déploiements tous les quelques mois ou moins. Le travail de chaque release est lui-même délivré en itérations de plus en plus courtes : un mois, deux semaines, une semaine, Chaque journée est alors elle-même une mini-itération qui commence par un daily stand-up qui définit les objectifs du jour.

Cette approche s'applique aussi au déroulement de la journée, dans le travail de développement lui-même : on vise à effectuer des commits[74] très fréquents, plusieurs fois par jour. Cela apporte évidemment les avantages de ce genre de système (par ex. ne pas risquer de perdre ces changements), mais le véritable objectif est en réalité un changement de dynamique qui aura un impact très important. Cela force, en effet, le développeur à envisager ses changements sur un objectif bien plus proche. Il doit se limiter à des modifications qui ne « cassent » pas le reste de l'application pendant plus de quelques heures ou moins, c'est-à-dire que l'ensemble doit compiler et que tous les tests automatisés doivent passer.

Enfin, le concept de refactoring apporté par Extreme Programming mène à aller encore plus loin et envisager chaque petit changement de code (créer une méthode, renommer une variable, extraire un algorithme dans son propre objet…) comme une boucle qui nécessite de revenir à un état stable où tout fonctionne (compilation et tests) avant de passer au changement suivant qui nous rapproche du produit désiré.

> Le développement est également une activité qui doit se faire progressivement. Le code est ajouté et modifié ligne après ligne, tout en gardant un état fonctionnel et livrable au client. Le produit évolue petit à petit vers le fonctionnement qu'on souhaite obtenir, sans grand bouleversement.

> « Je ne suis pas un programmeur excellent, je suis juste un bon programmeur avec d'excellentes habitudes.
>
> *Kent Beck* »

Remplacer un système legacy

Le problème

Il arrive très fréquemment qu'une entreprise utilise un système qu'elle a commencé à développer longtemps auparavant et qui est devenu très compliqué à gérer : les changements sont de plus en plus compliqués à opérer, chaque modification provoque une kyrielle de bugs, la technologie est vieillissante et les développeurs la trouvent laborieuse à utiliser… Le coût de son entretien (bugs et évolutions) devient démesuré.

La solution qui s'impose alors tout naturellement est de réécrire l'application « from scratch », c'est-à-dire de repartir à zéro et de retrouver les joies d'un système « propre »

[74] Commit = enregistrement des changements de code dans le système de contrôle de source *git*. Cf. *Contrôle de source* dans le chapitre *10. Livraison Continue.*

dans lequel on ne fera aucune des erreurs de design qu'on a faites dans l'application précédente. Un système qu'on comprendra entièrement car réalisé par nous-mêmes et récemment, il nous semblera donc plus simple.

Le problème, c'est que cela se passe souvent autrement que prévu. On lance le développement du nouveau système, et pendant ce temps les utilisateurs continuent à utiliser l'ancien. Cela prend un certain temps d'implémenter toutes les fonctionnalités que l'ancien système avait, et les utilisateurs continuent d'exprimer leurs besoins, au point qu'il faut généralement accepter de continuer à corriger des bugs et parfois même d'ajouter des fonctionnalités dans l'ancien système (appelé alors le système *legacy*). Tout cela doit également être implémenté dans le nouveau système, et la situation commence de plus en plus à ressembler à une course entre les deux projets…

Il faudra, pendant ce temps, espérer que le management continuera de croire en ce projet et d'y investir ce qui représente généralement de grandes sommes d'argent, tout ça dans le but relativement flou d'obtenir un jour un système plus efficace, plus rapide et où les changements coûteront moins cher. Il n'est pas rare de voir ce genre de projet avorté en plein milieu faute de résultats concrets et utilisables. Le management ne voit pas la fin de cette réécriture et décide de limiter les dégâts et de revenir au système qui fonctionne.

Dans le cas où on est chanceux, on arrive à un moment donné à un nouveau système prêt à remplacer l'ancien. On s'apprête alors à effectuer un « big bang[75] » très risqué où on va découvrir en même temps que nos utilisateurs si on a réellement couvert tous les besoins dans la nouvelle application. Inutile de dire que même ce scénario optimiste n'est pas très enviable.

> La pire décision stratégique qu'une société de développement logiciel peut prendre : décider de réécrire « from scratch ».
>
> *Joel Spolsky (2000)*[76]

Refactoring

La solution agile évidente à ce problème est de chercher à améliorer progressivement le système existant. En appliquant répétitivement une série de refactoring, on peut faire évoluer l'application et l'amener vers le design souhaité. Aucun code n'est irréversible et tous les défauts d'un logiciel peuvent être corrigés en y consacrant le temps nécessaire.

---

75 L'expression « big bang » est utilisée pour représenter le lancement instantané d'un nouveau système ou d'une nouvelle version. On passe alors du tout au tout et le risque de rencontrer des problèmes est très élevé.

76 Joel Spolsky est un ancien développeur, auteur d'un blog très populaire dans les années 2000 sur le développent logiciel agile. Il a créé le logiciel Trello et le site StackOverflow.com. Cf. https://www.joelonsoftware.com/2000/04/06/things-you-should-never-do-part-i

Cette approche présente l'avantage non-négligeable de pouvoir effectivement inclure ces améliorations dans chaque nouvelle version avec les autres changements et déployer le tout en production. Aucun code n'est donc accumulé sur le côté en attendant une hypothétique release.

Cela requiert un effort particulier car il est toujours plus tentant pour un développeur de tout jeter et d'avoir la facilité de programmer dans un contexte où peu de contraintes existent *au début*. Le refactoring est cependant l'approche la plus prudente, sérieuse et utile pour l'entreprise.

Le strangler pattern

Il existe, malgré tout, des occasions où refactorer l'ancienne application n'est plus possible. Par exemple, lorsque la technologie utilisée est complètement dépassée et qu'on trouve de moins en moins de développeurs, il arrive un moment où il faut faire le grand saut.

Dans ce cas, l'approche typiquement agile est de créer une ébauche du nouveau système et de l'introduire progressivement en production en remplaçant petit à petit les fonctionnalités du système legacy.

Martin Fowler a baptisé cette stratégie *strangler pattern*, en référence à un arbre australien qui entoure un autre arbre progressivement jusqu'à le remplacer[77].

Concrètement, on va créer une application « strangler » qui va être placée en intermédiaire entre les appels clients et le système legacy. Cette application se contente de rediriger les appels de façon transparente et apparaît aux clients comme étant le système legacy lui-même, ils ne voient pas la différence.

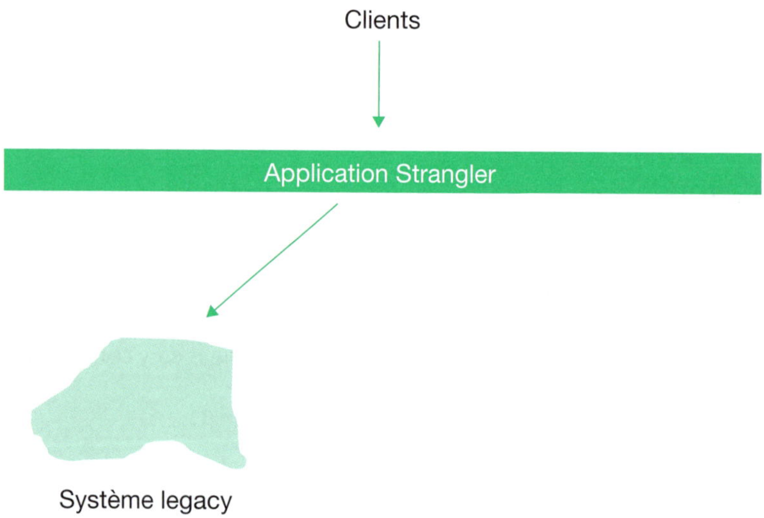

77 Cf. https://www.martinfowler.com/bliki/StranglerApplication.html

Ensuite, on commence le développement du nouveau système, et, puisqu'on a une approche agile, on ne réalise qu'une seule des fonctionnalités de l'ancienne application. Ce système très simple est alors mis en ligne en parallèle du système existant. Évidemment, à ce stade, aucun client n'a encore conscience de son existence car rien ne pointe vers cette nouvelle application (cela vous permet de vérifier que tout fonctionne bien, éventuellement).

L'application strangler est ensuite modifiée. Elle va reconnaître les appels des clients qui visent la fonctionnalité qui existe dans le nouveau système et rediriger ces appels-là vers la nouvelle version. On a ainsi réellement migré une petite partie du système et c'est effectif en production, ce qui signifie qu'on a un retour immédiat sur le bon fonctionnement de ce qu'on a réalisé et qu'on va pouvoir en tirer les avantages prévus sans attendre (changements suivants sur cette fonctionnalité facilités, performances améliorées...). Il est donc avantageux de commencer par les parties du système sur lesquelles on prévoit le plus d'évolutions dans un avenir proche.

Si on repère un problème avec cette fonctionnalité fraîchement développée, on peut assez facilement renvoyer les appels vers l'ancien système qui est toujours là. C'est donc une approche très rassurante qui réduit fortement le risque et maximise le retour sur investissement.

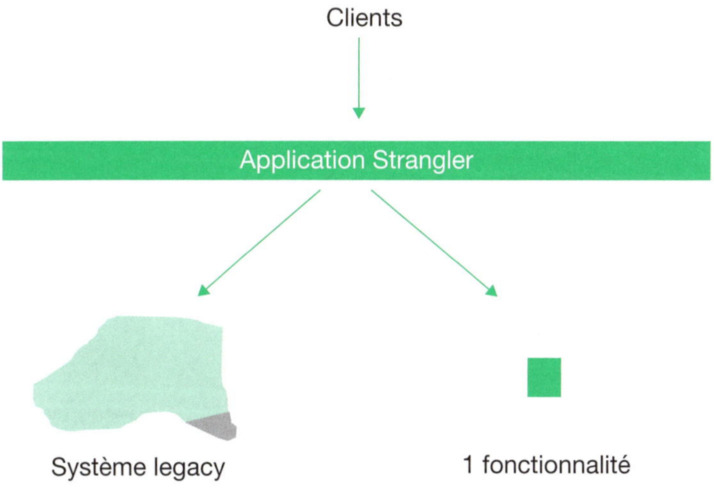

La suite est simple: on ajoute fonctionnalité après fonctionnalité dans le nouveau système et l'application strangler redirige de plus en plus d'appels vers cette application.

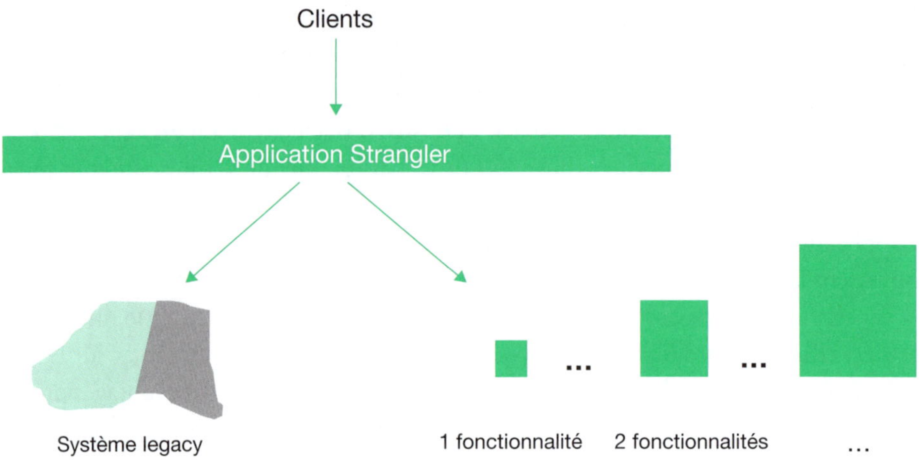

À un moment donné, on peut *voir* qu'aucun appel client ne va plus sur l'ancien système, et, passé un délai de sécurité, on peut retirer l'ancien système sans inquiétude. L'application a été migrée *progressivement* vers le nouveau système.

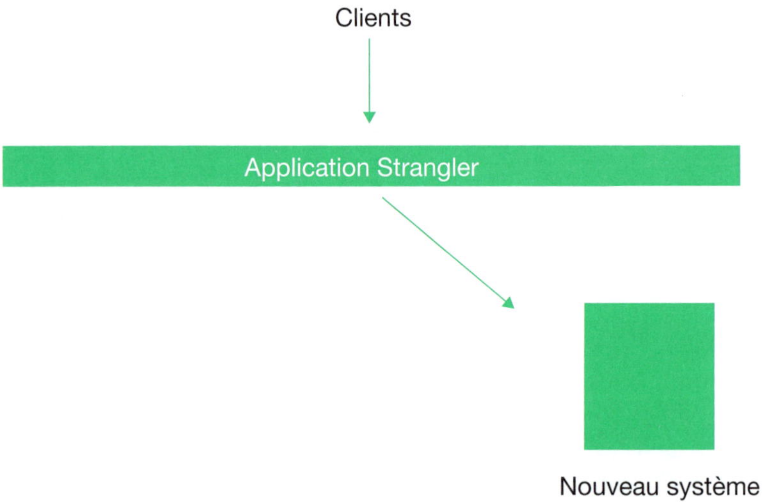

La dernière étape est alors de retirer l'application strangler et de laisser les clients utiliser directement le nouveau système. Bien entendu, cela est totalement transparent pour eux.

Le scénario décrit ci-dessus marche très bien pour un système de type API[78] mais il est également adapté à d'autres types d'application. Dans le cas d'une application web, par exemple, un strangler peut rediriger les clients en fonction de l'adresse de la page qu'ils demandent. Au fur et à mesure, de plus en plus de pages viennent du nouveau système.

[78] API = *application programming interface*, c'est une application appelée uniquement par d'autres applications et qui n'a donc pas d'interface visible pour une utilisation humaine, elle renvoie uniquement des données brutes.

Cela représente malgré tout un certain challenge technique. Il va notamment falloir partager les sessions entre les deux systèmes de façon à ce qu'un utilisateur connecté sur une des deux applications soit toujours connecté quand il va sur une page de l'autre application. Il faudra également à priori assurer le même aspect visuel afin de ne pas afficher à l'utilisateur tantôt une ancienne mise en page, tantôt une nouvelle. Par facilité, il vaut donc mieux attendre que l'application soit entièrement migrée pour changer les couleurs des pages, etc.

Quelle que soit la situation, être capable de déployer effectivement chaque fonctionnalité migrée sans attendre représente un avantage considérable et mérite de chercher les solutions techniques pour y arriver.

Dans certains cas, l'application strangler n'est pas possible et il est malgré tout envisageable d'éviter un remplacement en « big bang ». Une solution face à une vieille application Windows (pour laquelle il n'est donc pas possible d'intégrer progressivement des écrans venant d'une nouvelle application) peut être de simplement mettre les deux applications en ligne en parallèle, utilisant la même base de données. On peut, par exemple, commencer par développer une nouvelle application qui se contente d'afficher les informations en lecture seule, mais de façon beaucoup plus claire pour les utilisateurs. Ensuite, on permet progressivement de plus en plus de choses dans cette nouvelle interface. Cette situation apporte un élément intéressant : les utilisateurs peuvent être amenés à choisir eux-mêmes d'utiliser l'ancien ou le nouveau système. C'est le meilleur test pour valider que la nouvelle application apporte de la valeur. À nouveau, on peut espérer qu'après un certain temps, plus personne n'utilise l'ancien système et qu'il puisse être supprimé.

Comme toujours, c'est le principe agile qui compte (délivrer régulièrement de la valeur – cf. *Principe 1* dans le chapitre *4. Agile*) et pas les détails pratiques.

Rapidité

Comme on l'a vu dans la partie *Résultat pas utilisé* du chapitre *3. Méthodologies légères*, les méthodologies agiles visent à produire un maximum de valeur pour un coût minimum.

Cela veut dire que si le résultat pour l'utilisateur correspond à ce dont il a besoin, la qualité du code n'a pas d'importance en tant que telle.

Cependant, ces méthodologies apportent également une vision à long terme dans laquelle le coût des changements futurs est également à prendre en compte (cf. *Coût et rentabilité* dans *Tests unitaires*, chapitre *7. Extreme Programming*). En effet, selon le code, un changement à faire dans un programme peut être très simple ou très compliqué, prendre du temps et provoquer de nombreux bugs qui vont eux-mêmes consommer beaucoup de temps et d'énergie plus tard.

On comprend alors qu'une attention particulière aux choix faits pendant la programmation peut garantir une livraison des fonctionnalités de façon régulière et éviter une augmentation quasi exponentielle du temps nécessaire comme on le voit trop souvent.

C'est pour cette raison que de nombreux agilistes promeuvent – et développent également – une multitude de principes et bonnes pratiques de programmation.

Parmi ceux-ci, on retrouve le *clean code*, les principes *SOLID*[79], les *design patterns*, *don't repeat yourself* (DRY), *keep it simple, stupid* (KISS), *you aren't gonna need it* (YAGNI)… et bien d'autres. De nombreux ouvrages existent sur ce thème, et le livre de Robert C. Martin « *Clean Code: A Handbook of Agile Software Craftsmanship*[80] » est une excellente référence pour aborder le sujet.

Quelques questions à se poser

Et vous ? À la perspective de ces idées, que pourriez-vous améliorer dans votre organisation ?

- Combien de temps est-ce qu'un développeur reste dans une situation où son code ne compile pas en moyenne ? Des minutes ? Des heures ? Des jours ?
- À quelle fréquence le code est-il enregistré dans le système de source control commun ?
- Avez-vous un projet de réécriture en cours ? Combien a-t-il coûté jusqu'ici et quel en a été le bénéfice ? Ne serait-il pas possible d'utiliser en production ce qui est déjà réalisé dans le but d'en retirer quelque chose dès maintenant ?

---

[79] SOLID = Single responsibility principle, open/close principle, Liskov substitution principle, interface segregation principle, dependency inversion principle.

[80] Robert C. Martin, *Clean Code: A Handbook of Agile Software Craftsmanship*, Prentice Hall, 2008.

Partie II

LA CHAÎNE DE VALEUR

Le sujet de la partie précédente concernait le développement d'un logiciel et les différentes pratiques qui peuvent en améliorer processus. Cependant, la valeur pour le client n'est pas entièrement créée là. Il faut encore lui fournir l'application, l'héberger sur des serveurs et en assurer le bon fonctionnement tout au long de la vie du système.

Cela va être le fil rouge de cette deuxième partie : élargir l'évolution des processus et méthodologies à l'ensemble de la *chaîne de valeur*, c'est-à-dire de la demande du client jusqu'à la mise en place du service qui répond à sa demande.

Après un rapide résumé de ce qui a été vu jusqu'ici, le premier chapitre concernera les pratiques et outils qui permettent de réduire le délai entre la fin du développement et la disponibilité effective de la nouvelle version en automatisant toutes les vérifications nécessaires et en facilitant les déploiements.

Le chapitre suivant abordera DevOps, un mouvement maintenant très populaire qui, au travers de nouveaux outils et d'un changement de culture, tente notamment de résoudre les problèmes des équipes de production avec les solutions des équipes de développement.

DevOps s'inspire également de Lean, méthode de gestion de production qui découle directement des principes créés par Toyota dans ses usines. Celle-ci a été appliquée à l'informatique pour donner Lean Software Development, qui fera l'objet d'un chapitre dédié. Celui-ci sera directement suivi par un autre sur Kanban, la méthode très flexible également inspirée de Lean et qui se focalise entre autre sur l'accélération progressive de la rapidité de livraison.

Rappels et résumé

Avant d'aborder les chapitres suivants, il est nécessaire de faire un rappel sur ce qui a été vu jusqu'ici.

Le problème

À la création d'une entreprise – comme au début de l'informatique des années 60 – peu d'organisation structurée est prévue pour les services informatiques. La proximité de chacun avec ses collègues et le périmètre réduit du système informatique ne requièrent pas plus, et pendant un certain temps cela fonctionne très bien.

Malheureusement, la taille de l'organisation et du système augmentant, une crise se produit immanquablement : le service ne fonctionne plus, des données sont perdues, etc.

La solution que toute personne logique, dans un monde d'ingénieurs, apporte à cette crise est de rajouter des contrôles là où il y a eu un problème. Une définition précise du processus à suivre dorénavant et une spécialisation des rôles sont établies pour renforcer la connaissance et le respect des procédures.

Le drame est que la nature très complexe des systèmes informatiques mène invariablement vers une crise malgré tout. La réponse classique est de déclarer qu'on n'a pas encore assez de contrôles et de processus standardisés. Il en faut plus.

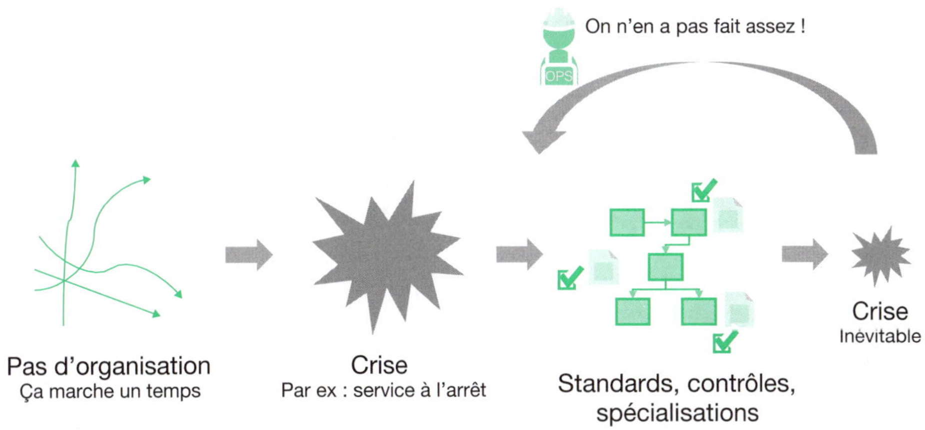

On observe le même mécanisme dans la gestion de projet : un projet qui ne délivre pas mène à une organisation par phase de type waterfall. Les personnes se voient désignées des rôles et on vise à tout prix à respecter le planning. Le projet finit malgré tout en retard et on décide de nouveaux contrôles, rapports d'avancement et autres mesures de ce genre pour le projet suivant.
Dans les deux cas, toutes ces procédures prennent du temps à suivre, les formulaires sont longs à remplir et on s'enfonce ainsi progressivement sous une bureaucratie paralysante.
Les impacts sont multiples :

- Une perte de temps importante (et donc d'argent).
- On reporte les changements et les livraisons de projet car c'est de plus en plus lourd à réaliser.
- Cela entraîne une perte de compétitivité par rapport aux concurrents qui ont su éviter cette situation (ou qui n'y sont pas encore, comme la plupart des start-up).
- Il en résulte une perte de motivation pour la majorité des employés et les gens ne font plus d'effort. C'est un cercle vicieux.

Agile - Une approche différente

L'approche agile tente d'éviter cette situation en appliquant le minimum de règles nécessaire pour éviter les crises.
Ses principes les plus importants sont :

- L'ensemble des gens qui réalisent le produit travaillent ensemble et collaborent un maximum avec le client. Ils sont motivés et se fixent un but commun.
- L'auto-organisation permet à ces gens de définir la meilleure manière d'arriver à leur objectif.
- On fonctionne avec de petits cycles qui fournissent des résultats concrets (sur le principe *planifier, faire, mesurer, adapter*).
- Ceci est fondamental : ça s'applique aux questions organisationnelles (par ex. faire des sprints) et techniques (par ex. tester quotidiennement) ainsi qu'à tous les niveaux : sprint / daily standup, tests d'acceptance / tests unitaires...
- La répétition réduit la difficulté : si une tâche « fait mal » il faut la faire plus souvent. L'automatisation (de tout) permet d'aller très loin dans cette direction.

Méthodologies

De nombreuses méthodologies proposent des pratiques qui vont dans ce sens.

Scrum

- Sprints
- Product Owner
- ...

Extreme Programming

- Tests unitaires / Test driven development
- Intégration continue
- User stories
- Pair programming
- ...

Autres

- Planning poker
- Behavior driven development
- Visual management
- ...

Planning Plantes

11/02/23 : Kokedama x 2
+ Terrarium (pipeHe

20/02/23 : —

28/02/23 : Kokedama x 2
+ Terrarium (pipette)

12/03/23 : "

19/03/23 : Kokedama x 2 + Terrarium

26/03/23 : K x 2 + Ficus + Terrarium

02/04/23 : K x 2 + Ficus + Terrarium

09/04/23 : K x 2 + Ficus + Terrarium

16/04/23 : ☒ + ☒ + ☒

23/04/23 : ☒ + ☒ + ☐

30/04/23 : ☐ + ☒ + ☐

07/05/23 : ☐ + ☒ + ☐

14/05/23 : ☐ + ☒ + ☐

21/05/23 : ☒ + ☒ + ☐

28/05/23 : ☐ + ☒ + ☐

Chapitre 10

Livraison continue

Comment mettre des changements en production rapidement et sans risque, d'une façon durable ?

Introduction

Un problème classique en informatique est quand une application fonctionne très bien sur l'ordinateur d'un développeur mais, une fois déployée sur un serveur de production, ne fonctionne pas. C'est évidemment très mauvais pour l'image donnée aux clients mais cela peut aussi provoquer des dégâts pour le business de celui-ci (par exemple un site de vente qui ne serait plus accessible à cause du dernier déploiement). On a donc un risque critique au moment où on déploie une nouvelle version en production.

La réponse classique pour réduire ce risque est de mettre en place de nombreuses étapes de vérifications entre le moment où le développeur déclare avoir terminé et le moment où on déploie sa nouvelle version. ITIL[81] va ainsi nous encourager à réunir régulièrement un *CAB meeting* (Change Advisory Board) dans lequel un *change manager* et d'autres experts vont analyser chaque changement demandé par les différents départements. Ils vérifieront que les preuves du fait que le processus a bien été suivi correctement sont fournies et valides. Par exemple, ils regarderont la conclusion des rapports provenant de l'équipe de testeurs et de l'équipe de sécurité. Ils contrôleront également l'existence d'une procédure d'installation détaillée qui

[81] ITIL est un cadre de référence pour la gestion d'un département informatique (cf. chapitre *2. Le modèle waterfall*).

servira à l'équipe opérationnelle pour pouvoir installer sans la présence des équipes de développement. Ils exigeront avec ça les instructions de *rollback*[82] pour le cas où un problème surviendrait.

Malheureusement, la quantité de travail et de bureaucratie supplémentaire nécessaire réduit très fortement la capacité à faire évoluer le produit. Tout est sacrifié au profit de la stabilité du service existant. Ce n'est qu'une question de temps avant que la concurrence ne propose un meilleur service plus intéressant et rafle les clients déçus par le peu d'évolutions.

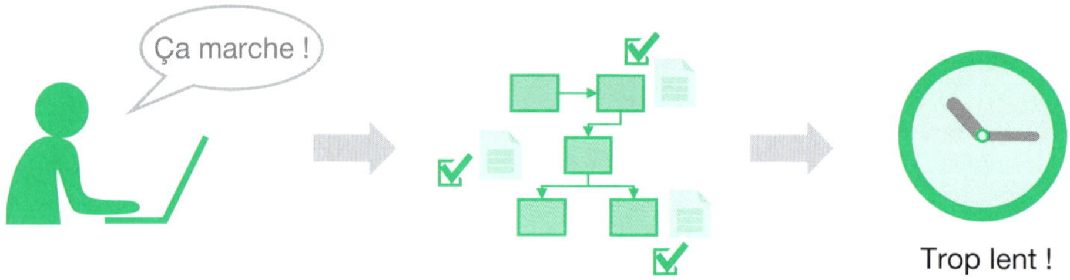

Une meilleure solution pour réduire le risque lié à la mise en production est de mettre en place une série de vérifications automatisées. On se reposera alors un maximum dessus pour décider de déployer ou non.

On va pouvoir lancer des suites de tests automatisés, qui donnent des résultats très rapidement et de façon systématique. Certains tests de sécurité peuvent même être aussi automatisés. Du côté des déploiements, pratiquement tout est automatisable également. Ce point en particulier permet de réduire fortement le risque lié à la mise en production.

L'ensemble de contrôles exécutés automatiquement est ce qu'on appelle un deployment pipeline: à chaque étape, si le résultat est positif on passe à l'étape suivante, sinon on s'arrête. Seuls les packages qui ont passé toutes les vérifications atteignent ainsi l'environnement de production.

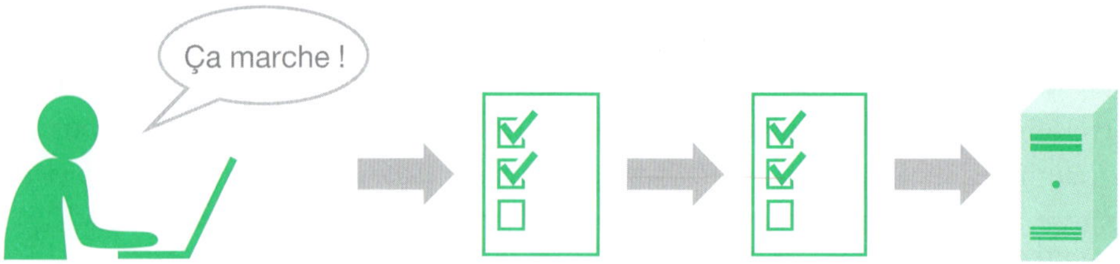

82 Rollback = retour en arrière vers la version précédente (en cas de problème suite au déploiement d'une nouvelle version par exemple).

Livraison continue

La livraison continue c'est la possibilité de mettre des changements en production rapidement et sans risque, d'une façon durable[83].

Livraison continue / déploiement en continu

On identifie deux stratégies de déploiement :

1. **La livraison continue**
   Comme recommandé par les principes agiles, chaque petit changement est fourni au client. Il est alors libre de choisir de déployer ce changement à ses utilisateurs ou non. Il s'agit dans ce cas d'une ***décision business et non technique***. Elle dépendra de la pertinence de fournir ce changement directement aux utilisateurs ou non, mais la technique en est capable si besoin est.
2. **Le déploiement en continu**
   Ici le choix est fait de limiter au maximum le temps entre le moment où on commence à travailler sur un changement et la disponibilité effective de celui-ci pour les utilisateurs. La confiance dans les systèmes de vérification automatique et dans la responsabilité des développeurs est telle qu'on choisit de déployer directement et automatiquement chaque changement dès qu'il est prêt. C'est le choix fait pour certains types de changement (par ex. corrections de bugs) par des sociétés telles que Facebook, Amazon, Netflix, ...

Objectifs

Diminuer le risque

Aussi contre-intuitif que cela puisse paraître, un des principaux objectifs recherchés lorsqu'on déploie de façon très fréquente est de diminuer le risque lié à cette opération. Pour comprendre ce raisonnement, il faut penser à la phrase *« Si ça fait mal, faites-le plus souvent. »* En effet, repousser le déploiement car cela ne se passe souvent pas bien et on a peur des conséquences n'est pas une stratégie qui fonctionne à long terme.

Au contraire, s'entraîner à cette opération en répétant les gestes aura de multiples avantages :

1. Cela permettra de développer les compétences et connaissances nécessaires pour que cela se passe sans problème. Mieux : à force, on sera tenté d'automatiser tout ou une partie du processus. Ce qui réduit encore fortement le risque d'erreur.

[83] Cf. https://continuousdelivery.com.

2. Diminuer la quantité de changements inclus dans chaque release (ainsi que leur taille) limite les possibilités d'impact et donc de problème. De plus, il sera plus facile de concentrer les vérifications autour de ces modifications.
3. Si certaines évolutions techniques du système posent problème lors de l'utilisation en production, il est préférable d'avoir ce feedback au plus tôt. Cela permettra d'arrêter le développement tant que le problème n'est pas réglé.

Progrès réel

Une nouvelle fonctionnalité n'est réellement finie que lorsqu'elle est utilisée par le client. Pour cela, il faut être capable de la lui délivrer directement. L'alternative qui consiste à accumuler les fonctionnalités développées en attente d'un déploiement futur et de malgré tout rapporter à tout le monde que tout ce travail est déjà fini est peu réaliste. Dans la réalité, le management et le client subiront l'effet « barre de progression de Windows » : tout avance bien, jusqu'aux 10 derniers pourcents qui s'éternisent...
C'est au moment où le client utilisera les fonctionnalités qu'apparaîtront les manquements et bugs et qu'il faudra les corriger. Ce qui provoquera encore plus de retard dans la disponibilité des fonctionnalités. Ce sera la crise.

Feedback client

Comme on vient de le voir, les retours du client ne seront disponibles que lorsqu'il aura réellement utilisé l'application. On aura beau avoir discuté avec lui, et même, fourni des versions de test, on n'aura jamais eu que des informations sur ce dont il pense avoir besoin. L'utilisation réelle est le véritable test, et observer attentivement le comportement des utilisateurs permettra d'orienter de la meilleure façon la suite des développements.

> On comprend ici que la livraison continue est un critère essentiel pour permettre l'**agilité**.

Deployment Pipeline

Comme expliqué dans l'introduction, ce qu'on appelle un *deployment pipeline*[84] est une chaîne d'outils qui vont chacun valider un aspect du produit avant de le déployer. Les vérifications effectuées sont multiples et diverses et chacun installera ce dont il a besoin. Le terme a été popularisé par Jez Humble et David Farley en 2010 dans leur livre *Continuous Delivery: Reliable Software Releases through Build, Test, and Deployment Automation*[85].

---

[84] De nombreux noms existent pour le même concept : deployment pipeline, continuous delivery pipeline, build pipeline...

[85] Jez Humble et David Farley, *Continuous Delivery: Reliable Software Releases through Build, Test, and Deployment Automation*, Pearson Education, 2010.

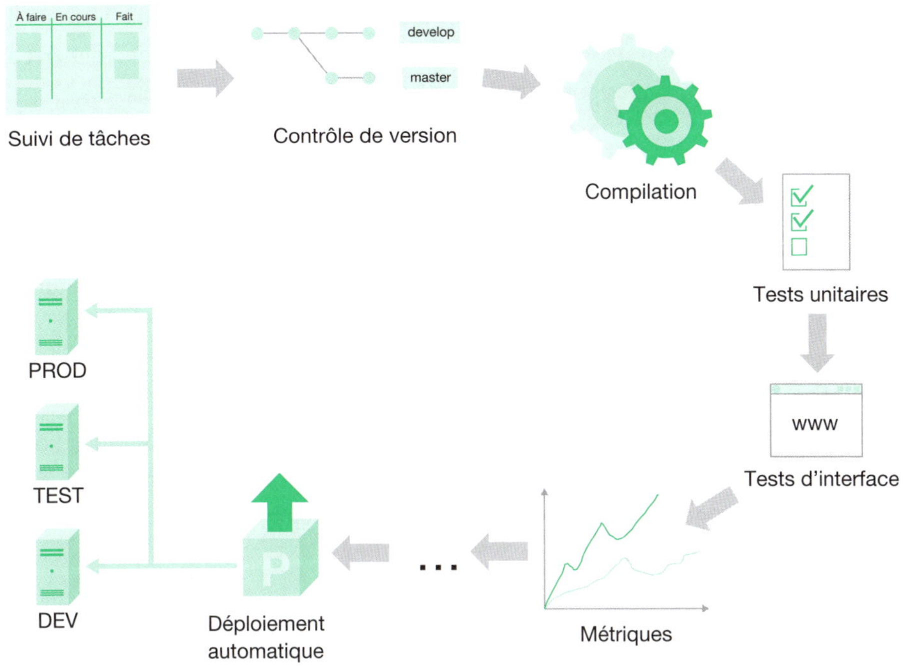

Suivi de tâches

Bien que ne faisant pas réellement partie de ce qu'on désigne généralement par *deployment pipeline*, un outil de suivi de tâche est souvent lié aux autres outils.

Il s'agit simplement d'une application dans laquelle on fera le suivi du travail à réaliser. Chaque tâche y sera présente avec son statut et de nombreuses autres informations. Très souvent, on aura une vue « tableau » pour représenter les tâches comme des post-it sur un tableau.

Maintenir cette application à jour peut demander un peu de temps quotidiennement et peut sembler lourd de prime abord. Surtout si un tel suivi est déjà réalisé avec un tableau de tâches avec des post-it par exemple.

Cependant, les avantages sont nombreux et il n'est pas inutile de l'envisager (ou d'au moins essayer) :

1. **Suivi de projet**
   La première utilisation qui vient à l'esprit est la possibilité de voir l'état d'avancement des développements. On pourra même générer des graphiques si cela nous aide à mieux interpréter notre état d'avancement et à voir s'il reste beaucoup à faire.
2. **Release notes**
   En gardant une trace électronique de chaque développement réalisé, on peut bien plus facilement constituer des release notes (liste des changements apportés pour chaque version). Selon les projets cela peut être plus ou moins

important, mais ne pas être capable de dire ce qui change dans la nouvelle version du produit ne semble pas professionnel et peut vite mener à des erreurs ou malentendus. Des post-it peuvent aussi permettre de faire cela.

3. **Historique**
   Ce qui n'est, par contre, pas possible de faire simplement avec un tableau de tâches « physique », c'est retrouver d'anciennes informations sur le projet. Est-ce qu'on a bien délivré telle ou telle fonctionnalité ? Qu'est-ce qu'on a fait de cette demande du client ? Pourquoi n'a-t-elle pas été implémentée ? Qui l'a annulé ?
   Avec un outil qui garde l'historique de tout ce qui a été fait, on garde cette connaissance utile en cas de question à l'avenir.
4. **Documents et informations**
   D'un point de vue organisationnel, il peut être pratique de rassembler toutes les informations relatives à la demande à un même endroit : email envoyé par le client, fichier Excel d'exemple, photo d'un schéma fait à la main, remarques faites par l'équipe lors d'un backlog grooming...
5. **Utilisable à distance**
   Enfin, la plupart de ces outils sont des applications web[86] qui peuvent donc être rendues accessibles via un intranet ou Internet. Toutes les équipes qui ont des membres travaillant parfois ou toujours d'un autre bureau ou de chez eux seront donc très intéressées de pouvoir échanger et se tenir à jour grâce à cette application.

i

Concrètement, certaines équipes décident de garder leur tableau avec post-it pour sa flexibilité. D'autres investissent dans de grands écrans tactiles qui permettent d'utiliser une application d'une façon qui s'approche du tableau de post-it.

Contrôle de source

Également appelé *contrôle de version* ou *versionning*, le contrôle de source est l'élément *indispensable* pour tout développement de plus d'une journée ou de plus d'une personne. Il s'agit d'outils tels que : git, mercurial, subversion, team foundation source control... dans lesquels on va sauvegarder le code source et chacun de ses changements au fur et à mesure de l'avancement du travail.
Ce qui en fait un indispensable c'est :

1. **Centralisation**
   Avec plusieurs personnes engagées dans le développement, il est nécessaire de rassembler le travail de tout le monde à un seul endroit. Cela permet aussi de synchroniser tous les programmeurs.

86 Voici quelques exemples d'application web pour gérer le travail : Trello, Redmine, Jira, YouTrack.

2. **Backup**
   L'intérêt le plus important est peut-être l'assurance d'avoir tout au long du développement une sauvegarde de l'ensemble du code source produit. Il est évidemment nécessaire d'avoir également une sauvegarde du serveur de contrôle de source lui-même. Mais le simple fait de ne pas garder le résultat de son travail uniquement sur son ordinateur est primordial : aussi peu probable que ça puisse paraître, il arrive de temps en temps qu'un disque dur ne fonctionne plus, qu'un mauvais dossier soit effacé… et il faut donc se protéger contre ça au lieu d'être désolé après.
3. **Retour**
   Grâce à ce système, on va aussi pouvoir revenir en arrière sur son travail. Cela change fortement la donne : on sera tout d'abord bien content de pouvoir annuler une mauvaise décision et retrouver sa version d'avant, mais cela changera également notre attitude face au code : on n'a aucune peur d'essayer tout ce qu'on veut, on sait qu'on peut à tout instant retrouver sa version qui fonctionne.
4. **Historique**
   Quand on parle de *source control*, on pense surtout à une liste de changements datés et qui permettent de retrouver à tout moment ce qui a été changé, par qui et quand. Très souvent, on liera chacun de ces changements à une tâche de l'outil de suivi de tâches et on pourra ainsi également répondre au *pourquoi*. C'est évidemment très pratique de pouvoir toujours visualiser les différents changements qui ont été apportés à un fichier afin de pouvoir comprendre le résultat actuel, de pouvoir aller poser une question à la personne qui a écrit tel ou tel morceau de code, etc.
5. **Versions en parallèle**
   Lorsqu'on développe, on peut être amené à avoir plusieurs versions de son code : une qui correspond à ce qui est actuellement en production, une nouvelle version qui est à tester, une avec un changement expérimental qu'on ne s'attend pas à mettre en ligne tel quel, etc. Il est très vite difficile de gérer ces différentes versions en parallèle sans un outil de contrôle de source. Celui-ci permettra de facilement stocker les différentes versions et de passer de l'une à l'autre sans problème ni risque. Sans ça, on peut être en difficulté si on doit corriger un problème qui se trouve en production alors qu'on est en plein milieu du développement d'un autre changement.

Il est très fortement conseillé de *tout versionner*. Tout fichier texte devrait être sauvegardé dans un tel système : code, schéma de base de données, configurations diverses, scripts de déploiement et autres… Seuls les gros fichiers binaires n'y ont généralement pas leur place.

Ces outils sont la plupart du temps disponibles sous la forme d'un programme en ligne de commande mais peuvent également être intégrés à l'explorateur de fichier ou à votre IDE. Le plus connu est git, à ne pas confondre avec github.com qui est un site hébergeant des serveurs git et une interface web qu'ils ont créée pour faciliter la gestion des projets open source (notamment grâce aux *pull requests* qui permettent de proposer un changement et de le soumettre à validation avant qu'il ne soit intégré au projet).

Extreme Programming

Les techniques d'*intégration continue*, de *tests unitaires* et *tests d'acceptance* ont été détaillées dans le chapitre *7. Extreme Programming*. Elles seront intégrées au *deployment pipeline* de façon à systématiser et automatiser un maximum toutes ces étapes.

Métriques

Certains outils permettent de suivre toute une série de métriques sur le code et de voir ses évolutions. On pourra notamment observer :

- Des statistiques sur le code : nombre de lignes, complexité, code dupliqué, respect des règles de codage...
- On parle d'*analyse statique de code*[87] car on lit simplement le code pour l'analyser.
- La quantité de tests, leurs résultats et la couverture du code par ces tests. Il s'agit d'*analyse dynamique de code* car il faut exécuter le code (au travers des tests) pour avoir les résultats.

Il faut être prudent en consultant ces métriques. Il est généralement plus intéressant d'observer l'évolution à chaque changement effectué plutôt que de vouloir tirer une conclusion à partir d'un seul rapport initial.

> Ces métriques sont des mesures techniques très utiles pour le développeur afin d'améliorer la qualité de son propre code.
>
> À l'inverse, les personnes non-techniques comme les managers n'ont généralement pas les connaissances et l'expérience nécessaires pour les interpréter correctement. Il est donc très dangereux et généralement contre-productif qu'un responsable se base sur des métriques techniques qu'il ne maîtrise pas pour prendre des décisions ou pour mesurer l'équipe et ses membres. Elles ne sont tout simplement pas faites pour cela.
>
> C'est un principe soutenu par les méthodologies légères : les mesures comme moyen de gestion des gens sont inefficaces et contre-productives.

Un des outils open source les plus populaires pour le suivi de ces métriques est SonarQube[88].

---

[87] En anglais on dit également *to lint*, du nom d'un outil populaire d'analyse statique de code.

[88] Cf. https://www.sonarqube.org.

Couverture de code

Une des métriques les plus souvent mentionnées est la couverture de code [par les tests]. Il s'agit d'identifier quelle proportion du code de l'application est vérifiée par les tests automatisés. Pour déterminer cela, on exécute l'ensemble de la suite de tests et on observe l'exécutable qui tourne. On peut ainsi faire le parallèle avec le code et identifier les parties des sources qui ne sont pas appelées pendant cette exécution.

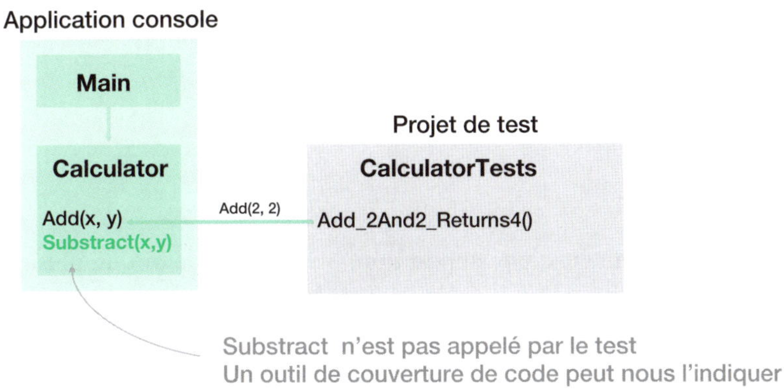

Cette métrique est un outil très pratique pour les développeurs, mais uniquement s'ils en comprennent l'utilité et les limitations.

En effet, l'utilisation de cette métrique dans différentes situations nous montre que :

- La couverture de code permet au développeur d'identifier des oublis dans ses tests, et donc d'améliorer la qualité des tests.
- Identifier le code qui est couvert ou non, ligne par ligne, est le principal intérêt, bien plus que le pourcentage global.
- Avoir un objectif chiffré n'a pas de sens car :
  - Il peut être acceptable de laisser certaines parties du code avec moins ou pas de test. Un chiffre donné globalement sans distinction ne sera probablement pas indicatif.
  - Il est possible de modifier le pourcentage sans modifier la logique du code ni du test. En conséquence, un objectif chiffré encouragerait parfois des choix qui ne sont pas dans l'intérêt de l'application ou même des modifications contre-productives (qui pourraient rendre le code moins lisible par exemple).
  - Exécuter du code avec un ensemble de données défini n'est parfois pas suffisant pour s'assurer de la qualité et on peut vouloir l'exécuter à nouveau avec d'autres données. Dans ce cas, les tests seront améliorés mais la couverture ne changera pas. Il serait dommage de ne pas le faire à cause d'un objectif mal pensé.
  - Le fait que du code soit appelé par un test ne garantit en rien que le test vérifie les bonnes choses. Il ne sert peut-être même à rien !

Une couverture de 100 % n'est parfois pas assez !

Pour trouver une alternative au pourcentage de couverture, il faut probablement revenir à l'objectif initial de ceux qui le réclament : pouvoir définir si les tests automatisés nous permettent de décider si on peut déployer une nouvelle version sans vérification supplémentaire. Pour cela, la meilleure solution reste de demander à l'équipe si un développeur étranger à l'équipe peut faire un changement dans leur code et l'envoyer directement en production dans le cas où tous les tests passent. Selon leur réponse, on saura si ces tests nous donnent effectivement l'assurance de ne casser aucune fonctionnalité ou non ! On peut aussi casser quelque chose volontairement et regarder les résultats des tests, juste pour voir…

Déploiements

Environnements

Pendant le développement d'une application, on va avoir besoin de plusieurs environnements. C'est-à-dire plusieurs instances de l'application qui tournent en parallèle et vont servir à différentes choses.
Chacun définit ses besoins en la matière, mais on retrouve souvent au moins les environnements suivants (avec d'autres noms éventuellement).

Local

Il s'agit simplement de la version en cours de développement sur la machine du développeur. Idéalement il devrait être indépendant de tout service externe et pouvoir fonctionner sans aucune connexion. Cela évitera des temps morts en cas de panne et des interactions involontaires avec le développement d'autres personnes (dans le cas d'une base de données commune par exemple).
On peut y faire toutes les expérimentations qu'on veut sans aucun risque d'impacter qui que ce soit d'autre.

Développement / intégration

Quand on est à plusieurs personnes à travailler sur le même code source, il est nécessaire d'avoir à disposition la version intégrée avec les changements de chacun. L'environnement de développement sert à ça.
On y fait un maximum de tests pour repérer tout défaut de développement. On va aussi pouvoir repérer des problèmes liés aux différences entre la machine du développeur et celle du serveur qui héberge l'environnement de développement : différente configuration de serveur, fichiers locaux non enregistrés dans git...

Acceptance

Parfois appelé « recette », l'environnement d'acceptance (pour *User Acceptance Tests*) va servir à fournir une version de test au client. On pourra lui faire des démos avec des données réalistes et lui donner la possibilité de tester lui-même l'application.

L'intérêt de séparer cette instance de celle de développement est d'avoir une version déjà plus stable, testée techniquement. Car à ce stade on veut du feedback sur l'utilisation du produit, plus savoir s'il marche ! Les clients ont rapidement une impression négative si vous leur soumettez une application qui plante parce qu'un développeur a intégré ses derniers changements récemment.
On va en profiter pour maintenir la configuration de cet environnement-là la plus identique possible à celle de production. C'est en effet la dernière possibilité de repérer un problème et on ne voudrait pas que ça marche ici et pas en production à cause d'une différence de configuration, de permissions, de réseau, etc.

Production

C'est l'environnement utilisé réellement par le client.

Les coûts de maintenance

Avoir des environnements différents a un certain coût d'infrastructure mais – on l'a vu – ils sont très utiles.
On pourrait être tenté de les multiplier sans limite pour comparer différentes versions, fournir une instance de test par équipe, par client... mais il ne faut pas négliger le coût de maintenance que représente chaque instance. En effet, pour maintenir ces applications à jour il faudra constamment déployer les nouvelles versions et débugger les éventuels problèmes qui peuvent arriver. On finit vite par ne pas suivre le rythme et on se retrouve alors avec des environnements qui ne sont pas à jour ou qui ne fonctionnent pas. Ici aussi, on va très rapidement avoir une impression négative et ne plus faire confiance à cet environnement (et donc ne plus l'utiliser).

Déploiements automatisés

La solution au problème de coût de maintenance est l'automatisation des déploiements. Cela se fait en commençant très simplement par des scripts bash ou powershell[89] « faits maison » qui reproduisent les actions qui étaient jusqu'alors manuelles. Selon la taille de l'infrastructure on voudra peut-être aller plus loin en utilisant des outils comme Octopus Deploy[90] (payant) qui permettent de gérer l'exécution de ces scripts sur l'ensemble des serveurs avec des règles plus ou moins compliquées.

[89] Bash et powershell sont des interpréteurs de ligne de commande (et donc d'exécution de scripts) respectivement pour Linux et pour Windows.
[90] Cf. https://octopus.com.

Les avantages sont nombreux :

Environnements à jour

On l'a vu, maintenir les différentes installations de l'application à jour peut être laborieux. Le coût est ici réduit à zéro et il n'y a donc aucune raison pour ne pas déployer systématiquement les nouvelles versions partout où il faut.

Temps d'exécution

Déployer une application manuellement peut prendre un peu de temps et n'est généralement pas très amusant à faire. Surtout quand ça se répète régulièrement. L'automatisation va permettre de gagner ce temps. Cela veut aussi dire que la nouvelle version sera disponible dans un temps record.

Pas de bugs

Lors d'un déploiement manuel, les possibilités d'erreur sont nombreuses et il n'est pas rare que des problèmes découverts par la suite proviennent en réalité de l'installation et de la configuration plutôt que d'un bug réel dans l'application. Cela génère évidemment une grande perte de temps et d'argent, sans parler de ces erreurs quand elles sont détectées sur l'environnement de production.

Déploiement en production facile

Cette pratique va nous apporter un avantage très important : les déploiements effectués sur les différents environnements seront identiques. Cela veut dire que quand on voudra passer en production, le risque sera bien plus faible d'avoir une erreur car on aura déjà déployé exactement de la même manière – avec le même script – de très nombreuses fois sur les autres environnements. On pourra donc se détendre et appuyer sur le bouton !

i

Certaines sociétés (comme Amazon) poussent l'automatisation un cran plus loin en inventant le concept de «système immunitaire de production». Le système qui déploie est relié à un système de monitoring qui surveille une série d'indicateurs liés à l'utilisation de l'application. En cas de dérèglement soudain (par exemple plus personne ne clique sur le bouton «acheter») la version précédente sera remise automatiquement en ligne sans intervention humaine. Des opérateurs viendront ensuite analyser ce qui s'est passé avant de prévoir une nouvelle mise en production. Bien entendu, actuellement peu de sociétés arrivent à ce niveau d'automatisation.

Avec la virtualisation de l'infrastructure, certaines entreprises automatisent également la création de nouvelles machines à chaque déploiement (cf. *Infrastructure as Code* dans le chapitre *11. DevOps*).

Blue / Green deployment

Le blue / green deployment est une stratégie de déploiement.
L'idée est d'avoir deux infrastructures parallèles identiques pour le même environnement : la bleue et la verte.
On procède comme suit :

1. Les utilisateurs sont tous redirigés vers une des deux infrastructures (la verte dans notre exemple).
2. On commence le déploiement par l'installation de la nouvelle version sur l'environnement inutilisé (ici le bleu donc, représenté en gris dans le schéma ci-dessous). On peut prendre notre temps et vérifier que tout est bien configuré correctement.
3. On redirige les utilisateurs vers la nouvelle version (la bleue) et on attend un certain temps pour voir si tout se passe bien. On surveille attentivement l'activité pendant quelques heures.

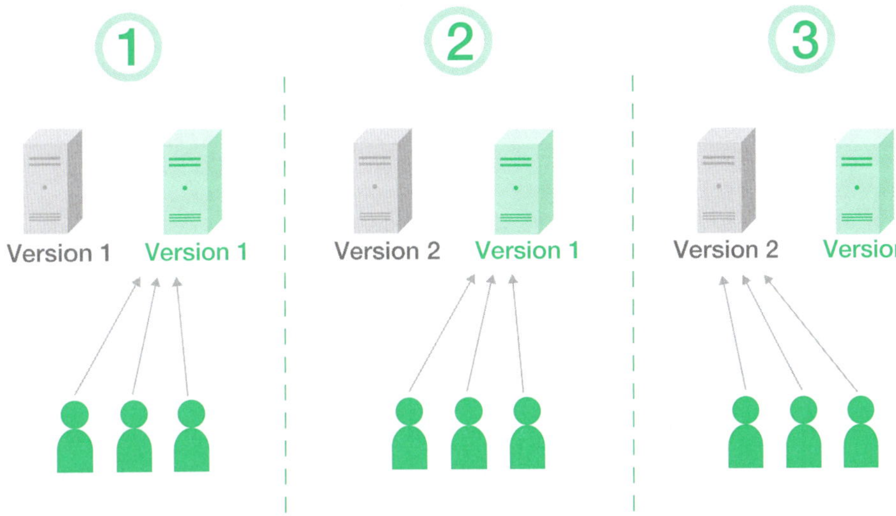

Avantages

- On n'a aucune coupure de service, ce qui est indispensable dans de nombreux cas, notamment lorsque le système est disponible via internet.
- En cas de problème, la version précédente est toujours installée sur l'environnement vert : on peut rediriger tout le trafic vers celui-ci pour faire un *rollback*[91] instantanément et prendre le temps d'investiguer ce qui n'a pas été correctement avec la nouvelle version.

[91] Rollback = arrêter l'opération en cours et revenir à la version précédente.

Optimisation

On peut remarquer que la plupart du temps, la moitié des serveurs sont inutilisées : les utilisateurs ne sont que sur une des deux infrastructures. Cela amène beaucoup d'entreprises à ajouter une 4ème étape à ce processus :

1. Une fois la stabilité confirmée, on met les serveurs verts à jour également. On peut alors équilibrer le trafic entre les deux infrastructures. Cela permet d'être prêts à supporter des pics d'activité par exemple. Attention au fait que cela oblige malgré tout à être capable de fonctionner avec la moitié de serveurs pendant le déploiement et les heures qui suivent.

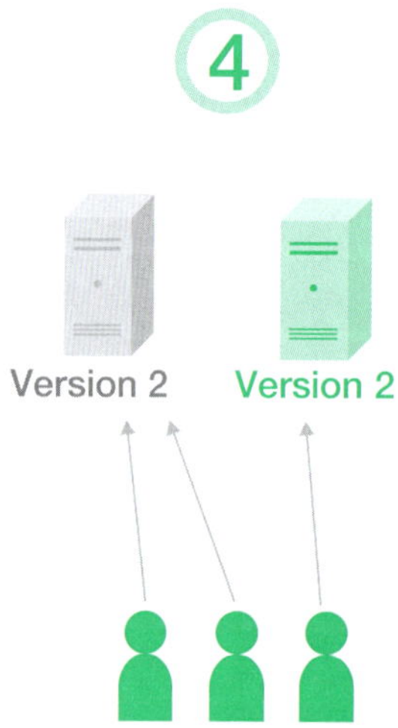

Base de données

Nous avons ici uniquement parlé de déploiements d'une application, mais on veut souvent mettre également une base de données à jour en même temps. Cela peut-être bien plus compliqué car il n'est pas possible d'avoir une base de données avec l'ancienne structure pour l'application en version 1 et une autre base de données mise à jour avec la nouvelle structure pour les serveurs hébergeant déjà la version 2. En effet, les données des utilisateurs qui continuent à faire usage du système doivent être à jour pour tout le monde et ils doivent donc tous utiliser la même base de données à un instant donné.

La solution est alors de ne faire que des changements rétro-compatibles. On pourra par exemple ajouter une colonne dans une table mais ne pas en retirer ou renommer une. Des stratégies existent pour le faire malgré tout, en découpant la modification en plusieurs étapes.

La qualité de la base de données, comme celle du code, conditionne les possibilités de changements futurs. Elle doit donc continuer d'évoluer sans garder de vestiges qui ne sont plus utiles et « polluent », comme pour le code.

Feature toggles

Une situation qui arrive fréquemment est que deux fonctionnalités d'un produit existant soient en préparation en parallèle et qu'un des développements se termine avant l'autre. Comme on l'a vu dans le chapitre sur l'intégration continue, il vaut mieux que tout le code soit réalisé sur la même branche. Une même version commune. Mais comment peut-on alors déployer la fonctionnalité qui est prête alors que l'autre ne l'est pas encore?

Un *feature toggle* est simplement une condition dans le code qui détermine si on utilise la fonctionnalité ou pas. Un `if (featureXIsActivated) { ... }` (en simplifié). Si le développeur qui n'a pas encore terminé a inclus son nouveau code dans cette condition, on va pouvoir déployer tout le code et laisser la partie qui ne fonctionne pas encore désactivée.

Une fois le développement de la deuxième fonctionnalité terminé on déploie le nouveau code. Ensuite, il suffira d'activer la nouvelle fonctionnalité quand le client le souhaite. Cela peut être immédiatement, mais aussi à une date ultérieure. Par exemple pour l'affichage d'une nouvelle campagne promotionnelle qui doit se faire à une date exacte.

Avantages

On a donc 3 avantages:

1. On peut déployer du code non terminé et donc développer tous ensemble sur la même branche (***intégration continue***).
2. On découple la mise en ligne d'une nouvelle fonctionnalité de son déploiement physique: on offre plus de flexibilité pour le client.
3. En cas de problème, on peut très facilement faire marche-arrière (*roll-back*) et désactiver la fonctionnalité avant d'investiguer.

Coûts

Malheureusement, cette technique a de nombreux coûts qui ne sont pas négligeables.

1. Tout d'abord, il y a un coût de développement des conditions, du système de gestion de la configuration des feature toggles, etc.
2. Il va falloir multiplier les tests pour couvrir les différentes combinaisons. Est-ce que tout fonctionne bien avec la fonctionnalité désactivée? Est-ce toujours le cas quand elle est activée? Même si on essaie d'être raisonnable, on peut vite être amené à exécuter une quantité de test qui augmente exponentiellement avec le nombre de feature toggles et toutes leurs combinaisons.
3. La complexité qui est ajoutée entraîne une maintenance plus importante tant que les feature toggles sont présents dans le code: chaque modification de comportement demandée devra les prendre en compte.

4. Il est donc nécessaire à un moment donné de « nettoyer » ces feature toggles et de supprimer tout le code qui correspondait aux conditions pour ne laisser que le code de la fonctionnalité elle-même. Cela a également un coût.

Si on décide d'utiliser ce genre de technique, il vaut donc mieux se limiter à un feature toggle à la fois et le retirer avant de passer à autre chose, une fois que la fonctionnalité est terminée.

Dans la pratique, il suffit parfois de bloquer un point d'entrée de la nouvelle fonctionnalité pour que tout le reste du nouveau code ne soit jamais appelé (désactiver uniquement la partie affichage d'un nouveau module sur un écran, refuser les appels qui utilisent une nouvelle opération dans le cas d'une API, ou même, retirer un élément du menu et ajouter une restriction de sécurité sur la page web correspondante). Dans ce cas, la complexité reste gérable (attention malgré tout à assurer le niveau de sécurité nécessaire pour éviter les accès directs non désirés à ces nouvelles parties).

Alternative

Une alternative possible pour déployer le code qui n'est pas encore terminé sans avoir le coût des feature toggles est de le développer d'une façon à ce qu'il ne remplace pas encore le code existant.

Par exemple on pourra écrire une nouvelle méthode dans une classe sans l'appeler[92]. Ce code peut être enregistré dans git sans que cela n'ait d'impact. Ensuite, lorsqu'on est satisfait du nouveau code, on n'a qu'à changer l'appel de l'ancienne vers la nouvelle méthode et supprimer le vieux code.

Cette technique fonctionne, bien évidemment, également en écrivant une nouvelle classe ou tout un module qui remplace l'ancien module une fois qu'il est prêt. Attention toutefois à ne pas travailler trop longtemps sur ce module sans qu'il ne soit réellement appelé car on n'a pas le véritable retour de l'utilisation en production.

Tout comme les feature toggles, cette technique demande une certaine discipline aux développeurs mais cela en vaut souvent la peine et évite malgré tout le coût important des feature toggles.

Canary Releases

Lorsqu'on déploie une nouvelle version d'une grosse plateforme, on aimerait parfois ne pas le faire d'un coup et voir ce que ça donne à une petite échelle avant d'impacter tous les utilisateurs.

C'est l'objectif des *canary releases* (nommées en rapport avec les canaris qui servaient aux mineurs à être prévenus en cas de risque lié au gaz présent dans la mine).

Pour réaliser cela, on va pouvoir utiliser les 2 techniques qu'on a vues précédemment.

---

92 Cette technique est appelée *parallel change*, ou *expand & contract*. Cf. https://martinfowler.com/bliki/ParallelChange.html

Via feature toggle

On peut développer un feature toggle qui sera activé uniquement pour certains utilisateurs.
Le critère peut être ce qu'on veut. Par exemple, tous les employés internes de la société, une communauté de fans du produit qui désirent tester les nouvelles fonctionnalités (version « bêta ») ou simplement une région limitée. De cette façon, on pourra élargir le groupe progressivement jusqu'à ce que tout le monde utilise la nouvelle fonctionnalité.

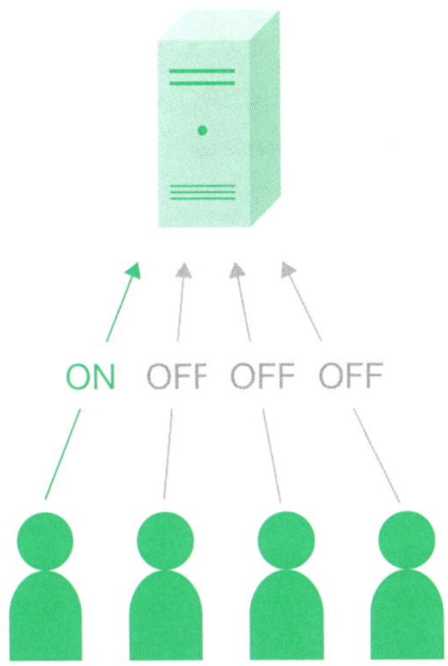

Via la même logique que blue / green deployment

Une façon plus simple est de déployer les nouvelles versions sur certains serveurs et pas d'autres dans un premier temps. On peut alors y rediriger une petite partie des utilisateurs pour voir ce que ça donne.

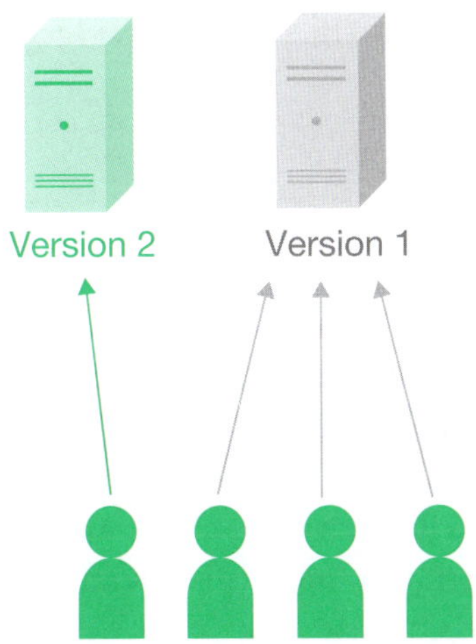

A/B testing

Parfois ce n'est pas la stabilité d'une nouvelle version qu'on veut tester, mais son efficacité. On a confiance dans le fonctionnement de la mise à jour, mais on ne sait pas si elle améliore réellement l'utilisation. Par exemple, une nouvelle page de paiement avec un bouton « Payer » plus gros qu'avant. On peut se demander si on va réellement obtenir plus de conversion (nombre d'achats effectifs par rapport au nombre de visites).

Dans ce cas, on peut faire ce qu'on appelle du *A/B testing*. L'idée est de faire tourner les deux versions en parallèle et de mesurer certains indicateurs (comme le taux de conversion sur une page). Cela donnera des résultats chiffrés pour déterminer l'impact de la nouvelle version. C'est une approche bien plus scientifique pour améliorer le produit que de faire des essais sans jamais réellement savoir si on va dans la bonne direction.

Il est nécessaire d'avoir un grand nombre d'utilisateurs pour que les résultats de ce genre d'approche statistique soient valides. Sur de petits nombres, les variations « normales » ont trop d'impact et on ne peut pas conclure que la différence est bien liée à la nouvelle version.

Comme les canary releases, l'A/B testing peut être réalisé via des *feature toggle* ou une approche similaire au *blue/green deployment*.

Résumé

Objectif	Nom	Via feature toggle ?	Via blue/green deployment ?
Tester une version sur quelques utilisateurs pour se rassurer	**Canary release**	Oui	Oui
Comparer les résultats de 2 versions	**A/B testing**	Oui	Oui

Petites user stories

Pour arriver à délivrer des fonctionnalités de façon régulière comme défini dans le manifeste agile, il est essentiel d'arriver à découper les grosses fonctionnalités en de plus petites qui peuvent être finies et livrées progressivement. Comme on l'a vu dans ce chapitre, des solutions techniques existent pour démultiplier le nombre de déploiement et obtenir ainsi un délai plus court entre le début d'un développement et la livraison effective au client en production. Cependant, si le développement de chaque fonctionnalité prend énormément de temps, on perd une grande partie de l'intérêt et le délai pour le client reste long.

Si, par exemple, on prévoit une release tous les 3 mois et que les fonctionnalités à délivrer représentent chacune plusieurs semaines de travail, on peut espérer que tout soit prêt à être délivré à temps.

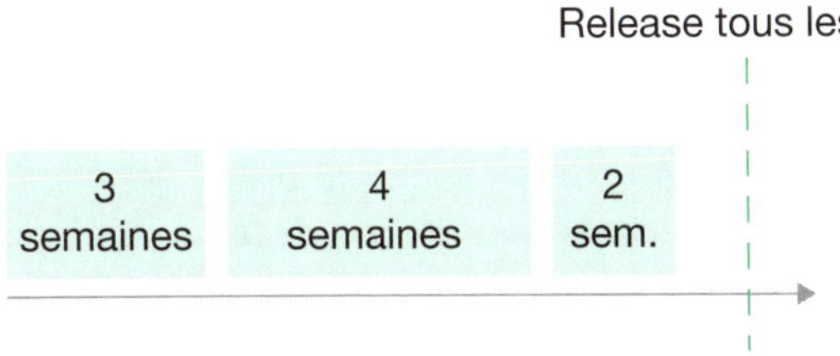

Si, par contre, on a la capacité de délivrer toutes les 2 semaines, à la prochaine date de livraison rien n'est prêt, il n'y a rien à déployer. Le client ne reçoit rien, donc aucune valeur ajoutée pour lui pour le moment et aucun retour pour nous[93]*.*

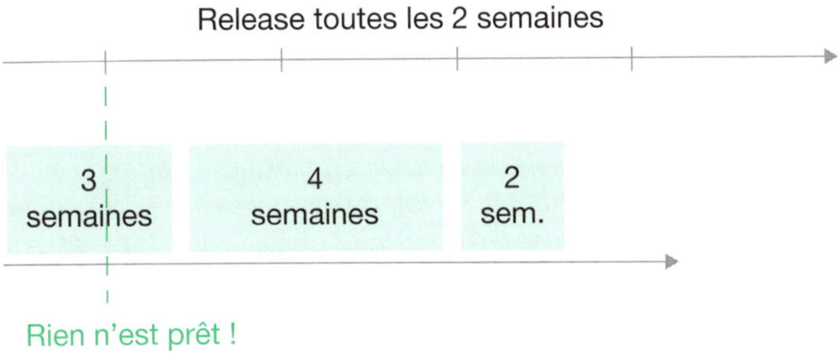

Il est possible de résoudre cela si on arrive à découper le travail à faire en plus petites parties ***qui ont déjà de la valeur ou un intérêt pour le client***.

Si on découpe nos 3 fonctionnalités, peut-être qu'une première partie pourra déjà être livrée lors de la première release prévue dans seulement 2 semaines.

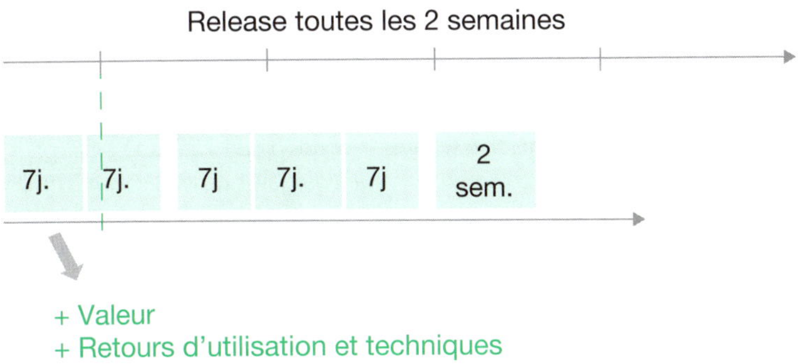

[93] Cf. *Principe 1* du chapitre *4. Agile*.

L'idée est bien de fournir une véritable fonctionnalité à l'utilisateur, pas de déployer un morceau de code qui ne change pas grand-chose ou ne sert encore à rien. Cela peut sembler difficile à première vue, mais en se forçant on peut voir une version simplifiée de la fonctionnalité demandée qui pourra être déployée dans un premier temps, en attendant que les améliorations soient apportées par la suite.

La question à se poser face à une fonctionnalité est : « Quel est le plus petit changement qu'on peut faire et qui apporte déjà de la valeur au client ? »

i

Pour bien comprendre de quoi on parle et ne pas rester sur des principes théoriques, voici un exemple réel. Dans l'industrie du paiement électronique, mon équipe a reçu la demande de réaliser un envoi d'email quotidien à chaque marchand avec un fichier Excel reprenant l'ensemble des paiements réalisés pendant la journée. Il fallait que chaque marchand puisse configurer cet envoi de rapport pour indiquer notamment les adresses de destination et la fréquence d'envoi (quotidien, hebdomadaire, mensuel…).
Nous aurions pu délivrer l'ensemble de la fonctionnalité d'un coup, mais cela allait prendre un certain temps car nous avions plusieurs limitations techniques à surmonter dans le système existant. Ce n'aurait pas été un problème si les releases n'étaient pas prévues que tous les 2 mois, avec la prochaine opportunité de déployer qui arrivait à grands-pas et certains clients très impatients d'obtenir ces nouveaux rapports. Il nous fallait donc une solution rapidement. Fort heureusement, notre approche agile nous a permis d'identifier des sous-fonctionnalités et de construire le système progressivement.
On commence toujours par la même question : « Quel est le plus petit changement qu'on peut faire et qui apporte déjà de la valeur au client ? » L'envoi d'email semblait évidemment indispensable, avec une exécution chaque nuit. Par contre, notre système d'envoi d'email ne supportait pas encore plusieurs pièces jointes, on décida donc d'envoyer plusieurs emails si plusieurs fichiers étaient présents. La flexibilité de changer la fréquence via une interface web n'était pas non plus indispensable, exit l'interface web.
Cela nous a permis de délivrer en production cette première fonctionnalité très basique. Il n'était même pas possible pour un marchand de l'activer lui-même puisqu'aucune interface web n'était disponible. Mais nous pouvions l'activer nous-mêmes pour nos quelques marchands privilégiés qui désiraient ardemment recevoir ces rapports. Et la configuration qu'ils voulaient était justement un envoi quotidien, donc pas besoin de flexibilité à ce niveau-là. Au final, pour ces quelques clients la valeur était là, à un coût très bas et dans un délai plus rapide que ce qu'on aurait proposé autrement. Un autre avantage insoupçonné fut que l'absence d'interface web visible pour les utilisateurs nous a permis de configurer le système avec nos propres adresses email pour des gros clients et d'utiliser la fonctionnalité en production avant eux, avec de vrais volumes de données.
On a pu ensuite ajouter les autres possibilités progressivement : d'abord une interface pour que le marchand puisse activer le système et indiquer l'adresse email de destination, ensuite regrouper les emails en un seul avec plusieurs pièces jointes, puis proposer plusieurs fréquences possibles…

Transformer une fonctionnalité à réaliser en une liste de plusieurs petites fonctionnalités représente une flexibilité inédite. En effet, il arrive souvent qu'un changement de priorité soit imposé à une équipe en plein milieu de développement d'une fonctionnalité qui prend plusieurs semaines. Il en résulte généralement beaucoup de code mis « de côté » à attendre une éventuelle reprise, qui n'arrive souvent jamais, pour diverses raisons. Avec de petites fonctionnalités qui ne prennent que quelques jours à développer et mettre en production, lorsque le changement de priorité arrive on ne perd pas tout : ce qui est déjà en production apporte déjà de la valeur au client. De plus, ce qui est gaspillé est bien moins important car il ne s'agit que du travail des derniers jours, et peut-être même qu'on pourra simplement terminer la petite fonctionnalité en cours puisqu'il ne reste qu'un jour ou deux de travail pour pouvoir la délivrer au client. Avec une fonctionnalité qui nécessitait encore 2 semaines de travail cela n'aurait pas été possible.

En fournissant les bases de la fonctionnalité progressivement aux utilisateurs, vous leur donnez la possibilité de réaliser qu'ils ont peut-être assez avec ce que vous avez déjà fourni et qu'il n'est pas nécessaire de faire le reste. L'effort pourra alors être réaffecté à des fonctionnalités à plus haute valeur ajoutée.

Reste enfin une question qui revient systématiquement : *« Est-ce que ça en vaut la peine ? »* On a vu les avantages directs pour nos clients d'une telle approche, mais qu'en est-il du coût ?

Pour certains, chaque fonctionnalité nécessite beaucoup de travail administratif : renseigner de nombreux champs dans un outil de suivi, préparer une fiche détaillée à imprimer pour mettre sur le tableau de tâches, imaginer un titre sous le format *« As a client I want to use the feature in order to save time »* mais également rédiger tous les critères d'acceptance sous la forme *« Given I open the application, and I am logged in, and when I use the feature, then I see this, and I see that and ... »*.

Cela peut prendre un certain temps pour une fonctionnalité, mais si on multiplie celles-ci la charge de travail augmentera considérablement !

La solution est alors de se rappeler que le but des user stories est justement d'identifier une fonctionnalité à développer tout en limitant le temps de préparation. Il faut chercher à remettre en question et supprimer tout ce qui peut l'être en dehors de la création de la valeur ajoutée pour le client. C'est la définition du gaspillage de Lean[94] : tout ce qui n'est pas demandé par le client et qui n'est pas indispensable pour délivrer le produit.

Est-il vraiment nécessaire de remplir tous ces champs dans un outil de suivi ? Faut-il passer beaucoup de temps à définir une phrase décrivant la fonctionnalité dans un format particulier si toute l'équipe et le client s'entendent clairement sur ce qu'il y a à faire et pourraient le résumer en quelques mots simples ? Les critères d'acceptance doivent-ils suivre cette syntaxe ultra-détaillée ou est-ce qu'une autre forme plus simple pourrait fournir les mêmes avantages (principalement le fait d'avoir une spécification basée sur des exemples au lieu de descriptions) ?

Si on se rappelle que la user story n'est qu'une base pour la conversation à avoir avec le client au moment où on travaille dessus, on réalise que beaucoup de temps peut

[94] Cf. *Éliminer le gaspillage* dans *12. Lean Software Development.*

être économisé. Avoir une ou plusieurs user stories définies pour la même quantité de développement ne devrait alors pas représenter une grande différence.

Quelques questions à se poser

Et vous ? À la perspective de ces idées, que pourriez-vous améliorer dans votre organisation ?

- Est-ce qu'il vous arrive d'entendre « *Pourtant, ça marchait sur ma machine* » ?
- Êtes-vous stressé lorsque vous mettez quelque chose en production ?
- Vous est-il possible de déterminer quels sont les changements de code qui sont inclus dans une nouvelle version et pour quelles demandes ?
- Si les disques durs de tous les ordinateurs de votre entreprise sont effacés par un virus, pouvez-vous récupérer le code de toutes vos applications ? Et les schémas DB ou les configurations des applications ?
- Pouvez-vous déployer en production quand vous le voulez tout en ne prenant aucun risque particulier ? Combien de temps cela prend-il ?
- En cas de doute, êtes-vous capables de tester une nouvelle version sur un petit nombre d'utilisateurs seulement ?
- Vous serait-il possible de délivrer seulement une partie des fonctionnalités sur lesquelles vous travaillez en ce moment tout en donnant de la valeur à votre client ?
- Avez-vous du code mis sur le côté, jamais déployé en production, attendant un éventuel jour où on en fera quelque chose ?
- Consacrez-vous beaucoup de temps à rédiger du texte pour chaque user story en sachant que ce texte va à la poubelle une fois la fonctionnalité livrée ?

Chapitre 11

DevOps

Les principes agiles appliqués à l'ensemble de la chaîne de valeur.

Introduction

On a, jusqu'ici, beaucoup parlé des principes agiles et de comment ils peuvent aider une équipe de développeurs. On a vu, notamment grâce à Scrum et à Extreme Programming, qu'en retirant la séparation entre les rôles (d'analyste, de développeur et de testeur par exemple) on obtenait une bien meilleure collaboration et un résultat ayant nettement plus de valeur.

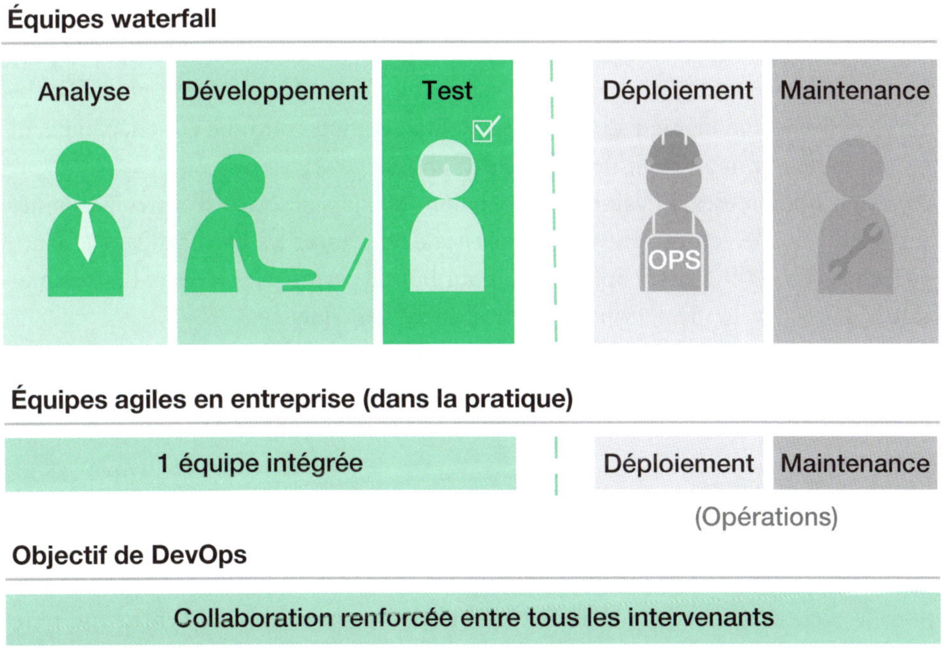

Cependant, puisque le mouvement agile s'est développé jusque-là principalement autour du développement d'application, on constate qu'une barrière subsiste dans la plupart des grandes entreprises à la frontière de cette nouvelle équipe agile. Au-delà de cette ligne, les départements en charge de l'infrastructure, des systèmes, des réseaux, etc. ne profitent pas de ces nouvelles idées. C'est, en effet, très souvent ici que nos bonnes pratiques agiles s'arrêtent et que les vieilles habitudes reprennent le dessus : on délivre le produit, avec une documentation qui décrit comment l'installer, le configurer et faire la maintenance à l'avenir. On retourne ensuite tranquillement à nos développements, or le manifeste agile parlait bien de délivrer rapidement le produit au client.

Les entreprises souffrent donc souvent d'un manque de collaboration entre ces deux groupes. Et le mouvement DevOps vise précisément à s'occuper de ce problème en proposant plus d'interactions et de nouveaux outils opérationnels.

Historique

Le mouvement DevOps doit son nom à un belge : Patrick Debois. C'est un professionnel de l'IT qui s'intéresse tant au développement qu'à la gestion des systèmes qui hébergent les applications.

Vers la fin des années 2000, il est amené à travailler avec des équipes de développement d'une part, et des équipes opérationnelles d'autre part. Il constate alors un manque flagrant de collaboration. Il réalise rapidement que les solutions des uns peuvent résoudre les problèmes des autres et inversement. Il essaie donc d'encourager les échanges pour le bénéfice de tous.

En 2009, John Allspaw et Paul Hammond sont présents à la conférence Velocity pour y faire leur présentation *« 10 deploys per day : Dev and Ops cooperation at Flickr. »* Ils y décrivent une manière de travailler où l'intégration continue et le déploiement en production sont au cœur des activités de chacun.

Après de nombreuses réflexions et discussions sur le sujet avec d'autres personnes qui font le même constat, Patrick Debois décide de lancer les DevOpsDays à Gand, également en 2009. Cette conférence a pour but de partager les idées et bonnes pratiques qui se développement petit à petit dans ce domaine.

Les années qui suivent la conférence sera organisée dans de nombreuses villes partout dans le monde. Le terme *DevOps* restera pour désigner ce mouvement.

Culture

Lorsqu'on parle de DevOps, on mentionne immanquablement que deux aspects sont nécessaires : *un changement de culture* et *un changement d'outils*. Tout le monde vous le dira, les outils sont facilement achetés, mais la culture de l'entreprise reste souvent inchangée. La raison est simple : il s'agit d'un changement bien plus subtil, moins clair à mettre en place que l'installation d'un outil. C'est pourtant un élément essentiel pour avoir un réel impact : *Valoriser les individus et leurs interactions plus que les processus et les outils.*

Collaboration

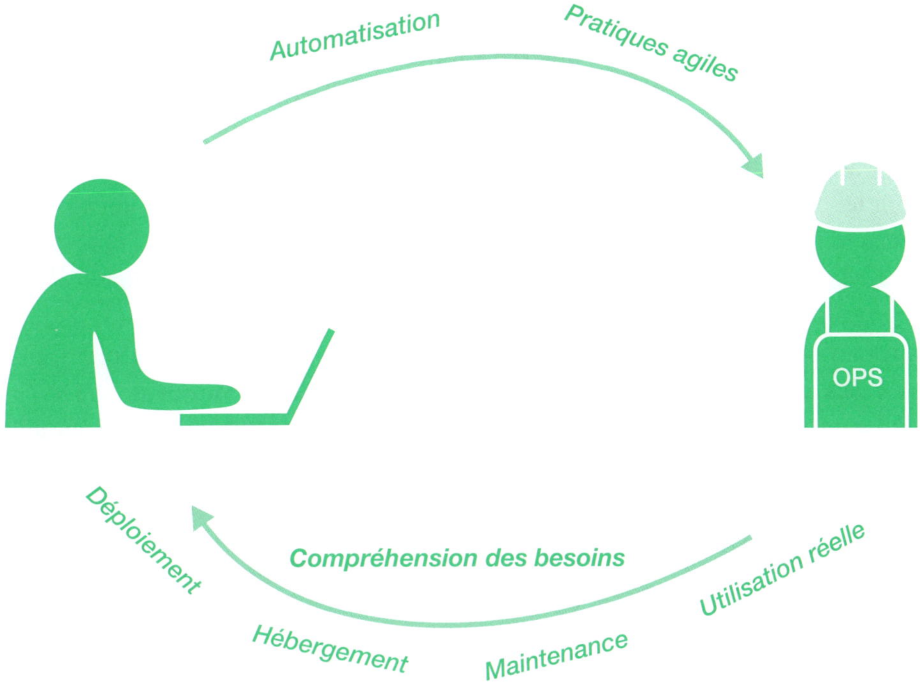

La coopération entre les développeurs et les équipes opérationnelles va être bénéfique pour tous :

Opérations

1. Ils vont pouvoir appréhender les bonnes pratiques agiles (organisationnelles ou techniques).
2. Ils auront de l'aide pour automatiser un maximum de tâches répétitives ou sujettes à erreurs.

Développeurs

1. Ils comprendront mieux comment est déployée leur application, comment elle est hébergée et les différentes tâches de maintenance à faire dessus. Cela leur permettra par exemple de faire des logs mieux exploitables ou d'améliorer les performances sur ce qui compte réellement.
2. Ils auront la possibilité de mieux comprendre les besoins des clients en observant l'utilisation réelle de leur produit.

Responsabilité partagée

Les méthodologies traditionnelles encouragent cette séparation. Les uns ayant pour mission de fournir de nouvelles versions des applications, les autres ayant en charge la gestion de ces applications au quotidien.

On constate directement une incompatibilité dans les objectifs de chacun : les uns doivent fournir de nouvelles versions le plus vite possible pour répondre aux besoins du marché tandis que les autres sont garants de la stabilité de la plateforme. Or, la meilleure façon de garantir une stabilité reste de ne jamais faire aucun changement ! Ils auront donc tendance à freiner des quatre fers pour chaque demande de déploiement.
Les travailleurs de ces deux organisations seront gérés par des équipes de managers dont les objectifs (et les bonus qui vont avec) s'opposent. Il n'est pas étonnant, dans ces conditions, de voir un manque de collaboration.
Une solution est d'aller à l'encontre de ce principe, et d'instaurer une ***responsabilité partagée***. L'idée est de donner les mêmes objectifs et responsabilités à tout le monde. Ainsi les problèmes des uns deviennent les problèmes des autres. Si la plateforme n'est plus disponible au beau milieu de la nuit, tout le monde risque de se faire réveiller par un appel. Si la nouvelle version a du retard ce sont toutes les équipes qui sont fautives et qui devront s'expliquer.
Cela limite la mentalité *« C'est de la faute de X »* et encourage chacun à se sentir impliqué dans des problèmes qu'il voit.

Culture

Dans la pratique, changer une telle organisation, qui fonctionne comme ça depuis des dizaines d'années, ne se fait pas facilement. Les managers des 2 côtés seront les premiers à ne pas voir d'un bon œil un rassemblement des départements : ils risquent d'y perdre leur place. Mais c'est l'ensemble des employés qui risquent de subir un gros chamboulement dans leur quotidien, cela ne plaira forcément pas à tout le monde.

Comment procéder ?

À l'heure actuelle, des solutions sont expérimentées mais pas réellement éprouvées. Deux possibilités sont souvent envisagées.

Des ingénieurs système vont dans les équipes de développement

Faire déménager les gens afin que les ingénieurs système soient assis dans les équipes de développement. Ils ont les permissions sur une partie des systèmes nécessaires pour l'équipe et peuvent servir de lien avec les autres techniciens responsables de l'infrastructure.
La communication sera améliorée. Plus de surprise quand une nouvelle version arrive. Pas besoin de documentation détaillée sur le produit puisque les personnes qui vont l'installer suivent le projet depuis le début avec le reste de l'équipe et connaissent déjà les besoins.
De plus, les développeurs auront de cette façon une vue directe sur les outils de monitoring pour voir l'utilisation réelle de leur application. Peut-être qu'une fonctionnalité n'est jamais utilisée ? Ou qu'une autre génère de nombreux warnings dont personne ne s'inquiète ?

> Le producteur est dans une bien meilleure position que le consommateur pour inventer de nouveaux designs et de nouveaux services. Est-ce qu'un propriétaire d'automobile en 1905 aurait exprimé le souhait d'avoir des pneus en caoutchouc si on lui avait demandé de quoi il avait besoin ?
>
> *W. Edwards Deming*

Il n'est pas toujours possible d'allouer un ingénieur opérationnel à chaque équipe de développement. C'est pour cette raison que certaines entreprises choisissent de ne pas modifier l'équipe Ops mais de simplement assigner à chaque équipe de développement une personne de contact (appelée *operations liaison*) qui s'occupera de toutes ses demandes opérationnelles.

Cette personne sera malgré tout bien présente aux réunions quotidiennes de l'équipe afin de pouvoir s'occuper directement des besoins qui apparaissent et d'en comprendre le contexte.

On voit parfois ce genre d'organisation être mise en place pour de gros projets et les ingénieurs systèmes progressivement revenir à leurs équipes quand on constate que le projet est bien lancé et a de moins en moins de besoins spécifiques.

L'équipe Ops fournit une plateforme aux développeurs

Une alternative plus douce est de progressivement amener les équipes système, infrastructure, réseau, etc. à fournir un service de plateforme d'hébergement aux équipes de développement, qui deviennent en quelque sorte des « clients ». Avec l'automatisation et la rigueur que les outils récents apportent on peut de plus en plus envisager de donner directement certains droits aux développeurs pour qu'ils créent eux-mêmes les serveurs dont ils ont besoin pour leurs projets. Les ingénieurs système sont alors responsables de maintenir cette plateforme mais plus des applications en elles-mêmes : celles-ci sont entièrement déployées et monitorées par les équipes (cross-fonctionnelles) de développement. On retrouve donc finalement les mêmes avantages que la solution précédente.

Il est également possible de faire appel à des services de *Platform as a Service* (PaaS) externes tels que ceux de Microsoft Azure, Amazon AWS ou autre pour externaliser la gestion entière de la plateforme. Le tout est alors fourni et maintenu à jour pour un prix mensuel. Une interface web permet de gérer ses serveurs, services et réseaux. Certaines variantes existent pour les entreprises dont la politique interne ne permet pas de tout externaliser, le système peut alors être installé sur des machines locales pour faire un « cloud privé ».

Ces deux différentes approches ne sont pas forcément mutuellement exclusives. On peut imaginer que la solution la plus réaliste soit un mélange des deux, où les développeurs peuvent construire ce qu'ils veulent dans des environnements de test et facilement collaborer avec les équipes Ops pour déployer la même infrastructure en production (cf. *Infrastructure as Code* dans le chapitre *11. DevOps*).

Projet ou produit

La prise de conscience sur le fait que la vie du produit ne fait que commencer à la fin du « projet » de développement mène à parler de plus en plus d'équipes produit et de moins en moins d'équipes projet. En effet, il est bien plus logique d'aménager l'organisation de telle façon que les personnes qui ont développé un logiciel restent présentes tout au long de l'utilisation de ce produit et en assurent la maintenance et le support.
Cela tranche avec la vision projet waterfall qui prévoyait de rassembler des personnes à un instant donné, les faire réaliser le projet et les envoyer ensuite sur d'autres missions. On mettait parfois même en place une équipe de maintenance chargée uniquement de régler les problèmes de l'application au quotidien pour tous les produits réalisés par des gens qui n'étaient plus là.

> You build it, you run it!
>
> *Werner Vogels*

« *You build it, you run it* » est une phrase attribuée à Werner Vogels, Chief Technology Officer chez Amazon.com. Elle signifie littéralement « *Vous le construisez, vous le faites tourner* » et est devenue un dicton populaire dans le mouvement DevOps car elle résume un point central de cette approche : mélanger les rôles de développement et de gestion des opérations en responsabilisant les équipes sur leur travail. Le message est clair : lorsqu'il y aura un problème avec l'application, ce sera à vous de le régler. C'est une motivation supplémentaire pour faire de la qualité dès le début et s'éviter ainsi de consacrer trop de temps en support par la suite.

Deployment pipeline

En plus de ce changement de culture et d'organisation, on va avoir besoin de mettre en place un *deployment pipeline*. C'est même par-là que commencent la plupart des entreprises car c'est plus simple et concret que changer la mentalité des membres du personnel.
Pour réduire le risque lié à chaque changement, les équipes opérationnelles exigent un processus où chaque étape, chaque déploiement, est vérifié manuellement par une personne ou un comité externe. Dans ITIL ce comité est appelé CAB (Change Advisory Board). On appelle parfois ces vérifications des *gates*.
Avec les pratiques agiles on va augmenter l'autonomie et les compétences des équipes de développement. De cette façon, on va pouvoir passer à un processus automatisé où les vérifications sont réalisées sans intervention manuelle.

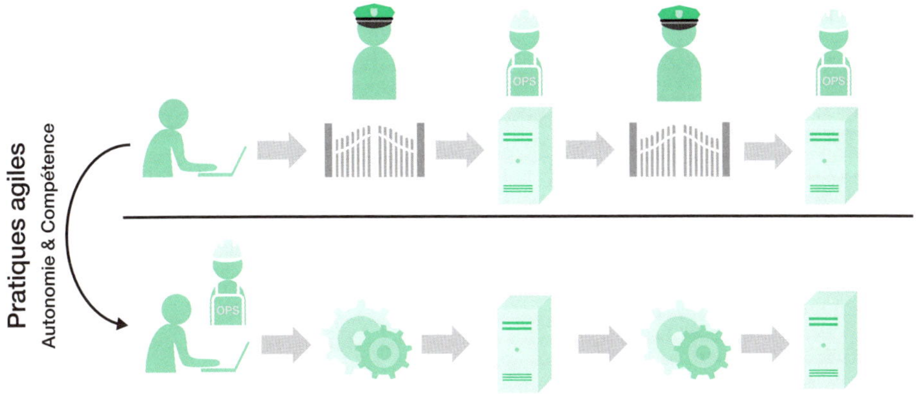

On va faire passer l'application au travers d'un deployment pipeline tirant profit de toutes les bonnes pratiques de livraison continue telles que le contrôle de sources, l'intégration continue, les tests automatisés, les déploiements automatisés... Cela fournit en réalité un *audit rigoureux* de qui a changé quoi et quand, de quelle version il s'agit, quels étaient les résultats des tests, etc. On était très loin de cette précision et fiabilité quand on suivait un processus où il fallait fournir des rapports écrits à chaque étape à un comité de validation et où tout reposait sur une méthode déclarative.

D'abord sceptiques, de nombreux membres du CAB sont ensuite séduits et, moyennant un droit de contrôle, acceptent cette automatisation et la progressive autonomie des équipes qui est alors rendue possible.

À partir de là, il devient très facile et rapide de mettre en production ! Tout le monde est aligné sur une suite d'outils que tous utilisent et dans lesquels on a confiance car on les emploie très régulièrement.

Infrastructure as Code

Problèmes

Les équipes DevOps sont confrontées à plusieurs défis.

Des serveurs comme des flocons de neige

La plupart des serveurs d'une entreprise sont comme des flocons de neige : bien que tous similaires, il n'y en a jamais deux identiques. Malheureusement c'est un véritable problème lorsqu'on désire avoir des machines fiables et prévisibles.

Quand on met à jour les serveurs, pour appliquer un patch correctif du système par exemple, on a régulièrement une erreur sur un des serveurs uniquement et pas sur les autres. Ce n'est pas normal : soit la mise à jour fonctionne, soit, elle ne fonctionne pas. On ne peut pas avoir un doute pour chaque serveur !

Configuration voulue

On se retrouve à devoir investiguer chacun de ces petits dysfonctionnements pour comprendre ce que ce serveur avait de différent des autres. Lorsqu'on trouve, se pose un autre problème : pourquoi est-ce que cette configuration est différente sur ce serveur ? Qui a changé ça et quand ? Y avait-il une bonne raison ? Peut-on remettre la même valeur que sur les autres systèmes sans risquer de casser autre chose ?
On ne sait pas quelles valeurs ont été mises expressément à l'installation et lesquelles sont juste des valeurs par défaut. Quelle est la configuration qu'on voulait réellement mettre ?

Audit

Dans le même ordre d'idée, au-delà de connaître la configuration souhaitée actuellement, on aimerait pouvoir suivre l'évolution de cette configuration. Quand a-t-elle été modifiée ? Par qui et pour quelle raison ? Quelles étaient les valeurs précédentes ?
Ces questions sont évidentes pour un développeur qui utilise un système de source control depuis toujours, mais elles ne le sont pas dans le monde de la gestion des serveurs et de l'infrastructure.
Pourtant, pouvoir y répondre pourrait aider à débugger et comprendre certains problèmes. Il y a également un intérêt de sécurité et de stabilité à pouvoir suivre tous les changements effectués sur les machines de production.

Nouveaux serveurs

Créer un nouveau serveur identique à un serveur existant prend généralement du temps, même avec une solution de virtualisation (encore pire pour l'installation d'une machine physique). On utilise souvent des modèles d'image mais le processus est compliqué et les modèles sont très vite dépassées.

Solutions

Plusieurs outils sont apparus pour régler ces différents problèmes. Pour ceux-ci comme pour d'autres on parle parfois d'outils *DevOps* car ils s'inspirent de certaines logiques chères aux développeurs pour résoudre des problèmes des équipes opérationnelles et ont été développés par cette communauté.
Parmi les plus connus on peut citer Puppet, Chef, Ansible, Desired State Configuration ou plus récemment Docker. Ces solutions ont toutes un point en commun : elles sont basées sur la définition de la configuration des serveurs (mais pas uniquement) sous forme de *fichiers texte*. On retrouvera dans celles-ci une description complète de tout ce qui est nécessaire sur chaque type de serveur.

> *Par exemple : « Pour nos serveurs applicatifs web il faut Debian 9.1 avec apache 2.4, php version 7.1.8... »*

On utilise alors ces outils pour créer les serveurs (virtuels) automatiquement. On met en place une *automatisation de l'infrastructure*.

Avantages

Cette solution apporte de nombreux avantages :

1. Tout d'abord, ces configurations sous forme de texte sont faciles à lire. Elles peuvent être mises à disposition des personnes qui en ont besoin et ces employés pourront en un coup d'œil voir l'inventaire des packages qui sont installés ainsi que leurs versions, les configurations de chaque application, etc. Plus besoin de se connecter à chaque serveur et d'aller voir. Ou pire : de se baser sur un document théorique écrit par quelqu'un il y a plusieurs mois, voire plusieurs années... Les changements effectués peuvent être plus facilement communiqués car on peut donner une visibilité à tout le monde sur les modifications appliquées aux configurations. On peut ainsi éviter certaines surprises causées par des changements dont personne n'était au courant.
2. Puisque toutes ces configurations sont sous format texte, on va pouvoir les mettre dans un système de source control et bénéficier de ses nombreux avantages :
   - Historique exhaustif et fiable
   - Backup des configurations
   - Retour en arrière possible
   - Centralisé
   - Différentes versions (branches)
3. Les changements peuvent être proposés et même effectués par d'autres personnes que les ingénieurs en charge des systèmes. Un développeur peut ainsi lier l'activation d'un module apache sur les serveurs web au développement d'une fonctionnalité sur laquelle il travaille. Il est alors évident pour tous (et pour toujours) que ce module doit être activé pour cette fonctionnalité (et par la suite, que c'est pour cette fonctionnalité qu'on a activé ce module).
4. Enfin, les serveurs créés automatiquement sur base d'une configuration commune seront identiques, ce qu'on n'arrivait pas à obtenir manuellement, même avec toute la bonne volonté du monde.

> Tout cela va nous permettre d'avoir une livraison continue de l'infrastructure.

Chaos Engineering

Immutable Infrastructure

Ces nouveaux outils à disposition ont donné des idées à certaines personnes. Elles se sont demandé jusqu'où elles pourraient pousser leur capacité à remettre les systèmes en ligne après un incident majeur. Cet aspect a toujours été considéré avec attention par les professionnels du métier, mais le mouvement DevOps va provoquer une petite révolution dans le domaine.

En effet, avec des outils qui peuvent créer des serveurs de façon automatisée et sur base de configurations déjà définies, idéalement en cas de serveurs qui ne répondent plus il suffit de cliquer sur un bouton pour récupérer des serveurs avec la configuration qu'on avait avant.

Cela devient tellement facile qu'on finit par se dire qu'en cas de problème avec le serveur il vaut mieux le supprimer et le recréer sans se poser de question et analyser la situation après.

C'est ce que certains ont appelé les *Phoenix Servers*[95], en référence à l'oiseau qui renaît de ses cendres.

On peut même appliquer les principes d'immutabilité[96] empruntés au développement et ne jamais modifier le serveur ni sa configuration : en cas de changement on va simplement créer un autre serveur qui sera comme souhaité et supprimer le serveur existant. De cette façon, on est assuré que les serveurs correspondent toujours à leur configuration définie sous forme de texte. Si quelqu'un modifie un paramètre pour faire fonctionner quelque chose et oublie de mettre à jour la configuration centralisée, son changement sera automatiquement effacé au prochain renouvellement des machines. C'est une bonne chose car on veut garantir l'uniformité des serveurs ! On peut même, si besoin, décider de réduire les accès directs aux machines.

Chaos Engineering

Inspirée de la logique agile *« Si ça fait mal, faites-le plus souvent »*, une nouvelle culture de *service recovery* va voir le jour. On va commencer à se dire que l'unique façon de ne pas paniquer le jour où on aura un pneu crevé et d'éviter de découvrir qu'on n'a pas de pneu de rechange, qu'on ne sait pas comment le remplacer, ou qu'on n'a pas de cric pour lever la voiture... est d'essayer maintenant dans une situation tout à fait maîtrisée. Crevons un pneu un jour où on n'a pas besoin de notre voiture et essayons de le remplacer. Si c'est difficile, on peut recommencer chaque semaine. Avec une telle approche, le jour où on a un pneu crevé dans la rue on pourra le remplacer directement sans souci car on a l'habitude !

Netflix est une des premières sociétés à avoir appliqué ce principe jusqu'au bout : ils ont créé un programme baptisé *Chaos Monkey* dont l'unique fonction était de désactiver des services au hasard au sein de l'infrastructure de Netflix. En lançant cet outil sur une partie déterminée de leur plateforme, ils peuvent observer comment se comportent les systèmes de failover[97] et de recovery[98]. Il s'agit donc de tester la résilience

---

95 Cf. http://martinfowler.com/bliki/PhoenixServer.html.

96 En programmation, un objet immutable est un objet qui ne peut pas être modifié. Au lieu de le modifier, on crée un nouvel objet avec la propriété souhaitée.

97 Failover = système automatique de redirection vers un système redondant en cas de problème avec le système principal.

98 Recovery = restauration (idéalement automatique) du système après un incident.

de leur infrastructure en mesurant très précisément sa réaction à une défaillance d'un système. Sans cette approche, on aurait probablement géré cela uniquement de façon théorique, en courant le risque d'avoir de mauvaises surprises le jour où on a besoin de ce système de récupération.

Le but recherché est de mieux connaître les capacités du système actuel de façon à améliorer ses capacités de récupération automatique en cas d'incident. On en arrive à des systèmes qui repèrent qu'un service ne répond plus, créent un nouveau service pour le remplacer et redirigent toutes les requêtes vers le nouveau pour exclure le système défaillant en attendant investigation d'un technicien. Quel bonheur de ne pas se réveiller en pleine nuit pour gérer ça mais bien de pouvoir attendre le lendemain pour vérifier si aucune autre action n'est nécessaire !

i

Suite à ce succès, Netflix a développé le concept pour gérer un grand nombre d'incidents potentiels. Ils ont donné à cette suite d'outils le nom de Simian Army[99].

Quelques questions à se poser

Et vous ? À la perspective de ces idées, que pourriez-vous améliorer dans votre organisation ?

- S'il s'agit de personnes différentes, comment se passe le transfert de code vers les personnes qui installent les applications ?
- Vos équipes Ops ont-elles le réflexe d'automatiser tout ce qui peut l'être ?
- Les développeurs voient-ils l'utilisation de leur application en temps réel ? Peuvent-ils identifier ce qui n'est jamais ou rarement utilisé ?
- Si une application s'arrête de fonctionner sans autre indication, qui s'en inquiète ? Est-ce que les personnes qui ont développé l'application sont au courant ?
- Peut-on voir facilement quelle version de chaque application a été déployée où et quand ?
- Arrive-t-il à une mise à jour de fonctionner sur un serveur et pas sur un autre ? Pourquoi ? Ne sont-ils pas identiques ?
- Si un paramètre est activé sur un serveur, pouvez-vous dire pourquoi ? Dire qui l'a activé et quand ?
- Combien de temps vous faut-il pour créer un nouveau serveur ? Et pour recréer entièrement un environnement pour l'application ? Est-il possible de faire plus court ?

[99] Cf. https://medium.com/netflix-techblog/the-netflix-simian-army-16e57fbab116.

Chapitre 12

Lean Software Development

L'application des principes de Lean Product Development au développement de logiciel.

Historique

États-Unis

Pour comprendre ce qu'est Lean Software Development, il faut retourner dans le temps jusqu'au début du siècle passé.

On l'a mentionné dans le chapitre *3. Méthodologies légères*, cette époque correspond au début de l'industrialisation et, aux États-Unis, *Frederick Winslow Taylor* promeut ce qu'il appelle le *Scientific Management*: une méthode scientifique pour organiser le travail dans les usines. Celles-ci ont, en effet, progressivement remplacé l'artisanat et il n'existe pas encore de façon reconnue pour les organiser.

Il va encourager une distinction claire des cadres et des ouvriers. Les premiers auront le rôle de définir la façon optimale de travailler à un poste donné de la chaîne de production. Les ouvriers quant à eux devront suivre à la lettre les procédures définies pour eux. Chaque geste sera mesuré par les cadres afin de définir le temps exact requis et de ne pas autoriser plus que nécessaire.

Dans ces conditions, un ouvrier peut être formé en 10 minutes, car il n'a que quelques gestes à répéter toute la journée. Cela veut aussi dire qu'on peut remplacer n'importe qui en 10 minutes!

Les ouvriers n'ont plus le lien avec le résultat de leur production comme à l'époque de l'artisanat. Ils perdent le sens de leur travail.

Taylor considère que les travailleurs essaient de faire le moins possible tout en restant payés et qu'ils travaillent donc tous au rythme de celui le plus lent qui n'est pas renvoyé.

Un industriel, Henry Ford, est séduit (comme d'autres) par cette théorie et amène ses usines automobiles à un niveau de production de masse révolutionnaire pour

l'époque. Sa logique est la production en masse d'un même modèle de voiture (la modèle T, en noir) et les économies d'échelle pour obtenir un prix bas et vendre ses voitures à la nouvelle classe moyenne américaine (qu'il participe à créer). Il dit à ses vendeurs : *« Les clients peuvent avoir une voiture de la couleur qu'ils souhaitent, à condition que ce soit le noir »*. Cela lui permet de réduire les coûts en minimisant le nombre de chaînes de productions différentes nécessaires (la peinture noire qu'il avait séchait également plus rapidement). Il engage un grand nombre de personnes peu qualifiées pour remplir ses usines.

Il est à noter qu'en échange du travail répétitif et sans intérêt qu'il proposait, il offrait un salaire relativement généreux pour l'époque.

Japon

De l'autre côté du Pacifique, une famille d'industriels prend une toute autre direction. Les *Toyoda* sont dans la vente de métiers à tisser. Avec les évolutions techniques ils créent le premier métier à tisser automatique.

Leur politique est de produire la meilleure qualité possible et de se perfectionner continuellement pour éviter tout gaspillage. Ils vont chercher à embaucher des gens compétents et à les aider à développer leurs capacités au maximum. Ils investissent dans chacun de leurs employés et veulent donc éviter les départs car ils ne sont pas facilement remplaçables.

Dans les années 30, la famille décide de se lancer dans la production de voitures sous le nom de Toyota. Très rapidement l'efficacité de leurs lignes d'assemblages est indéniable : leurs voitures sont plus solides et moins chères que celles des Américains.

La reconstruction du Japon

Après la seconde guerre mondiale, le Japon passe par une phase de reconstruction. L'ingénieur américain *W. Edwards Deming* est envoyé pour aider et conseiller les Japonais. Ses idées nouvelles sur le management inspirent de nombreux industriels nippons. Parmi ses nombreux conseils de management[100], il encourage la création de qualité à la source du produit de façon à pouvoir réduire l'effort nécessaire au moment de vérifier la conformité à la sortie de la chaîne ainsi que pour les réparations éventuelles qui s'en suivent.

100 Certaines ressources sont disponibles en ligne sur le site du W. Edwards Deming Institute : https://deming.org.

Chez Toyota, l'ingénieur *Taichii Ohno* documente les bonnes pratiques de son entreprise dans ce qu'il appellera le *Toyota Production System*.
On peut résumer très fortement deux de ses points essentiels comme suit :

1. **Just In Time (ou Pull)** : Il ne faut produire les choses qu'au moment où on en a besoin, pas avant.
2. **Stop The Line** : Il faut garantir le bon fonctionnement automatique des lignes en s'arrêtant dès qu'un problème est détecté. On le résout alors avant de redémarrer. L'ouvrier a un rôle clé dans la décision d'arrêter la ligne et dans le choix de la solution car il est le mieux placé pour cela.

Lean

Le *Toyota Production System* va inspirer de nombreuses entreprises dans le monde entier. Dans la littérature on parle de *Lean Production* pour généraliser le modèle.
Par la suite, un modèle basé sur les mêmes principes va être créé, cette fois-ci pour les départements de développement de produit (conception et design des nouveaux modèles de voiture par exemple). C'est le *Lean Product Development*.
Dans les années 2000, *Mary Poppendieck* travaille chez 3M, une grande entreprise qui produit des articles variés tels que du papier-collant. Cette entreprise fonctionne sur base des principes Lean et Mary est au cœur de l'application de cette méthodologie. Son mari, Tom, est informaticien. Il connaît bien les problèmes classiques apporté par le modèle waterfall. À deux, ils envisagent d'appliquer les logiques de Lean au développement d'application. Ils sortent un livre en 2003 pour détailler leur méthodologie : *Lean Software Development*[101]. Dans l'ensemble, ils vont dans la même direction que les méthodologies légères des années 90.

Principes

Lean Software Development établit 8 principes inspirés directement de la mouvance Lean.

Éliminer le gaspillage

Un des principes les plus connus concerne ce qu'on appellera le « gaspillage ». Il s'agit de tout ce qui est fait mais n'apporte pas de valeur au client. Dans le développement d'application on retrouve malheureusement de nombreuses choses qui entrent dans cette définition.

[101] Mary Poppendieck et Tom Poppendieck, *Lean Software Development*, Pearson Education (Us), 2003.

Le travail en cours

Tout l'effort qui a été consacré à des choses qui ne sont pas encore terminées n'a encore rien rapporté. Une tâche à moitié faite ne sera potentiellement jamais achevée, et cela arrive beaucoup plus souvent qu'on ne veut le croire : un changement de priorité, des complications techniques...

Malheureusement le coût de ce travail en cours ne se limite pas à l'effort effectué jusque-là. En réalité, le temps consacré à la gestion de ce travail est également important : il faut suivre les différentes versions en cours, intégrer le code avec d'autres modifications... Pire : ce qui a déjà été réalisé peut se retrouver dans le chemin d'un autre développement et générer de la complexité pour quelque chose qui aurait été plus simple à réaliser sans ça !

Pour éliminer ce gaspillage, un élément essentiel est de travailler sur une petite chose à la fois et de la délivrer au client avant de passer au point suivant.

Procédures inutiles

Dans les grandes entreprises (mais pas uniquement), tout le monde est confronté à des procédures qui semblent inutiles ou dont l'utilité n'est pas évidente, pas justifiée. Elles ont souvent été mises en place à un moment donné pour essayer de répondre à un besoin, mais n'ont pas forcément été revues depuis. Le coût engendré par ces procédures est souvent minimisé et pas vraiment pris en compte. Or il peut être très important. Dans les cas où on se plie à la procédure uniquement parce que c'est obligatoire, cela peut même amener les employés à ne pas respecter les bonnes pratiques de leur métier uniquement pour éviter cette procédure laborieuse...

Des procédures partagées par tous sont indispensables pour assurer une cohérence dans le travail du groupe. Il faut cependant veiller à ce que :

- Elles soient régulièrement revues et adaptées si nécessaire.
- Leur intérêt soit compris et accepté par tous.
- Qu'on ait pris conscience du coût qu'elles engendrent et qu'il soit raisonnable.

Fonctionnalités inutiles

Au-delà du coût qui peut parfois être anormalement grand pour développer une fonctionnalité, on peut être confronté à un problème pire : il se peut tout à fait qu'une grande partie de ces fonctionnalités ne soient jamais utilisées !

De nombreux facteurs peuvent mener à ce résultat :

- Une demande du client qui lui semblait être une bonne idée mais n'en était pas.
- Une demande du client qui n'est pas réalisée comme il l'avait demandée.
- Les besoins du client ont changé.
- Aucun client n'a jamais demandé la fonctionnalité, on pensait juste qu'ils la voudraient (beaucoup plus fréquent qu'on ne le croit).

Une meilleure implication du client et une bonne collaboration avec lui seront donc indispensables. Il ne sert à rien de réduire les coûts de développement si aucune valeur ne sera apportée par la nouvelle fonctionnalité !

Changement de contexte

Le travail de développement, comme de nombreuses autres activités intellectuelles, nécessite une certaine concentration pour être efficace. Atteindre ce niveau de concentration, avoir bien en tête tous les éléments du problème, prend un certain temps (certaines études parlent de 15 minutes). Cela veut dire que lorsqu'on s'arrête dans ce qu'on fait et qu'on s'occupe de quelque chose d'autre avant de revenir à son activité principale il faut à nouveau consacrer ce temps avant d'être efficace.

C'est pour cette raison que les interruptions et le fait de travailler sur plusieurs tâches en même temps réduisent fortement l'efficacité d'une personne. On a vite tendance à penser qu'on gère ça mieux que les autres, mais il est difficile d'évaluer objectivement soi-même sa propre baisse de productivité.

Il faut éviter de travailler sur plusieurs projets en même temps pour éviter de devoir constamment se plonger dans un contexte différent.

Attente

Dans la plupart des entreprises le processus complet de développement prévoit l'intervention de nombreuses personnes. Les contraintes de disponibilité de chacun amènent souvent à mettre certaines tâches en attente jusqu'à ce qu'elles puissent être continuées.

On pourrait croire qu'il suffit de travailler sur autre chose en attendant que la tâche soit débloquée par l'autre personne (on a pourtant vu ci-dessus que ce n'était pas idéal). Mais, en réalité, ce temps est perdu pour le client qui aura un délai supplémentaire pour obtenir la valeur qu'il attend. On en arrive à des délais anormalement longs pour obtenir des choses qui paraissent pourtant triviales.

Penser qu'il suffit de s'occuper sur autre chose pendant l'attente pour ne pas gaspiller est un raisonnement simpliste basé sur l'idée que l'utilisation des ressources à 100 % représente forcément une situation efficace alors que ce qui compte est la valeur délivrée au client et le temps nécessaire pour la lui fournir (cf. *Délivrer le plus vite possible* plus loin dans ce chapitre).

Mouvements

Dans le monde de la production industrielle, chaque déplacement pour aller chercher une pièce quelque part représente un gaspillage. Le parallèle dans le développement d'application est le temps perdu à chercher une information, passer d'un département à l'autre pour savoir qui il faut contacter pour telle ou telle chose, chercher le client pour lui poser une question, aller chercher un rapport dans une autre équipe...

Il est souvent facile d'optimiser le temps passé sur ces tâches récurrentes.

La transmission d'information au travers de documents, rapports etc. est également un gaspillage car elle aurait été plus rapide et efficace en face-à-face.

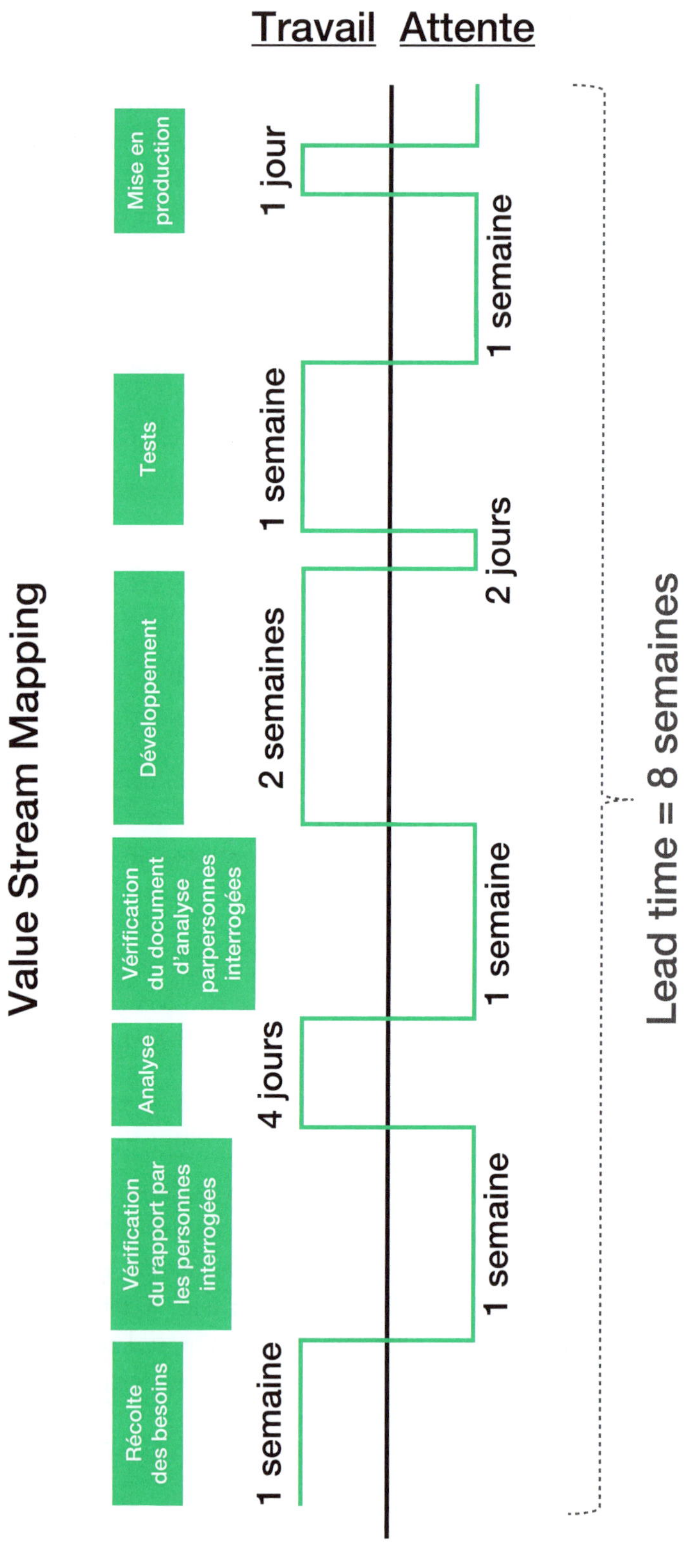
Value Stream Mapping
Travail
Attente
Récolte des besoins
1 semaine
Vérification du rapport par les personnes interrogées
1 semaine
Analyse
4 jours
Vérification du document d'analyse parpersonnes interrogées
1 semaine
Développement
2 semaines
2 jours
Tests
1 semaine
1 semaine
Mise en production
1 jour
Lead time = 8 semaines

Defects

Bien évidemment, chaque defect (un point de l'application qui ne correspond pas à ce qu'on attend) est source de gaspillage. Au plus il faudra de temps pour découvrir le problème, au pire sera l'impact du problème.
De petites releases fréquentes et des tests effectués immédiatement permettent de découvrir ces defects au plus tôt.

Management

Toutes les tâches requises par le management dans un but de gestion, mais pas pour produire de la valeur au client doivent être réduites au minimum utile. Il s'agit du remplissage périodique de timesheets, de statuts d'avancement dans des outils de suivi de projet, etc. Ces actions peuvent tout à fait être nécessaires et utiles pour assurer le bon fonctionnement des équipes, mais il est important de comprendre que tout comme les rapports et documentations internes, elles ne sont pas demandées par le client.
Tout ce qui peut être simplifié dans ce domaine fera gagner en efficacité.

Value stream mapping

Une technique permet d'identifier les principales sources de gaspillage et de s'y attaquer : le *value stream mapping*. Il s'agit simplement de représenter toutes les étapes par lesquelles une demande d'un client doit passer avant d'aboutir à un résultat pour lui. On indique alors le temps passé sur des activités qui apportent de la valeur et le temps passé à attendre. Cet exercice prend moins d'une heure et on peut ainsi directement identifier le principal goulot d'étranglement pour tenter de l'améliorer.
On voit également sur ce schéma le *lead time* : le temps nécessaire à l'aboutissement de la requête du client. Lean attache une grande importance à cette métrique car elle représente une vraie valeur pour le client et est un indicateur de bonne santé du processus de par les nombreuses bonnes pratiques à mettre en place pour réduire ce temps. De plus, elle est facilement mesurable.

Améliorer l'apprentissage

Le développement d'application nécessite une bonne capacité d'apprentissage. Dans la production, on vise à appliquer une série d'étapes, systématiquement les mêmes, afin d'obtenir un résultat connu. C'est comme dans une recette de cuisine : on suit les étapes car on sait que ça donnera le résultat souhaité.
À l'inverse, le développement est une activité de créativité : le résultat exact n'est pas encore connu. Il va falloir essayer plusieurs fois avant d'y arriver, comme quand on écrit une nouvelle recette. Ce processus est schématisé par le cycle PDCA (plan-do-check-act, popularisé par W. Edwards Deming et dont il existe de nombreuses variantes très similaires).

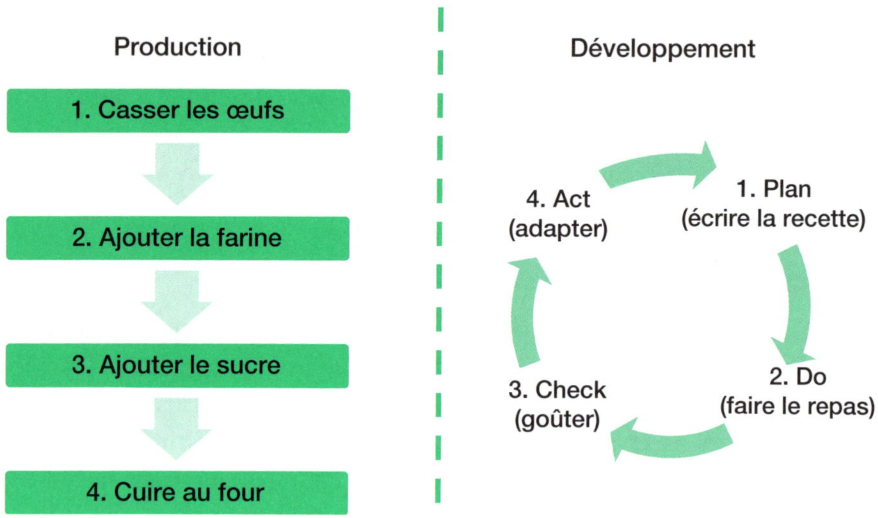

Des méthodologies comme waterfall manquent de boucle de feedback pour apprendre et développer un bon produit.

Décider le plus tard possible

En général, personne n'aime l'incertitude. C'est tellement vrai qu'on a souvent tendance à vouloir prendre certaines décisions au plus vite de façon à éliminer les incertitudes et à tracer un chemin clair pour tout le monde. De prime abord, cela semble faciliter la vie des membres du projet et rassure tout le monde.

Pourtant, on devrait y réfléchir. Les décisions que l'on prend ne sont bonnes que si les informations sur lesquelles on s'est basé sont également bonnes. Or, tout au long d'un projet notre connaissance de ce projet, des personnes, etc. va en augmentant. Sur base de cette logique on peut donc affirmer qu'une décision prise plus tard ne peut être qu'aussi bonne ou meilleure.

À partir de là, on peut se demander si la décision peut être postposée. Et si oui, jusque quand ? Lean encourage cette réflexion pour prendre les décisions au moment le plus opportun, en connaissance de cause.

Exemple

Pour une nouvelle application qu'on développe pour un client il est nécessaire de choisir le type de base de données à utiliser. Il y a de nombreuses questions par rapport à la licence, la complexité de gestion et si la connaissance interne du client sur la technologie choisie est suffisante. Il est nécessaire de commencer le développement pour délivrer l'application au plus tôt.

Dans ce cas, il est tentant de décider directement en se disant que c'est indispensable de savoir maintenant. Mais en réalité on pourrait certainement démarrer certaines activités, peut-

être même le développement de certains modules avant de savoir quelle technologie va être utilisée. Cela demande par contre d'établir un rétroplanning très clair qui nous indique quand la décision doit avoir été prise.
Cela pourrait être « 3 mois avant la mise en production car c'est le temps qu'il faut pour commander les licences si on prend le système Oracle. » Ou « Dans 1 mois car après on aura besoin de commencer à développer les connexions à la base de données. »
Dans tous les cas on aura déjà gagné un peu de temps et peut-être qu'on aura appris entre-temps qu'on peut recevoir des licences Oracle gratuites ou que 2 experts du système MySQL viennent d'être engagés et notre décision en sera ainsi améliorée.

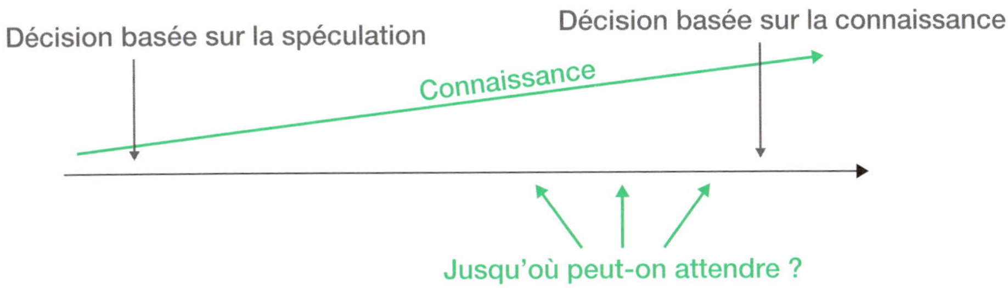

Options réelles

Chris Matts et Olav Maassen se sont inspirés de la théorie des options financières (principe de payer le droit d'acheter, si on le souhaite, un bien dans le futur à un prix fixé maintenant) dans le but d'approfondir l'idée de reporter les décisions et ce qui nous en empêche. Ils ont présenté dans une bande dessinée[102] une approche rationnelle pour combattre les choix émotionnels que les gens font face à l'incertitude.
Ils définissent 3 principes :

1. **Les options ont de la valeur**
   Comme on l'a vu dans l'exemple des bases de données, la possibilité de pouvoir encore choisir de faire quelque chose ou non a de la valeur car on va pouvoir réduire le risque de prendre une mauvaise décision.
2. **Les options expirent**
   Il y a un moment où il faut choisir ou non d'exercer son option car après ça il ne sera plus possible. Il est important d'avoir identifié ce moment pour ne pas le rater.
3. **Il ne faut jamais s'engager à l'avance, sauf si on a une bonne raison**

Puisque les options ont de la valeur, il est parfois possible de *payer pour obtenir une option.*

102 Cf. Olav Maassen, Chris Matts et Chris Geary, *Commitment: A Novel About Managing Project Risk*, Wolf Legal Publishers, 2016.

Exemple

Si on reprend notre exemple de la base de données, on peut décider d'investir dans une technologie de type ORM (comme Hibernate, qui permet de se connecter à plusieurs systèmes de base de données indifféremment) qui est compatible tant avec Oracle qu'avec MySQL. On fera alors tous les tests sur les 2 types de base de données pour s'assurer de cette compatibilité. Cela a un coût évidemment, mais on pourra ainsi reporter la décision encore plus loin. On sera même capable de décider en tout dernier moment selon le type de base de données qu'on recevra : on est prêt pour les deux. Mieux : on aura un début d'expérience sur chaque système pour nous aider à nous décider. Peut-être qu'Oracle est trop compliqué à gérer pour nous finalement ?

Délivrer le plus vite possible

Lean vise à être capable de livrer le plus rapidement possible, sans accroc. En plus de permettre au client de bénéficier au plus vite de la valeur ajoutée qu'on lui fournit, délivrer rapidement permet de décider plus tard.

Manufactures

Pour comprendre comment y arriver, comparons l'approche de Ford et de DELL (qui suit les principes Lean) dans leur gestion des stocks.

Ford

Les machines, qui coûtent très cher, sont utilisées à 100 % tout le temps. C'est une approche logique si l'on considère que le coût est fixe (l'achat de la machine) et que chaque pièce produite va participer à rentabiliser la machine. Celles-ci produisent donc des pièces en grande quantité qui sont ensuite stockées pour qu'elles soient prêtes dès qu'on en a besoin. C'est ce que Lean appelle l'inventaire. Le problème avec cette approche c'est qu'on attend ensuite une commande, et que si on reçoit moins de commandes que prévu on va devoir jeter ce qu'on a produit en trop.

Ce problème se présente également si on reçoit des commandes différentes de celles qu'on avait prévues : il faut reprendre la production à zéro et on n'est pas prêt à le faire rapidement. On est peut-être même en plein milieu d'un batch de production qu'on ne peut pas interrompre par exemple. Les machines sont alors déjà occupées par la production de pièces dont on n'a pas besoin et il faut attendre !

La gestion de l'inventaire a un coût important (besoin d'entrepôts, de suivi par les gens, de systèmes techniques, de manutention...). Les articles produits en excédent gênent la chaîne de production et diminuent son efficacité.

DELL

À l'inverse, DELL préfère attendre de recevoir une commande avant de produire les pièces nécessaires. Ils doivent alors être capables de produire ces pièces très rapidement pour assurer un temps de livraison raisonnable au client. Pour cela, le principe d'amélioration continue du processus pour éliminer tout accroc sera appliqué. Ce principe est aussi appelé *autonomation* ou *stop the line*, il s'agit d'arrêter la production pour chaque problème et le régler définitivement de façon à garantir une production de qualité sans interruption par la suite.

L'avantage est qu'ils ne gardent pas d'inventaire : ils ne doivent pas gérer de grands stocks (avec toutes les économies de coûts que cela engendre).

De plus, ils sont capables de produire n'importe quelle variation d'un article puisque de toute façon rien n'est prévu. Ils sont donc plus ouverts à la customisation, ce qui représente également un avantage pour le client : au 21e siècle personne ne veut rouler dans la même Ford noire que son voisin !

En informatique

Dans le développement d'application, les nombreuses bonnes pratiques agiles visent à assurer le niveau de qualité et la capacité à déployer un système qui fonctionne tout au long du développement.

Le code qui n'a pas encore été testé, qui n'est pas intégré avec celui des autres ou qui, tout simplement, n'est pas encore en production, correspond à l'inventaire des manufactures. Il présente le même risque d'être jeté (cf. *Le travail en cours* dans ce chapitre).

Donner le pouvoir à l'équipe

On l'a vu, on a besoin d'aller vite. Pour cela, une autorité centrale qui prend toutes les décisions n'est pas capable de suivre ce qui se passe à tous les niveaux. C'est pour cette raison qu'il est nécessaire de donner de l'autonomie aux équipes pour qu'elles prennent elles-mêmes leurs décisions.

De plus, avec leurs connaissances et leur expertise, elles sont généralement capables de prendre les meilleures décisions.

> *i*
>
> *En 1982, General Motors (constructeur automobile américain) détient l'usine automobile la moins efficace des États-Unis (la Fremont Assembly). Ses employés sont constamment absents et sabotent littéralement le travail.*
>
> *Ne voyant plus comment améliorer la situation, General Motors décide de la confier à Toyota et ils conviennent que tous les employés resteront. Le repreneur applique alors un style de management totalement différent et obtient des résultats inespérés. Ils transforment la pire usine de GM en une usine qui fait mieux que toutes les autres, et cela avec les mêmes gens !*
>
> *Épatés par ces résultats, les directeurs de General Motors décident alors d'envoyer des consultants observer les nouvelles pratiques mises en place afin de les copier dans les autres usines du groupe. Ils n'obtiennent cependant pas les résultats espérés.*
>
> *La raison est qu'en imposant aux autres usines de travailler comme celle de Fremont (nommée alors NUMMI), General Motors utilise à nouveau son approche habituelle « top-down » (de haut en bas) où les processus sont imposés aux employés. Alors que Toyota avait plutôt encouragé ces gens à fournir leurs propres solutions (« bottom-up », de bas en haut).*

Cet exemple nous montre qu'au-delà des pratiques qui peuvent être utiles, les principes humains de gestion sont primordiaux. Il faut d'abord assurer le respect de chacun, créer un environnement de confiance qui soit positif, encourager la participation et la responsabilisation de chacun, donner de l'autonomie...

Intégrer la qualité dès la conception

On retrouve ici un principe de W. Edwards Deming : construire des choses de qualité directement pour réduire les besoins de vérification et corrections par la suite.
Toutes les pratiques agiles techniques qu'on a vues seront utiles à cet effet :

- Refactoring
- Tests automatisés
- Test Driven Development
- Design simple et flexible
- ...

Voir l'ensemble

Les organisations telles que les entreprises sont complexes. On apprend des théories de *Systems Thinking* qu'un changement à un endroit donné peut avoir des impacts insoupçonnés autre part, et qu'il faut donc éviter de raisonner à une échelle locale et de prendre des décisions sans voir leur impact global.

> *On a vu que l'utilisation à 100 % de toutes ses machines pour les rentabiliser (approche comptable) n'est pas forcément la meilleure approche car cela impacte les stocks et la fluidité de la chaîne par exemple.*

Lean software development encourage de mesurer à un niveau global plutôt que local.

> *Donner un bonus à une équipe de développeurs pour chaque fonctionnalité délivrée pourrait les encourager à ne pas aider les équipes de support qui leur posent des questions, ce qui au final donnera des clients non satisfaits.*
> *La sous-optimisation au niveau des développeurs résulte en une perte au niveau global de l'entreprise si elle perd des clients à cause de ça.*
> *Donner des objectifs individuels aux membres d'une équipe ne les encourage pas à passer du temps à aider leurs collègues.*

Lean software development souligne aussi l'importance de bien réfléchir à ses contrats avec ses clients. À trop vouloir les renforcer et se protéger de tout risque, on pourrait détériorer notre relation avec le client. Or, comme le dit le manifeste agile, ce lien humain a bien plus d'impact sur le résultat que le contrat signé.

En 1998, les fournisseurs américains déclaraient accorder bien plus de confiance à Toyota qu'à General Motors[103]. Cela avait un impact direct sur leurs négociations et leur collaboration. Toyota a la réputation d'être fidèle à ses partenaires et les aide même à s'améliorer, dans l'intérêt de tous.

Kanban

Toyota utilise un système appelé *kanban* pour gérer le flux et les stocks selon le principe de *just-in-time / pull*: les pièces sont produites selon les besoins, au fil de l'eau. Ce terme désigne un panneau / un carton en japonais. Concrètement, lorsqu'une commande d'un client arrive, l'ouvrier produit la pièce nécessaire à partir de pièces qu'il a en nombre limité dans ses étagères. À chaque pièce utilisée est attaché un carton (un *kanban*) qui correspond au type de pièce dont il s'agit. Ces cartons sont alors envoyés aux stations qui produisent ces pièces-là pour indiquer que la pièce a été consommée et en obtenir une nouvelle. S'ensuit alors une réaction en chaîne: ces stations utilisent les pièces de leurs étagères et envoient des kanbans en amont pour obtenir un nouvel exemplaire de chaque pièce utilisée.

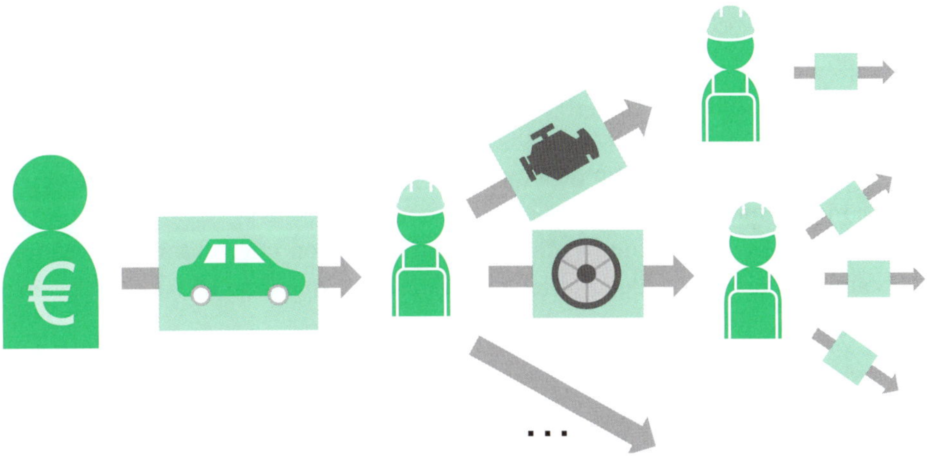

Grâce à cette technique, chacun sait très facilement quelles sont les pièces qui sont demandées *maintenant* et peut les produire. Si aucune pièce n'est demandée, on n'en produit pas! On garde ainsi un stock/inventaire très limité. On pourrait plutôt aller aider un collègue en aval pour créer la demande (puisque si on ne reçoit pas de nouveau kanban, il y a peut-être un goulot d'étranglement quelque part). On peut aussi nettoyer et ranger sa station, de façon à être plus efficace pour les prochaines demandes.

103 Cf. Jeffrey H. Dyer, *Collaborative Advantage: Winning Through Extended Enterprise*, Oxford University Press, 2000.

> *La technique évoluant, des systèmes kanban électroniques sont maintenant utilisés pour plus de rapidité, mais la logique reste la même.*

Le parallèle avec l'informatique est très clair : ne pas analyser plein de fonctionnalités si on ne sait en développer que quelques-unes, ne pas développer sans s'arrêter alors que tout est bloqué en attente de tests, etc. Nettoyer et ranger sa station devient alors refactorer, corriger des defects mineurs, essayer de meilleurs outils...
Une méthode de « gestion de projet » a depuis également pris le nom de *Kanban* (cf. chapitre *13. La Méthode Kanban).* La technique de Toyota qu'on vient de voir en est un des éléments importants, mais pas le seul.

Quelques questions à se poser

Et vous ? À la perspective de ces idées, que pourriez-vous améliorer dans votre organisation ?

- Est-ce que vous remettez souvent en question les procédures en vigueur ? Est-ce que celles que vous appliquez ont du sens pour vous ?
- Vous arrive-t-il souvent de changer de tâche avant d'avoir terminé ce que vous étiez en train de faire ?
- Avez-vous l'impression de perdre votre temps en attendant d'autres personnes ? Ou en passant d'un département à l'autre pour trouver une information ?
- Consacrez-vous beaucoup de temps à des tâches administratives demandées par le management ?
- Aurait-il été possible de retarder la dernière décision que vous avez prise ? Ou aurait-il été possible de créer les conditions pour que cette décision puisse être prise plus tard ?

Chapitre 13

La méthode Kanban

La méthode humaine basée sur « Commencez avec ce que vous faites maintenant ».

Introduction

La méthode Kanban est une méthode de travail développée par David J. Anderson et détaillée dans son livre sorti en 2010 : *Kanban: Successful Evolutionary Change for Your Technology Business*[104].

Cette méthode est inspirée de Lean et se compose de 4 principes et 6 pratiques.

Elle est souvent comparée à Scrum. Cependant, elle est fondamentalement différente de cette autre méthodologie. En effet, Scrum fournit un cadre strict et des règles à respecter. En ce sens, elle est similaire à une méthodologie traditionnelle (mais avec malgré tout la particularité d'être très légère et facile).

Kanban, quant à elle, se contente de donner des conseils pour améliorer sa situation actuelle et progressivement évoluer vers un fonctionnement efficace (mais entièrement sur mesure). Sur ce point, on peut dire que kanban a une approche encore plus agile.

Il faut toutefois garder à l'esprit que la rigidité de Scrum peut également être un atout dans de nombreuses situations où de mauvaises habitudes sont tellement ancrées dans les esprits qu'il est nécessaire d'être très clair, strict et explicite.

Principes

1. Commencez par ce que vous faites actuellement

Comme expliqué un peu plus haut, la méthode kanban se différencie des autres méthodologies par son approche extrêmement progressive, *en douceur*. L'idée est de commencer par identifier clairement la situation actuelle, comprendre comment on fonctionne, et de pouvoir visualiser cela.

---

[104] David J. Anderson, *Kanban: Successful Evolutionary Change for Your Technology Business*, Blue Hole Press, 2010.

On va tenter de comprendre en profondeur le but du système dans son ensemble, comment il satisfait le client ainsi que le fonctionnement de chacun au sein de ce système.
Ensuite, on mettra en évidence par différentes techniques les problèmes qui limitent le flux du système.
Un avantage de cette approche est qu'on peut commencer très rapidement, sans attendre la mise en place d'une révolution organisationnelle. Cela donne à tout le monde un sentiment de progresser vers un mieux et génère une émulation positive.

2. Acceptez d'appliquer les changements évolutifs

L'adoption de la méthode kanban ne se fait pas du jour au lendemain, en décidant d'appliquer de nouveaux processus. Il s'agit plutôt d'un mode de fonctionnement, où la recherche de l'amélioration se fait de façon constante. Les principes Lean d'élimination du gaspillage permettent d'évoluer vers un système toujours plus efficace et qui s'adapte au monde dans lequel il se trouve.
Il est, bien-entendu, nécessaire que l'équipe et tous les acteurs du système acceptent ce mode de fonctionnement.

3. Respectez le processus actuel, les rôles, les responsabilités et les titres

La plupart des gens qui travaillent dans une entreprise s'identifient à leur rôle et aux responsabilités qui y sont liées. Perdre tout cela d'un coup est certainement effrayant et la méthode kanban considère que ce n'est pas utile.
Au lieu de remettre tout en question d'entrée de jeu (processus compris), une approche plus douce est recommandée. En plus de rencontrer moins de résistance, et donc d'être plus efficace, elle respecte surtout les personnes qui sont visées par ces changements.

4. Encouragez le leadership à tous les niveaux

La meilleure façon d'obtenir de bons résultats est de favoriser le leadership à tous les niveaux du management et des travailleurs.
Les meilleures initiatives viennent des travailleurs et ceux-ci porteront ces idées bien plus loin que si on avait imposé un plan pensé par le top management.

Pratiques

1. Visualisez

On l'a vu, une étape essentielle avant de pouvoir améliorer la situation est de bien la comprendre. Le meilleur moyen pour y arriver est de passer par une visualisation du flux.

Pour cela, l'outil le plus populaire dans les implémentations de la méthode kanban est naturellement un tableau kanban (c'est-à-dire un tableau de tâches).

Toute amélioration faite autre part que sur la contrainte n'est qu'une illusion.
The Phoenix Project[105]

De nombreuses informations peuvent également ressortir de l'utilisation d'un *cumulative flow diagram*. Il s'agit d'un schéma qui montre l'évolution du travail pour chaque état, un peu comme un burnup chart, mais avec plus d'information. Cela permet de voir quelle quantité de travail est restée dans chacun des états et d'en tirer des conclusions sur le travail en cours et le lead-time par exemple.

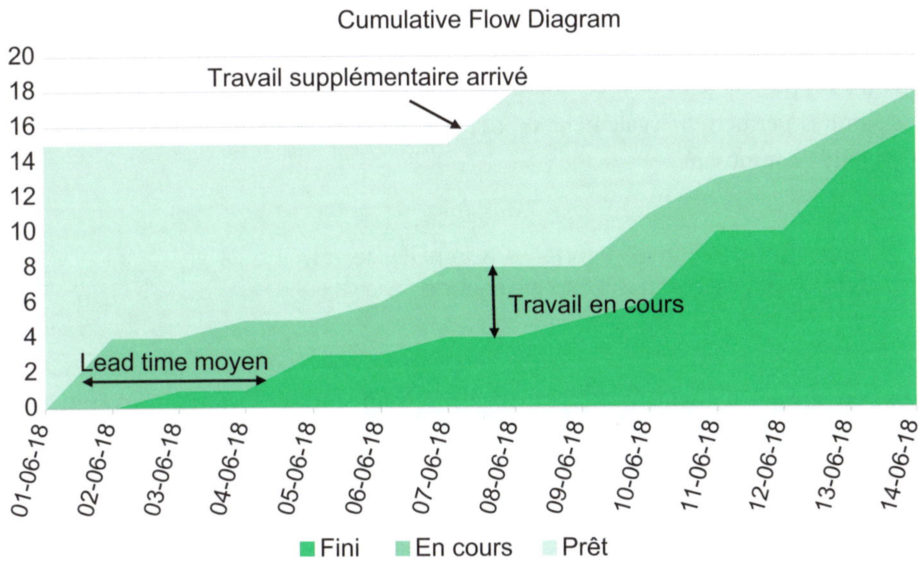

2. Limitez le travail en cours

Une autre pratique marquante de cette méthode est la limitation du travail en cours. Son impact peut être très important. En faisant cela, on optimise le temps de livraison de chaque tâche. Pour rappel, ce temps est appelé *lead time*, c'est le temps mesuré entre le moment où l'on accepte de travailler sur quelque chose et le moment où le client le reçoit.

Cette logique s'inspire directement de *Lean* qui nous apprend qu'il est plus important de livrer rapidement que de maximiser le temps où chacun est occupé à quelque chose (cf. *Délivrer le plus vite possible* dans le chapitre *12. Lean Software Development*).

105 Gene Kim, Kevin Behr, George Spafford, *The Phoenix Project: A Novel about IT, DevOps, and Helping Your Business Win*, IT Revolution Press, 2013.

Plusieurs éléments permettent de réduire le nombre de tâches en cours. Le plus simple est de décider du nombre de tâches qui peuvent se trouver à un instant donné dans un même état (et donc dans la même colonne du tableau kanban). On peut ainsi noter ce nombre au-dessus de la colonne et décider que si la limite est atteinte, on ne peut plus amener d'autres tâches dans cet état, il faut d'abord faire sortir les tâches qui y sont déjà. Cela aura notamment comme impact de diminuer l'effet de goulot d'étranglement. C'est une application du principe Lean *stop the line*: si un problème fait s'accumuler des tâches dans une étape, il faut d'abord régler le problème avant d'ajouter encore plus de travail en attente à cet endroit.
En respectant un autre principe de Lean, *pull*, on fera avancer du travail quand il y aura une disponibilité pour s'en occuper, pas avant.
Quand on commence à fonctionner de cette manière, on se sent malgré tout souvent dans l'incapacité de terminer certaines tâches en cours qui sont bloquées pour une raison ou une autre et on veut alors commencer autre chose.
Si on ne sait pas avancer sur une tâche et qu'on veut en démarrer une autre c'est qu'on a un problème et c'est ce problème qu'il faut régler.
Ces limites permettent également de respecter le rythme naturel du système et des gens qui le composent.

Il faut accorder plus d'importance à terminer le travail qu'à en commencer du nouveau. Seul le travail terminé apporte de la valeur !

Un bon moyen d'augmenter sa capacité à terminer les choses est de commencer par les découper en plus petites choses à faire. Cependant, même de petites choses peuvent prendre du temps à être délivrées si l'équipe disperse ses efforts sur trop de choses en même temps.

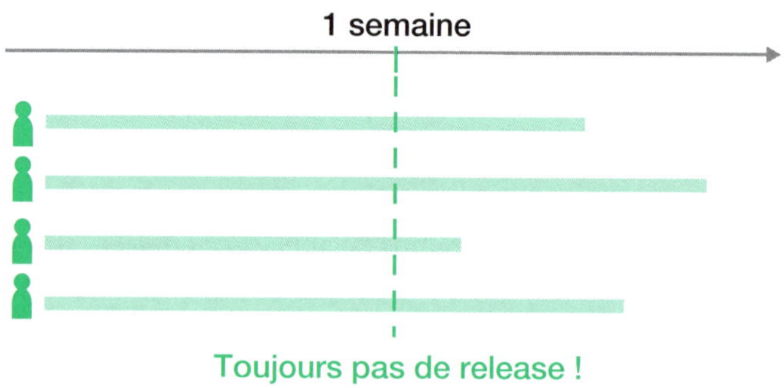

Beaucoup d'équipes démarrent une itération en répartissant les fonctionnalités à développer à chaque membre (ou à chaque pair de développeurs[106]). Tous démarrent

106 Cf. *Pair Programming* dans le chapitre *7. Extreme Programming.*

ainsi leur activité et, pour peu que les développements ne soient pas triviaux, après une semaine, rien n'est terminé. On a toujours le problème d'un lead-time élevé pour le client alors que les choses à faire sont petites!
Dans cette situation, il aurait peut-être été préférable de trouver un moyen de mettre plus d'effort sur la première fonctionnalité afin de la terminer plus vite et de passer à une autre fonctionnalité seulement après. On pense souvent que ce n'est pas possible, car les développeurs ne peuvent pas tous travailler sur les mêmes fichiers de code. Pourtant, on voit souvent d'autres petites tâches nécessaires en parallèle à la programmation à proprement parler: aller chercher une information dans une autre équipe, demander une validation à un département de sécurité ou d'architectes, mettre à jour la documentation... autant de possibilités de donner un coup de main à la personne qui a commencé à travailler sur la première fonctionnalité.

> Si on n'avait pas le droit de commencer quelque chose d'autre, on trouverait un moyen d'aider le développement en cours.

Peut-être qu'il est même possible de voir une ligne de démarcation claire dans le code à développer et de répartir ainsi le travail de cette même fonctionnalité à plusieurs développeurs. Peut-être qu'on peut organiser notre développement dans ce sens et programmer une certaine partie en premier lieu pour permettre le développement de plusieurs choses en parallèle juste après. Par exemple commencer par définir une interface claire entre deux systèmes et se répartir l'implémentation de chaque partie après[107].

> Lorsqu'on comprend qu'il est nécessaire de focaliser les efforts sur une fonctionnalité à la fois, on trouve des solutions pour y arriver.

En poussant le raisonnement plus loin, peut-être qu'une petite équipe pourrait se consacrer entièrement à la réalisation d'une fonctionnalité et de toutes les tâches nécessaires pour la déployer en production avant de s'occuper de la demande suivante. Un avantage supplémentaire de cette pratique est que l'ensemble des membres de l'équipe sont au courant de tout ce qui a été réalisé par l'équipe, car ils y ont forcément participé. Cela évite les situations embarrassantes où un membre d'une équipe ne peut répondre à une question ou ne peut corriger un problème sur son produit parce que *« la personne qui a travaillé là-dessus n'est pas là aujourd'hui »*.

107 Cette approche peut être plus simple en faisant du *Test Driven Development* (cf. chapitre *7. Extreme Programming).*

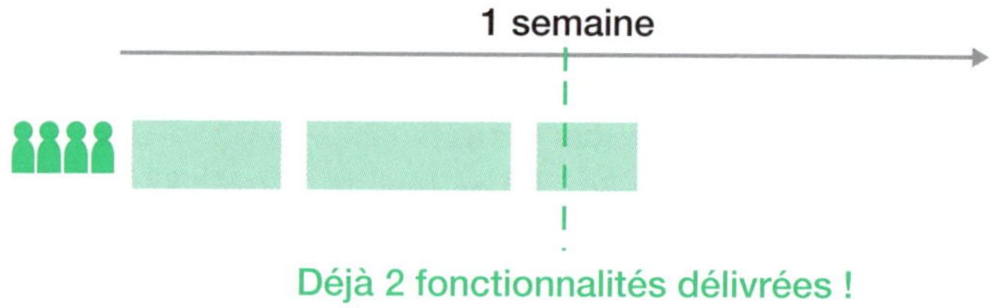

3. Gérez le flux

Une attention particulière doit être portée aux bonnes pratiques telles que :
- Minimiser la taille des tâches
- Supprimer tous les blocages qui ralentissent la livraison
- Mesurer et optimiser le *flow efficiency* et donc réduire le *lead-time*
- Continuellement améliorer le processus

On pourra de cette manière optimiser le flux dans le but de satisfaire le client au mieux.
On peut catégoriser les tâches à accomplir en différentes classes de service. Elles nous permettront de planifier le travail de façon optimale.
Kanban reconnaît *4 classes de service* :

1. **Urgent** : À traiter en priorité, immédiatement. Même s'il faut pour cela arrêter une tâche en cours. *Par exemple, réparer un service de production qui ne répond plus.*
2. **À date fixe** : La livraison de cette tâche perd une grande partie de sa valeur après une date. Par contre la livrer avant ne rapporte rien en plus. *Par exemple, l'affichage d'une vidéo en direct pour suivre l'Eurovision sur un site d'information.*
3. **Standard** : Tâches à délivrer dès qu'on peut, dans l'ordre choisi avec le client.
4. **Intangible** : Travail qui vise un retour sur long terme mais dont l'impact business immédiat est difficile à quantifier. *Par exemple, remplacer un appel à un mainframe par un nouveau service Java.*

4. Rendez les règles explicites

Une bonne manière de s'assurer que tout le monde suit les règles établies par l'équipe est de les afficher bien en évidence.
Par exemple si on décide de ne pas dépasser un nombre de tâches en cours en même temps, on pourra écrire sur la colonne correspondante du tableau : « Max 5 ! ».
Les décisions de rétrospective du type « il faudrait toujours vérifier ceci avant de faire cela » pourraient être écrites ou dessinées sur les murs pour que tout le monde y pense bien au moment opportun (car il n'est malheureusement pas toujours aisé de se rappeler ses bonnes résolutions).

5. Implémentez des boucles de feedback

Les boucles de feedback sont à la base de toute amélioration. On les retrouve dans de nombreuses pratiques telles que le stand-up meeting où on peut réaliser rapidement

que l'équipe n'avance pas comme elle le devrait ou les diagrammes représentant le travail accompli par rapport au travail à faire.
Cette pratique ne se retrouve pas toujours dans les textes qui parlent de kanban car elle fut ajoutée par la suite.

6. Améliorez-vous de façon collaborative, évoluez de façon expérimentale

Cette amélioration continue doit être faite sur base de modèles et de la méthode scientifique. Les résultats peuvent être mesurés pour pouvoir décider si on s'améliore effectivement ou non.
Pour être efficace, cette amélioration doit se faire en collaboration avec chacun.

Quelques questions à se poser

Et vous ? À la perspective de ces idées, que pourriez-vous améliorer dans votre organisation ?

- Si vous suivez une méthodologie agile comme Scrum, y a-t-il quelque chose que vous ne faites que parce que c'est indiqué mais que vous souhaiteriez faire différemment ?
- Est-ce que n'importe qui dans l'équipe est encouragé à prendre des initiatives et proposer de nouvelles idées ?
- Est-ce que votre équipe travaille sur plusieurs tâches en même temps ? Ne serait-il pas possible de se concentrer sur une même tâche et d'ainsi la terminer plus vite ?
- Vous arrive-t-il d'arrêter de travailler sur une tâche pour une raison quelconque et d'en commencer une autre pour « ne pas rien faire » ?
- Lorsqu'un problème survient et ralentit de cette façon le flux, prenez-vous le temps de corriger le problème à sa source afin d'éviter qu'il ne se produise à nouveau ?
- Les décisions prises par l'équipes sont-elles bien appliquées par la suite ou sont-elles vite oubliées ?

Partie III

L'ENTREPRISE

La troisième et dernière partie de ce livre a pour objectif d'ouvrir le sujet à différentes situations en entreprise où les solutions proposées jusqu'ici ne fonctionnent pas telles quelles, ou posent en tout cas certaines questions.

Tout d'abord, il sera question d'agilité dans le cadre de nombreuses équipes travaillant sur le même produit. Le chapitre *14. Agile à grande échelle* parcourra les différentes méthodologies qui existent pour répondre à ce problème très fréquent.

Ensuite, le chapitre *15. Projets au forfait* cherchera comment marier agilité et contrats car ces deux éléments sont souvent mis en opposition alors que des solutions concrètes existent.

Dans le chapitre suivant, les principes de Lean seront appliqués à la création d'une start-up afin de l'amener le plus rapidement possible à un modèle économique durable.

Enfin, différents mouvements de retour aux principes de base de l'agilité sont apparus depuis quelques années et le dernier chapitre leur est consacré.

Chapitre 14

Agile à grande échelle

Comment étendre le fonctionnement de l'équipe agile à un groupe d'équipes travaillant ensemble ?

Introduction

Toutes les pratiques qu'on a vues ici s'adressaient généralement à une équipe de maximum 10 personnes, cependant, les organisations sont généralement bien plus grandes que cela. Une question se pose alors : peut-on appliquer ces principes à une autre échelle ? À un ensemble d'équipes travaillant sur le même produit ? À l'organisation dans son entièreté ?

Il est certain que le développement d'un produit nécessitant la collaboration de plusieurs équipes va amener de nouveaux défis et une organisation plus complexe.

De multiples solutions ont été imaginées et appliquées avec plus ou moins de succès.

Scrum of Scrums

Dès 2001, Jeff Sutherland et Ken Schwaber sont confrontés à cette problématique et proposent aux équipes appliquant déjà Scrum une solution simple, à l'image de la méthodologie elle-même.

Ils ajoutent uniquement une réunion journalière, limitée à 15 minutes où un représentant de chaque équipe Scrum (un « ambassadeur ») sera envoyé pour y partager avec les autres l'avancement et les problèmes rencontrés par son équipe. Il peut s'agir du scrum master ou de n'importe quel autre membre de l'équipe.

Cela a pour objectif d'assurer une coordination entre les différents groupes et de prévoir les problèmes à l'avance (par exemple l'intégration entre les équipes) tout en nécessitant assez peu de modification au fonctionnement existant.

Extreme Programming

Le conseil d'XP sur ce sujet est de se demander, face à un besoin apparent de plus de main d'œuvre, si une plus petite équipe ne pourrait pas malgré tout résoudre le problème, et éviter ainsi de s'agrandir. En effet, de nombreuses entreprises engagent en masse pour avancer plus vite et résoudre de plus gros problèmes alors que le surplus de communication que cela engendre ralentit tout le monde. En réponse à ce ralentissement, elles engagent souvent encore plus…

Si l'équipe actuelle ne peut réellement pas résoudre un si gros problème, on pourra essayer de le découper en plusieurs problèmes plus petits. Ceux-ci pourront alors être gérés par des équipes autonomes. Cependant, une stratégie d'intégration continue des différents problèmes entre eux sera également nécessaire.

> *L'approche en micro-services va exactement dans ce sens en isolant des fonctionnalités dans des services séparés et en donnant une autonomie aux différentes équipes sur leur produit.*

SAFe

SAFe, ou Scaled Agile Framework, est une tentative de fournir une méthodologie bien plus structurée aux très grosses organisations qui souhaitent adopter l'agilité en suivant des indications claires.

Cette approche tente de rassembler toutes les méthodologies populaires en un grand *framework :* agile, lean, scrum, extreme programming, kanban, ...

L'image à la page suivante représente visuellement l'ensemble des rôles, processus et des pratiques définies par SAFe.

Schéma original disponible sur https://www.scaledagileframework.com

Elle identifie 4 niveaux : l'équipe, le programme, le value stream, et le portfolio.

L'équipe

Au niveau de l'équipe, SAFe préconise de fonctionner selon la méthodologie Scrum, tout en s'inspirant éventuellement de certaines pratiques Kanban comme les limites de travail en cours.

Le programme

La planification habituelle est de regrouper 5 itérations de développement en un *incrément de programme* qui sera alors délivré au client. La dernière itération se focalisant alors sur l'innovation (par exemple en organisant un hackathon[108]).

Cette grosse itération reprend la plupart des principes de l'itération de Scrum à un niveau plus large.

[108] Un hackathon est un évènement où des professionnels du développement d'application sont invités à réaliser une application rapidement en s'affranchissant des contraintes habituelles. Le but est généralement de démontrer une idée.

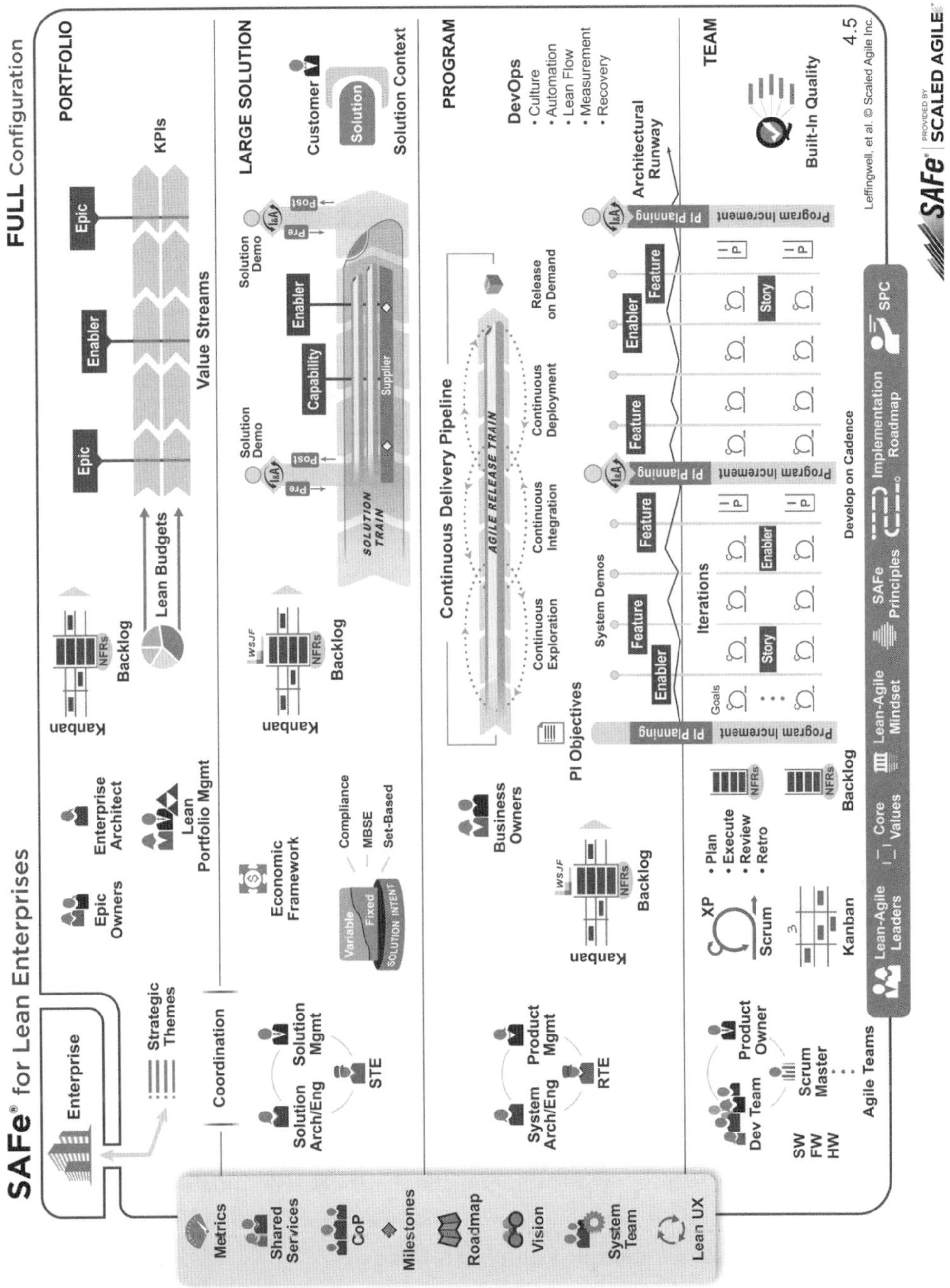

https://www.scaledagileframework.com

Elle est réalisée par un *agile release train*: un groupe d'équipes (50 à 120 personnes) travaillant sur un même produit. Ils sont chapeautés par un *release train engineer* et travaillent sur les fonctionnalités définies par le *product manager*. Les aspects techniques sont revus par des *system architect / engineer*.

Release trains

SAFe propose ici une idée intéressante au travers de ses *release trains*. Pour synchroniser les déploiements de toutes ces équipes travaillant sur un même produit, on prévoit un planning de releases réguliers (par exemple toutes les 2 semaines) et chaque équipe est ensuite libre d'y inclure les changements qu'elle désire. Cela assure une liberté aux équipes tout en maintenant une possibilité de vérification (automatique, de préférence) sur chaque nouvelle version assemblée.

> *i*
>
> *Dans un monde agile idéal, chaque équipe pourrait déployer ses propres composants indépendamment des autres quand ils le souhaitent. Mais dans les organisations où cela n'est pas encore possible, cette approche de release train est assez pratique.*

Value stream

Ce niveau coordonne les développements qui ont une taille trop importante pour être réalisés par un seul release train. À ce niveau on parle alors de *solution*. Un *solution manager* en est le responsable. Un *value stream engineer* supervise sa livraison, et un *solution architect* revoit les aspects techniques.
À nouveau, on mettra en place les différents éléments présents dans chaque itération: planning, démo...

Portfolio

Un niveau encore supérieur gère l'évolution des différents *value stream*. Cette supervision est réalisée par les personnes en charge du *program portfolio management*. Ils définissent la stratégie de l'entreprise et allouent les budgets aux *value streams*.

Critique

Le lecteur attentif reconnaîtra dans l'approche de ce framework les défauts des méthodologies de gestion de projet waterfall standardisées telles que Prince 2: une organisation idéale imposée, la même pour toutes les entreprises, identifiant de nombreux rôles et processus dans lesquels on placera des gens.
Il doit malgré tout son succès au fait que cette solution correspond plutôt bien aux attentes des dirigeants d'entreprises. Une proposition concrète à un vrai problème

(coordonner le travail de dizaines, voire de centaines de personnes) qui a été expérimentée par d'autres grandes entreprises avant et qui a une image sérieuse.
Une place a été prévue pour chaque profil des organisations traditionnelles, de façon à ce que chacun puisse prendre un nouveau titre tout en continuant de faire ce qu'il faisait.
Sans surprise, de nombreuses formations et certifications sont proposées et nourrissent un business important.

LeSS

Large Scale Scrum (LeSS) est un framework qui tente d'élargir les principes de Scrum à l'échelle de plusieurs équipes. Il a été créé par Craig Larman et Bas Vodde.
Ils tentent de reproduire l'équilibre qu'ils trouvent dans Scrum entre une méthode simple et peu prescriptive et une marche à suivre malgré tout pratique.
Ils proposent moins de rôles et de processus que SAFe de façon à laisser ces éléments émerger d'une manière empirique.
Cette approche semble donc plus légère, moins prescriptive et donc plus agile que SAFe.
LeSS offre également un programme de formation et de certification, mais moins développé que SAFe.

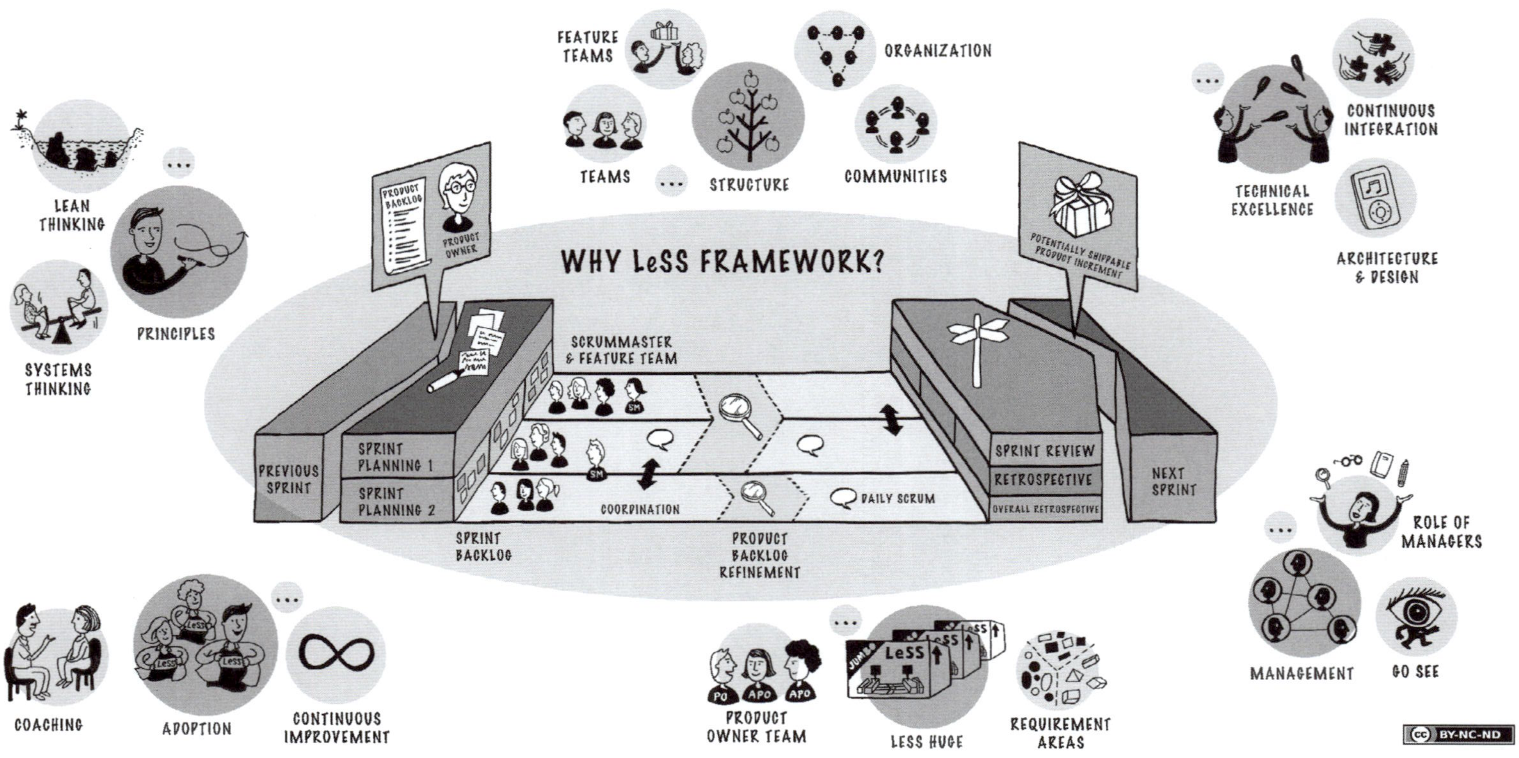

Représentation graphique du framework LeSS, fournie par https://less.works.

Disciplined Agile Framework

En 2012, face à ces grandes entreprises demandeuses d'une marche à suivre pour profiter des principes agiles et devenir plus efficaces, Scott Ambler, alors responsable des méthodologies chez IBM Rational, publie le livre *« Disciplined Agile Delivery: A practitioner's Guide to Agile Software Delivery in the Enterprise »* dans lequel il détaille une approche plus flexible que SAFe pour y arriver.

Pour obtenir cette flexibilité, Disciplined Agile Framework reprend l'ensemble des méthodologies et pratiques populaires existantes dans une compilation de possibilités offertes aux entreprises. On y trouve par exemple Scrum, XP, Kanban, SAFe, DevOps, Lean Software Development, Développement traditionnel, DSDM, Crystal, Feature Driven Development, et de nombreuses autres. Il ne s'agit donc pas de pratiques révolutionnaires mais plutôt d'un guide pour les organisations qui ne savent pas par où commencer pour faire évoluer leur modèle de fonctionnement vieillissant.

L'approche choisie est peu prescriptive : des objectifs clairs sont définis (par exemple : *« gérer les changements de besoin du client »*) et, au lieu d'une solution toute faite, toutes les options populaires sont listées avec leurs avantages et leurs inconvénients.

Comme à chaque fois, cette flexibilité peut être vue comme un défaut par des entreprises à la recherche d'une marche à suivre plus restreinte et claire comme ce que SAFe propose.

Processus

Les projets se déroulent en plusieurs phases et un choix entre 5 cycles différents est proposé :

1. *Agile / basique*
2. *Lean / avancé*
3. *Livraison continue : agile*
4. *Livraison continue : lean*
5. *Exploratoire / lean startup*

Rôles

Selon la taille de l'organisation, plus ou moins de rôles sont envisagés. Ils sont rassemblés en 2 catégories :

- **Rôles primaires :** *Team Lead, Product Owner, Team Member, Architecture Owner, Stakeholder.*
- **Rôles secondaires :** *Specialist, Independent Tester, Domain Expert, Technical Expert, Integrator.*

Nexus

14 ans après l'invention du Scrum of Scrum, Ken Schwaber, conscient des limitations de cette technique face à des équipes de plus en plus nombreuses, proposa une idée supplémentaire, qu'il appela *Nexus*.

Respectant totalement l'esprit de Scrum (pour le meilleur et pour le pire), Nexus apporte simplement un élément supplémentaire à la méthodologie afin de répondre à la problématique d'un produit développé par plusieurs équipes qui doivent se coordonner.

Cet élément est l'*équipe d'intégration nexus*. Cette équipe particulière va se concentrer sur les problèmes d'intégration des résultats des différentes équipes en un produit commun. Ils sont responsables d'assurer la livraison d'un incrément fonctionnel à chaque sprint et échangent beaucoup avec les différentes équipes pour régler les problèmes.

L'idée des *Scrum of Scrum* quotidiens est reprise afin d'aligner le développement de chaque équipe.

Spotify Model

Le fournisseur de musique en ligne Spotify s'est fait un nom dans le monde agile depuis la publication, en 2014, d'une vidéo réalisée par un consultant qui y travaille (Henrik Kniberg[109]). Ce coach agile a voulu décrire la façon de fonctionner idéale de Spotify avec ses différentes équipes. Il y décrit de nombreuses bonnes pratiques du métier d'une façon simple et claire et il a ainsi permis une plus large diffusion de ces pratiques. Certaines de ces idées, comme l'organisation en *squads*, *guilds* et *chapters* leur sont propres.

Il en est résulté ce que de nombreuses personnes ont appelé le *Spotify Model*. Un exemple dont d'autres entreprises ont voulu s'inspirer.

Critique

Le risque est que ces sociétés se retrouvent à appliquer ce nouveau modèle de la même façon qu'elles ont appliqué les méthodologies waterfall ou même SAFe. Cela revient à dire à un groupe de personne comment elles doivent travailler au lieu de les laisser trouver elles-mêmes leurs propres solutions. Or c'était justement un des principes fondamentaux du manifeste agile (cf. *Principe 11* du chapitre *4. Agile*).

Il faut garder à l'esprit que cette vidéo met surtout en avant la capacité de Spotify à expérimenter de nouvelles idées continuellement (cf. *Principe 12* du chapitre *4. Agile*) et à toujours évoluer pour s'améliorer sans rechercher absolument une homogénéité dans son organisation. C'est cette caractéristique-là qui a fait la réussite de leur fonctionnement, pas les pratiques en particulier (qui ne sont d'ailleurs pas suivies par toutes leurs équipes et ont probablement bien changées depuis la publication de la vidéo).

---

[109] La vidéo en question est disponible ici : https://labs.spotify.com/2014/03/27/spotify-engineering-culture-part-1.

La loi de Conway

La façon dont les équipes sont structurées est d'une importance primordiale. En effet, comme Melvin Conway[110] l'a expliqué dans une étude[111], les organisations structurées d'une certaine façon ont fortement tendance à créer des systèmes copiant cette même structure.

> Les organisations qui définissent des systèmes sont contraintes de les produire sous des designs qui sont des copies de la structure de communication de leur organisation.
>
> *Melvin E. Conway*

Il en découle donc qu'une attention particulière doit être apportée à la formation de ces équipes car l'architecture technique des systèmes qui seront mis en place en sera fortement impactée.

Si le souhait est de réaliser de nombreux services relativement indépendants il est probable que plusieurs petites équipes y arrivent mieux qu'une grande équipe. C'est d'ailleurs un des avantages principaux des micro-services[112] trop souvent négligé : de par leur petite taille, ils peuvent être entièrement gérés par une seule petite équipe. Cela permet de rendre cette équipe indépendante sur le développement, le déploiement et la maintenance de ce service. Il en résulte une réactivité bien plus importante que ce qu'il est possible d'avoir avec un monolithe[113] pour lequel un grand nombre de personnes doivent collaborer à chaque nouvelle version.

On voit parfois plusieurs équipes qui reçoivent pour mission de réaliser ensemble un système, et l'architecture qui en résulte peut être qualifiée de « lasagne » : l'utilisateur interagit avec une interface faite par la première équipe, qui va ensuite appeler un service sous-jacent réalisé par une deuxième équipe, appelant à son tour d'autres services correspondants chacun à leurs équipes respectives. Le principal problème dans ce cas est que l'ajout d'une fonctionnalité va souvent demander l'intervention de toutes les équipes au même moment pour passer à travers toutes les couches, ce qui est compliqué et entraîne de longs délais.

Cette loi fonctionne dans les deux sens : une constellation d'applications utilisant toutes une même base de données commune mènera très certainement à la création d'une équipe de DBAs[114] par qui passeront tous les changements visant cette base de données.

Certaines entreprises tentent de forcer des équipes à travailler sur plusieurs composants qui sont partagés entre elles, allant ainsi à l'encontre de la loi de Conway. Cela peut parfois expliquer les problèmes de communication, certaines frictions et une efficacité réduite qui en découle.

---

110 Melvin E. Conway est un scientifique américain spécialisé dans l'informatique.

111 Melvin E. Conway, *How Do Committees Invent?*, F. D. Thompson Publications, Inc., 1968.

112 Les micro-services sont une architecture d'un système informatique en une multitude de petits services indépendants.

113 Une architecture monolithe est l'opposé des micro-services : un seul gros composant est produit et contient toutes les fonctionnalités, qui ne peuvent donc pas être mises à jour indépendamment.

114 DBA = Database administrator, rôle de spécialiste en bases de données.

Aucune solution n'est parfaite, mais avoir conscience de la loi de Conway permet de choisir une organisation qui encouragera l'architecture désirée ou d'expliquer pourquoi l'organisation choisie ne fonctionne pas de façon optimale.

Conclusion

Toutes ces solutions pour appliquer l'agilité à grande échelle souffrent dans une certaine mesure du même problème : elles sont vendues au management d'une organisation et appliquées de façon *top-down*[115].

Il en résulte souvent une application de l'agilité que certains appellent *faire du « agile »*. C'est-à-dire suivre les nouvelles procédures, utiliser les nouveaux mots et les nouveaux rôles, mais ne pas réellement s'inspirer des principes agiles dans son travail au quotidien. À l'inverse, *être agile* serait avoir une approche réellement agile dans sa façon d'appliquer les principes fondamentaux du manifeste et considérer les méthodologies et les frameworks dans un rôle de soutien et d'inspiration.

Enfin, au moment d'envisager l'agrandissement des équipes de développement, il est important de bien mesurer le surplus d'effort de coordination produit par chaque membre supplémentaire. Cet effort suit, en effet, une courbe qui n'est pas linéaire et on risque de se retrouver dans une situation où l'embauche de personnes ne résulte plus en une amélioration de la productivité. Pire, elle pourrait entraîner une diminution de celle-ci.

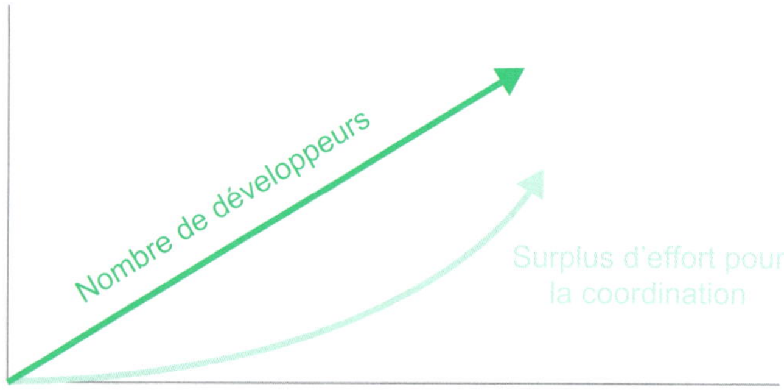

Dans une telle situation, on peut envisager de faire plus de productivité avec moins de gens en travaillant par exemple sur la qualité du travail et la formation des employés. Une alternative est également de rendre des équipes totalement indépendantes les unes des autres, en les faisant travailler sur des produits qui ne sont pas liés par exemple. Cela peut nécessiter de réfléchir toute son architecture dans ce sens.

115 Top-down = pensé par le management et appliqué aux exécutants. À l'inverse, une approche *bottom-up* est initiée par la base et se généralise jusqu'au management.

Chapitre 15

Projets au forfait

Combiner l'approche itérative agile avec des contrats fixes.

Dans les relations commerciales entre une entreprise qui développe des logiciels et ses clients, on identifie 2 modes principaux de fonctionnement contractuel : par projets au forfait ou en régie.

Projets au forfait

Dans le premier cas, tout part généralement d'un client qui identifie son besoin et rédige un document détaillant ce qu'il voudrait. On voit des choses très différentes, allant d'une simple description vague pour les plus petits projets à une documentation parfois très détaillée reprenant chaque écran et chaque fonctionnalité.
Le client publie alors ce document, cet *appel d'offre* en vue d'obtenir des propositions de différents fournisseurs. Ils vont devoir fournir une description plus concrète de ce qu'ils vont faire, un planning et un budget total à prévoir. Cela permettra au client de comparer et choisir la meilleure solution au meilleur prix.
Le fournisseur sera alors contractuellement contraint de délivrer la solution au prix qu'il aura donné et en suivant le planning prévu (sous peine parfois d'amendes). *Il prend tout le risque lié à l'incertitude* : s'il n'a pas été capable de prévoir le déroulement du projet, c'est lui qui perdra de l'argent.
On le voit, ce modèle est directement calqué sur le monde de la construction où les entrepreneurs remettent leur prix sur base des plans de l'architecte (cf. *Métaphore de la construction* dans le chapitre *2. Le modèle waterfall*).
Un gros problème avec cette approche est la nécessité de définir à l'avance l'ensemble de la solution à réaliser. Cela va à l'encontre des principes agiles qu'on a vus jusqu'ici et provoque les problèmes que l'on connaît bien (cf. chapitre *2. Le modèle waterfall*).

Régie

L'alternative est, elle, bien plus simple. Le fournisseur facture le travail à l'heure. C'est ce qu'on appelle la *« régie »*, ou du travail en *« time and materials »*.

Pour le client, c'est une stabilité dans le coût mensuel, mais une grande incertitude sur le coût total. En effet, au plus le fournisseur prend du temps pour délivrer sa solution, au plus le client paie. ***C'est ce dernier qui prend tout le risque.***

Triangle

La théorie de la gestion de projet représente souvent 3 paramètres fortement liés : le *scope*, c'est-à-dire l'étendue de ce que l'on va faire, le *temps* et le *coût*.
Si on désire modifier l'un – par exemple modifier le scope en ajoutant une fonctionnalité – on impacte invariablement les autres – il faudra plus de temps et cela coûtera plus cher.
On explique ainsi facilement que si on doit délivrer plus vite il faut réduire le scope, que s'il faut réduire le budget on peut également réduire le scope, etc.

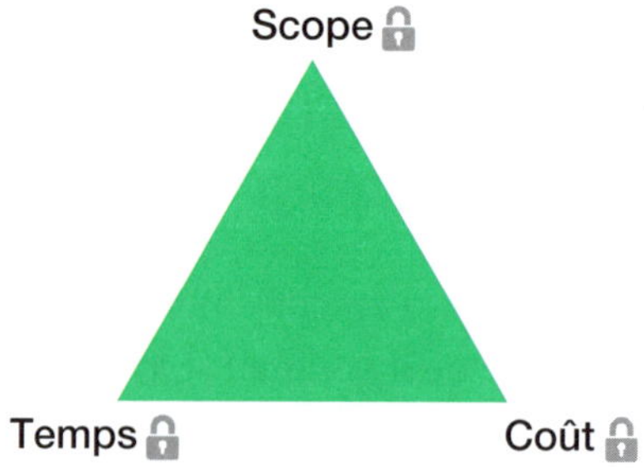

Dans un projet au forfait, on fixe les 3 paramètres à la signature du contrat. En théorie cela ne devrait pas poser de problème, mais en pratique, comme on l'a vu, on constate souvent que le scope n'était pas totalement défini et que les problématiques qui en découlent n'étaient pas complètement comprises.
Face à cette variable de scope qui est modifiée alors que les 2 autres sont fixées, on découvre généralement par magie un quatrième sommet à notre triangle : la *qualité*. En jouant sur le niveau de qualité, en bâclant le travail et réduisant l'effort de test, on espère arriver à respecter le contrat.

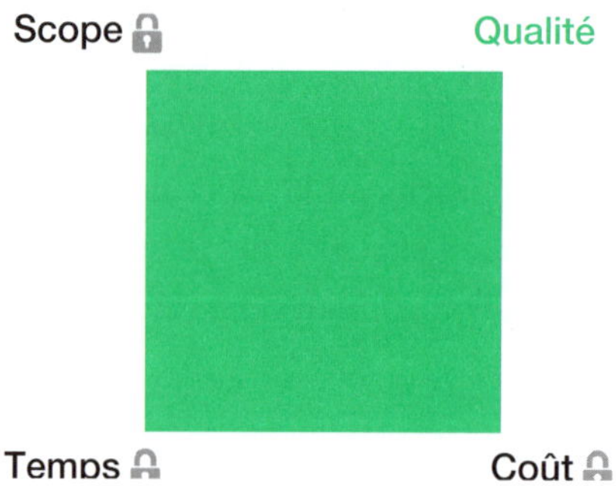

Malheureusement – j'espère que vous l'aurez compris à ce stade – réduire la qualité se paie très vite et au-delà du travail de correction supplémentaire, le client risque fortement de ne pas être satisfait et de ne pas accepter de payer.

Comment faire ?

Malgré l'apparente opposition entre le modèle du projet au forfait et les principes agiles, les deux ne sont pas incompatibles.

> *J'ai moi-même géré des projets au forfait de taille raisonnable, et j'en ai appris qu'il vaut mieux s'en tenir à de petits contrats, de 1-2 mois par exemple. Il est évidemment nécessaire de garder une marge de sécurité dans son estimation et de demander donc un peu plus que ce qu'on pense avoir besoin (ce qui est bien compris par tout le monde dans le métier).*
> *Il faut s'attendre à ce que le client ait prévu de se rendre moins disponible et faire avec, malgré l'évident handicap que cela représente. Les visites, appels téléphoniques et échanges par messagerie instantanées sont indispensables, mais, là encore, cela dépend du temps que le client veut bien y accorder.*
> *Dans tous les cas, les nombreuses pratiques agiles utilisées par l'équipe en son sein représentent une base qui reste très utile pour aboutir à un résultat de façon efficace.*

Face à un nouveau client qui désire travailler au forfait, la meilleure approche semble être de fonctionner en 2 phases. On pourrait alors commencer la relation avec un petit contrat au forfait, représentant une petite partie de ce qui est demandé mais qui serait malgré tout utile. On ne sait, à ce stade, pas encore comment la relation avec le client va se passer. Est-ce qu'il répondra clairement et rapidement aux questions ? Est-ce qu'il changera d'avis constamment ? Est-ce qu'il discutera chaque petit détail ou acceptera, au contraire, directement chaque développement sans commentaire ? Autant de questions qui vont nous encourager à ajouter une grosse marge à nos prévisions.
De cette façon, on peut se permettre de ne pas entrer dans une logique de demandes de changement[116], mais offrir plutôt une flexibilité au moment où le client donne son feedback sur ce qui a été développé. On a donc inclus une estimation de ces changements inévitables (cf. *Les besoins du client changent* dans le chapitre *3. Méthodologies légères*) dans le coût du développement et lorsqu'il voit le résultat et fait ses commentaires on peut adapter l'application à sa demande sans friction. Il y a, bien sûr, toujours une limite à ce qu'on peut accepter, mais le reste est du ressort de la relation commerciale.
Cette flexibilité va nous permettre de construire une bonne relation de confiance avec ce client, car il constate qu'on fait ce qu'il faut pour lui fournir ce dont il a besoin sans se cacher derrière un contrat.

[116] Faire une *demande de changement* c'est déclarer qu'une exigence n'était pas exprimée dans la demande initiale et qu'il faut donc prévoir un budget supplémentaire pour la réaliser.

« Valoriser la collaboration avec les clients plus que la négociation contractuelle. »
Manifeste agile

À partir de là, si tout s'est bien passé, on pourra proposer un nouveau contrat pour une deuxième partie, toujours modeste. À chaque contrat, on augmente notre connaissance du client et on commence donc à être plus à l'aise avec nos estimations. On peut réduire la marge de sécurité qu'on prenait.

Cette approche est intéressante pour les 2 parties. Le fournisseur n'a pas à estimer une quantité de travail qui n'est pas estimable et diminue donc son risque. Le client n'a, lui, dû s'engager que pour une petite somme et peut encore décider s'il désire investir le reste ou non en fonction de sa satisfaction. Si le fournisseur n'est pas à la hauteur, la somme perdue n'est pas tellement importante et il est encore temps de trouver un autre fournisseur. Il diminue donc également son risque. Il a une option supplémentaire (cf. *Options réelles* dans le chapitre *12. Lean*) par rapport à un contrat qui le liait pour l'entièreté du projet.

Le principal frein à cette approche est la gestion comptable des projets informatiques dans les entreprises. Leur management prévoit un gros budget en début d'année pour la commande d'une application censée résoudre absolument tous ses problèmes. Il lui faut donc un fournisseur capable de répondre qu'il va tout faire pour une somme donnée et pas d'incertitude sur ce fait.

Cela lui donne également une fausse impression de sécurité car il « sait » que tout ce dont il va avoir besoin est inclus dans le prix total. Cependant, ces besoins ne seront peut-être au final pas ce qu'il voudra réellement pendant le développement, en voyant les premiers écrans par exemple. Il voudra peut-être investir plutôt dans un module que dans un autre en constatant sa grande valeur ajoutée.

En fin de compte, si on se fie aux statistiques, le fournisseur qui avait promis de livrer l'entièreté du projet d'un coup risque fortement de ne pas arriver à tout produire dans le temps et le budget prévus. Cela ne mènera pas à un bon résultat et le budget entier y passera malgré tout. Est-ce que ça en vaut vraiment la peine ?

Différents types de contrats

Certaines sociétés ont cherché à faire évoluer les contrats qu'elles utilisaient afin de les faire correspondre à leur approche agile, itérative. De nombreuses variations existent. Une des plus communes est de prévoir une liste de fonctionnalités à développer pour un prix total, à la façon d'un projet au forfait, mais d'autoriser explicitement le remplacement d'une demande par une autre tant qu'on n'a pas commencé son développement. Les deux fonctionnalités devront bien évidemment avoir été estimées à la même charge de travail.

C'est ce point qui est le plus souvent critiqué: l'estimation se fait uniquement par le fournisseur et il faut donc une bonne relation de confiance pour que le client accepte l'estimation que celui-ci lui donne maintenant. Il pourrait être tenté de penser que le fournisseur exagère son estimation pour réduire la charge de travail totale. Mais au final, il ne perd rien: au pire, il laisse tomber l'idée et reste sur ce qui était prévu initialement, comme dans un contrat au forfait classique. C'est lui qui décide, il a simplement une option de plus.
Un autre exemple de contrat possible est une formule dans laquelle on partage le gain ou la perte du projet entre le client et le fournisseur. Mais cela demande beaucoup de transparence et de confiance et semble très rare.

i

Prenons par exemple un projet de 100 jours de travail coûtant 400 € par jour au fournisseur et vendus à 500 € par jour au client. On a donc un prix total de 50 000 €. Si le projet dure au final 120 jours, on a un surcoût 20 x 400 € (8000 €) et on peut décider que le fournisseur paiera 4000 € et le client les 4000 € restants.
Le risque est alors partagé entre les deux parties.

Conclusion

Quand la relation avec le client est bonne, le contrat diminue en importance. Il sert surtout de sécurité et rassure tout le monde. À partir du moment où le fournisseur livre et que le client est content et paie, peu importe le type de contrat utilisé. Au final, on en arrive à un email contenant une simple description des fonctionnalités à faire avec un prix en bas. Tant que le scope du contrat reste limité, en cas de désaccord on ne risque pas tant que ça et on peut facilement arrêter la collaboration.
En réduisant le scope des contrats, on en arrive à un nouveau « contrat » pour chaque itération d'une ou plusieurs semaines. Un contrat cadre peut facilement soutenir ce mode de fonctionnement en ne demandant par la suite qu'une simple liste des fonctionnalités à développer en début d'itération pour un prix fixe par itération.

i

De plus, en ne s'engageant que sur les priorités du moment à chaque itération, on s'assure d'avoir délivré le maximum de valeur au client au bout du compte. Il a donc toutes les raisons d'être rassuré par ce mode de fonctionnement agile.

Cette approche garantit un risque diminué pour tout le monde et une valeur délivrée optimale.

Chapitre 16

Lean Startup

L'approche structurée pour aider une start-up à trouver un modèle économique viable.

L'approche Lean pour le développement de produit a inspiré Eric Ries, un chef d'entreprise ayant créé plusieurs start-up, à définir une meilleure méthode pour gérer la création et l'évolution d'une start-up. Réussir dans ce monde où la plupart des projets ne décollent jamais est très difficile et ne devrait pas relever de la chance, mais bien d'une approche structurée et efficace qui permet d'arriver à un modèle économique durable. Il sort un livre, en 2008, dans lequel il détaille son approche et l'appelle *The Lean Startup*.

Le problème auquel il s'attaque est que, dans une start-up, on essaie de réaliser un produit sur base d'une idée et on a un temps limité pour le faire. On focalise donc ses efforts sur la réalisation du produit. On essaie d'y inclure un maximum de fonctionnalités pour s'assurer de convaincre une fois le produit lancé sur le marché.

Mais cela veut dire que pendant tout ce temps on ne confronte pas le produit aux réalités du marché et aux clients potentiels eux-mêmes. On attend d'avoir un produit qui nous semble fini, et ensuite seulement on propose le produit aux clients. À ce stade on a dépensé beaucoup d'argent et on ne sait toujours pas si on va obtenir une affaire qui tourne et qui est rentable.

Minimum viable product

Un concept auquel Lean Startup fait beaucoup référence est le MVP, le *minimum viable product*. Le terme a été inventé par Frank Robinson en 2001 pour désigner la version la plus simple d'un produit qui peut être vendue.

Il ne s'agit donc pas uniquement d'une application qui compile et qu'on peut déployer comme le préconise l'agilité, mais bien du moment où un client est réellement prêt à payer pour.

> *i*
>
> *Déployer une application avant qu'elle ne puisse être réellement utilisée par le client garde bien entendu tout son intérêt pour vérifier le point de vue technique, comme on a vu dans le chapitre 10. Livraison Continue.*

À l'inverse, il est très courant de voir des organisations présenter un MVP dans lequel on observe déjà une grande quantité de fonctionnalités qui, bien qu'elles rendent le produit plus attrayant, ne sont pas toutes indispensables pour tous les clients. Dans ce cas, ces organisations auront perdu un temps précieux pendant lequel elles auraient pu obtenir du feedback de leur client ou peut-être même décider de ne pas développer le reste des fonctionnalités du tout.

Principes

La méthode Lean Startup se base sur 5 principes.

1. Les entrepreneurs sont partout

La logique entrepreneuriale se retrouve dans de nombreuses situations. On pense naturellement tout d'abord aux jeunes qui créent une activité dans leur garage et se lancent ainsi dans le monde des start-up.
Mais tout développement d'un nouveau produit, qu'il soit dans une nouvelle société ou dans une entreprise existante, va être confronté aux mêmes problèmes et à des besoins plus ou moins similaires.
La méthode se veut donc utile pour tous ces gens et pas uniquement quelques groupes de niche.

2. L'entrepreneuriat c'est du management

Il faut revoir le management pour les start-up. Le management actuel s'inspire encore énormément des théories de Taylor (cf. chapitres *3. Méthodologies légères* et *12. Lean*). En effet, on applique un contrôle et un suivi systématique des chiffres de chacun. On définit des attentes de progression théoriques à atteindre sur base de ces chiffres. On considère un échec comme une chose négative quels que soient les apprentissages qui en ont découlé. La phrase « *On a raté, mais on a beaucoup appris* » sonne plus comme une fausse excuse à un échec que comme une réelle bonne nouvelle.
Lean Startup y voit là une incompréhension profonde du monde des start-up. L'objectif de ces jeunes pousses n'est pas le même que celui des grosses entreprises déjà installées sur le marché. Là où une entreprise classique qui ne croît plus beaucoup recherche la diminution des coûts, une start-up a surtout besoin de trouver un modèle économique viable. Apprendre que la direction qu'elle a prise ne mène à rien est essentiel pour elle et cet apprentissage doit être valorisé au travers de la culture de l'entreprise et du management qui y est appliqué.

3. L'apprentissage validé

IMVU

Une des expériences professionnelles d'Eric Ries met très nettement en évidence l'importance de l'apprentissage dans une start-up.

Il est à l'époque co-fondateur d'IMVU, une société qui veut créer une application qui permet de chatter au travers d'un avatar 3D.

Ils sont très fiers de leur stratégie qui semble très prometteuse : au lieu de proposer à leur public-cible (des adolescents) d'installer encore un nouveau client, ils fournissent des extensions à installer directement dans les logiciels clients existants. Leur public aura très peu d'effort à faire donc pour adopter leur système. Les investisseurs sont convaincus : le succès est à portée de main.

Ils lancent donc le développement de 7 extensions pour couvrir les clients de chat les plus populaires. Une fois le produit prêt, ils invitent un adolescent pour lui présenter l'application et récolter son feedback.

C'est à ce moment-là que commence la déconvenue. Après avoir installé l'extension et configuré son avatar (feedback plutôt positif là-dessus), l'adolescent (qui est pourtant payé) refuse d'inviter ses amis sur le réseau.

Les employés d'IMVU comprennent alors un point fondamental sur leur public cible : ces adolescents accordent énormément d'importance à ce que leurs relations pensent d'eux. Hors de question donc de contacter leurs amis et les inviter sur un système qui pourrait ne pas être « dans le coup ».

À l'inverse, ils utilisent déjà de nombreux systèmes de chats et n'ont pas de souci avec le fait d'en utiliser un de plus. Surtout pour l'essayer en toute tranquillité loin de leurs amis dans un premier temps.

L'apprentissage qui en ressort pour IMVU est donc premièrement que les extensions sont inutiles, mais aussi que les adolescents utiliseront probablement l'outil d'abord pour rencontrer de nouvelles personnes. Cela change fort par rapport à l'optique qui était prise par la société.

C'est à ce moment-là qu'ils prennent conscience du fait que tout leur travail jusque-là a servi à apprendre ça. Ce qui permet de se poser de nombreuses questions. *Si ce but avait été clairement défini depuis le début, auraient-ils pu acquérir cette connaissance plus vite ?*

Une seule extension aurait évidemment suffi. Mais peut-être même qu'ils pouvaient apprendre tout ça sans développer d'extension du tout. En poussant l'idée plus loin, ils se demandent si une page web expliquant le concept et proposant un bouton *télécharger* n'aurait pas suffi : si personne ne clique dessus, ce n'est pas la peine de construire le produit !

i

Cette idée, qui semble un peu exagérée, n'est pas si éloignée des campagnes de financement participatif (ou crowdfunding) dans lesquelles on ne produit quelque chose que si les clients montrent d'abord qu'ils sont prêts à débourser de l'argent pour.

L'apprentissage validé

Le problème d'une start-up est donc qu'elle n'a pas de client pour définir son produit. Elle va élaborer sa stratégie sur base d'hypothèses uniquement. Malheureusement, ces hypothèses ont tendance à être fausses.

> On peut donc en conclure que l'objectif d'une start-up n'est pas de gagner de l'argent, mais bien d'apprendre et de récolter de l'information.
> Elle vise à trouver un modèle économique viable. Le reste ne sert à rien.

Elle doit donc effectuer une-à-une des expériences dont le résultat sera mesuré afin de déterminer l'impact de chaque modification du produit.
Après l'expérience, on risque de jeter du code, quelle que soit sa qualité. Certaines start-up décident de réaliser un prototype de faible qualité en considérant qu'il est, à ce stade, acceptable que le niveau de qualité du code ne permette pas d'évolution facile. En cas de succès, elles le remplacent par un produit de qualité respectant les bonnes pratiques en vigueur.
Mais cette approche présente 2 risques. D'une part, la tentation de continuer de développer sur base du prototype en faisant quelques refactorings simplistes est grande. D'autre part, un prototype de mauvaise qualité risque de faire fuir les clients potentiels sans avoir pu valider l'intérêt du produit. Si la première chose qu'ils voient du produit est qu'il est buggé, ils pourraient ne pas avoir envie d'aller plus loin.
La bonne approche est donc difficile à trouver et un équilibre entre rapidité de l'expérience et qualité du produit est nécessaire.

> *i*
> *Chez IMVU, énormément d'efforts avaient été faits pour réaliser le meilleur produit possible tout en respectant les bonnes pratiques techniques telles qu'un design simple ou des tests unitaires. Tout cela pour au final apprendre que le produit ne sert pas et jeter le code.*

Pivot

On constate que les start-up qui réussissent n'ont pas forcément de meilleures idées que les autres. Au final, la plupart commencent avec une idée qui ne fonctionnera pas. Beaucoup persévèrent et arrivent à ne pas laisser tomber trop vite. Par contre, celles qui réussissent ne s'acharnent pas toujours dans la même direction. Elles *pivotent.*
Un pivot est l'action de changer quelque chose dans l'orientation du produit tout en gardant le reste comme il est. On veut voir l'effet de ce changement en particulier avant d'appliquer un autre changement. On fait ainsi évoluer son produit jusqu'à trouver un modèle qui fonctionne.
La question qui se pose est alors combien de fois peut-on pivoter (combien d'expériences peut-on effectuer) avant de ne plus avoir d'argent.

Si on réduit l'intervalle entre chaque pivot, on augmente le nombre d'expériences qu'on mène et on augmente ainsi nos chances de trouver un modèle économique viable.

4. Faire – Mesurer – Apprendre

Chaque expérience va se faire selon un cycle que Lean Startup définit par *Faire – Mesurer – Apprendre.*

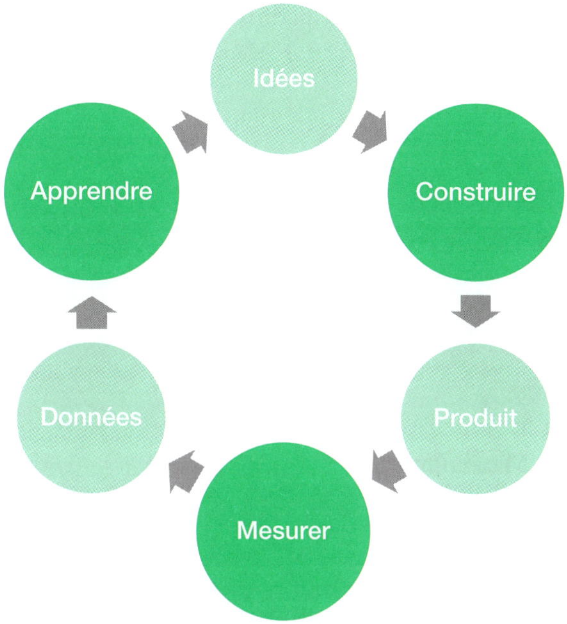

On peut alors chercher des pratiques qui permettent d'accélérer cette boucle et éviter tout ce qui n'y contribue pas (et qui est donc du gaspillage).
Eric Ries répertorie une série de pratiques qui permettent d'y arriver. Elles sont reprises ici à titre indicatif pour vous permettre d'approfondir le sujet si vous le souhaitez.

Faire plus vite

Les pratiques agiles (et singulièrement extreme programming) constituent l'essentiel de l'amélioration de la construction du produit.

- Unit Tests
- Usability Tests
- Continuous Integration
- Incremental Deployment
- Free & Open-Source Components
- Cloud Computing

- Cluster Immune System
- Just-in-time Scalability
- Refactoring
- Developer Sandbox
- …

Mesurer plus vite

De nombreuses techniques aident à mesurer différentes choses, encore faut-il savoir quoi mesurer… Dave McClure[117] a permis d'y voir plus clair avec des conseils actionnables dans sa présentation « *Startup Metrics for Pirates: AARRR!* ».[118]

D'autres pratiques utiles :

- Split Tests
- Clear Product Owner
- Continuous Deployment
- Usability Tests
- Real-time Monitoring
- Custom Liaison
- Funnel Analysis
- Cohort Analysis
- Net Promoter Score
- Search Engine Marketing
- Real-time Alerting
- Predictive Monitoring
- …

Apprendre plus vite

Il existe de nombreuses façons d'améliorer sa compréhension de ce qui marche et ce qui ne va pas. En particulier, la méthodologie *Customer Development*[119] mise au point par Steve Blank pour mieux comprendre les clients représente une aide importante dans cette étape.

On peut également citer :

- Split Tests
- Customer Interviews
- Five Whys Root Cause Analysis
- Customer Advisory Board
- Falsifiable Hypotheses
- Product Owner Accountability
- Custom Archetypes

---

117 Dave McClure est un entrepreneur et investisseur américain (« business angel »).

118 Cf. http://500hats.typepad.com/500blogs/2007/09/startup-metrics.html

119 Cf. *Customer Development* plus loin dans ce chapitre.

– Cross-functional Teams
– Smoke Tests
– …

5. Évaluer pour l'innovation

Comme on l'a vu, il est nécessaire de définir une méthode d'évaluation des résultats différente de l'approche comptable basée sur des budgets et qui ne s'intéresse qu'au résultat financier.
On peut faire cela en 3 étapes :

1. **Établir clairement où on est.** On définit une métrique qui a du sens pour nous, comme le nombre d'utilisateurs et on la mesure pour définir la *baseline* – la référence par rapport à laquelle on évaluera l'évolution.
2. **Voir le progrès.** On mesure l'évolution de la métrique. On essaie de voir si on progresse ou non.
3. **Définir à l'avance une date où on choisira de pivoter ou persévérer.** À ce moment-là, si la métrique n'évolue pas assez, on décide de pivoter. Il est important d'avoir défini cette date à l'avance pour éviter de laisser la situation perdurer en continuant d'espérer que la modeste progression hebdomadaire va se transformer en succès du jour au lendemain.

Définir l'offre

Au-delà de la méthode décrite ci-dessus, Ash Maurya[120] insiste sur l'importance de la compréhension des clients et de leurs problèmes. Son constat est bien connu de tous les entrepreneurs : même avec de nombreux nouveaux utilisateurs attirés par de la publicité ou toute forme de buzz, difficile de les garder.

> « Le problème avec les métriques, c'est qu'elles peuvent seulement vous dire ce qui ne va pas, mais pas pourquoi.
>
> *Ash Maurya* »

En effet, il arrive fréquemment qu'un entrepreneur conçoive un produit, réalise au plus vite un MVP, pivote régulièrement en suivant ainsi fidèlement la méthode d'Eric Ries et n'arrive malgré tout pas à trouver le produit qui se vend réellement. Il ne fait qu'essayer des variantes d'un produit en espérant tomber par hasard sur la bonne idée. Pour ne rien améliorer, il est souvent difficile de prendre du recul par rapport au concept qu'on a soi-même développé et d'arriver à avoir un avis neutre et critique dessus. On ne fait attention qu'à ce qui abonde dans notre sens.

---

120 Ash Maurya est un expert en management impliqué dans de nombreuses start-up. Son site https://leanstack.com/platform fournit de nombreux conseils et outils en ligne pour gérer le business d'une start-up.

> Il faut voir la boucle Faire – Mesurer – Apprendre comme un validateur rapide d'idées. Si vous donnez une idée raisonnablement bonne ET arrivez à attirer vos premiers clients, il est possible d'itérer et redéfinir votre MVP. Mais si vous partez avec une mauvaise idée, tout ce que vous apprenez c'est que votre idée ne vaut rien. Et puis vous êtes bloqué. Parce que les clients de nos jours ont beaucoup de choix. Si votre MVP ne leur parle pas, ils ne deviennent pas des testeurs et ne vous délivrent pas patiemment du feedback sur comment améliorer votre produit ils partent simplement. Il ne vous reste alors plus qu'à deviner pourquoi les choses ne fonctionnent pas, ce qui déclenche la recherche de la fonctionnalité parfaite – celle qui semble toujours être à portée de main.
>
> *Ash Maurya*

La solution est alors de retourner le processus et de se focaliser sur le problème à régler. L'idéal est de commencer par définir une offre. Cela peut se faire en rassemblant quelques variantes de l'idée sur un Lean Canvas (voir ci-dessous) et de se lancer alors dans une série d'entretiens avec des clients potentiels pour valider les hypothèses sur les clients et leurs problèmes. À partir de là, définir une solution devient bien plus simple.

L'étape suivante n'est, cependant, pas encore la réalisation du MVP. Il est préférable de retourner voir ces clients potentiels et leur faire une offre – sur base d'une démo éventuellement – pour confirmer l'intérêt de la proposition. Ce n'est que fort de la demande de ces clients qu'on va investir dans le développement du produit. À ce stade, c'est probablement les clients qui pousseront pour avoir cette solution à leur problème plutôt que l'inverse ! La boucle *Faire – Mesurer – Apprendre* permet ensuite de faire progresser le produit dans la bonne direction.

Lean Canvas

Un outil a été créé pour les start-up par Ash Maurya pour aider à identifier son modèle économique : le *Lean Canvas*. Il a pris le principe du *Business Model Canvas*[121] et l'a amélioré pour se concentrer sur les éléments les plus incertains pour une start-up et donc les plus risqués.

L'idée est très simple : il s'agit de dessiner 9 cases sur une feuille de papier et d'y inscrire les différents éléments de notre modèle économique tels que le public visé, le problème qu'on propose de résoudre, etc.

[121] Outil proposé par Alexander Osterwalder en 2008 pour représenter un modèle économique.

<table>
<tr><td rowspan="2">2 - Problème</td><td>3 - Solution</td><td rowspan="2">4 - Différenciation</td><td>5 - Avantage compétitif</td><td rowspan="2">1 - Segments client</td></tr>
<tr><td>7 - Indicateurs de performance</td><td>6 - Canaux</td></tr>
<tr><td colspan="3">8 - Structure des coûts</td><td colspan="2">9 - Sources de revenu</td></tr>
</table>

Lean Canvas prêt à être rempli.

Customer Development

Lean Startup a été largement inspirée par la méthodologie Customer Development pensée par Steve Blank, un entrepreneur américain à l'origine de nombreuses start-up ainsi que de livres et cours sur le sujet. Comme Ash Maurya, il apporte de nombreux outils et conseils pratiques pour traduire les principes de Lean Startup au quotidien de l'entrepreneur.

En particulier, la phase qu'il nomme *customer discovery* mérite de s'y intéresser avant de conclure ce chapitre. Il identifie un cycle en 4 phases dans la recherche du modèle économique viable.

– **Phase 1**

  Tout d'abord, l'entrepreneur définit ses hypothèses et rédige son Lean Canvas.

– **Phase 2**

  Ensuite, il va directement chercher à tester le problème. Pour cela, il est impératif de sortir de chez soi et d'aller rencontrer les clients potentiels. De leur montrer des maquettes, prototypes ou autres explications sur le produit.

– **Phase 3**

  Il va alors pouvoir réaliser rapidement une première version de l'application pour vérifier au plus vite si sa solution correspond à un réel besoin, si les gens sont prêts à débourser de l'argent pour l'obtenir. C'est ce qu'on appelle le *product/market fit*[122].

[122] Product/market fit = correspondance produit/marché.

– **Phase 4**
  La dernière étape de ce cycle est de soit valider qu'on résout effectivement un besoin important, soit pivoter. Cette étape peut être difficile car il n'est pas évident d'accepter que quelques réponses encourageantes ne sont pas suffisantes pour lancer un véritable business et qu'il va peut-être falloir faire une itération de plus.

> Aucun plan ne survit au premier contact avec les clients.
>
> *Steve Blank*

Conclusion

On en retiendra que les start-up sont en réalité des expériences. Leur objectif est de comprendre leurs clients afin de résoudre leurs problèmes et trouver ainsi un modèle économique viable et durable.

> Une start-up est une société qui ne sait pas 1) ce qu'est son produit, 2) qui sont ses clients, et 3) comment gagner de l'argent. Dès qu'elle a défini ces 3 choses, elle arrête d'être une start-up et devient une véritable entreprise. Sauf que la plupart du temps, ça n'arrive pas.
>
> *Dave McClure*

Chapitre 17

Retour aux sources

La popularité montante de l'agilité et de ses méthodologies entraîne une adoption plus ou moins rapide dans la majorité des grandes entreprises. Malheureusement, les vieilles habitudes et anciens modes de pensée ayant la peau dure, le résultat n'est pas toujours à la hauteur des espérances. On renomme juste les rôles et activités, on applique des règles sans rien remettre en question ou, au contraire, on modifie les principes sans les avoir bien compris... Tout cela donne lieu à des résultats qui sont très éloignés des valeurs et principes originels du manifeste agile et provoque une certaine frustration chez ses défenseurs.

C'est pour cette raison que plusieurs mouvements « retour aux sources » apparaissent et encouragent la profession à revenir aux bases.

Le cœur d'agile

Alistair Cockburn – un des signataires originaux du manifeste agile – fait partie de ceux qui prônent ce retour aux sources depuis 2015.

Pour expliquer ce besoin, il utilise un modèle de niveaux d'apprentissage qu'il a repris de l'aïkido japonais: *Shu-Ha-Ri*. Il identifie 3 niveaux de maîtrise d'une compétence[123].

Shu

Le premier niveau s'appelle *« Shu »*, ce qui veut dire *« protéger »*, ou *« obéir »*. Il s'agit de copier le maître, d'observer une pratique, d'identifier la marche à suivre et d'appliquer sans poser de question.

On va souvent se contenter de ce stade car on a alors une technique qui marche bien pour répondre à un besoin. Pourquoi chercher à changer, à aller plus loin ?

Le problème est que cette solution est à priori générique, elle fonctionne bien de façon générale pour tout le monde mais n'est pas forcément la plus adaptée à notre situation particulière.

Ha

« Ha » signifie *« se détacher »*. On commence ici à casser nos habitudes et à chercher à apprendre d'autres techniques, de trouver de nouvelles approches.

---

123 Cf. Alistair Cockburn, *Agile Software Development*, Addison-Wesley Professional, 2001.

Ri

Enfin, «*Ri*» signifie «*quitter*», ou «*se séparer*». À ce stade, le praticien ne réfléchit plus aux techniques qu'il utilise car cela lui vient naturellement. Il n'est plus limité par ce qu'il a appris mais agit naturellement, automatiquement. Il a même souvent du mal à expliquer pourquoi il choisit une option plutôt qu'une autre. C'est l'opposé de *Shu*.

Le cœur d'agile

En réfléchissant à ce qui compte réellement dans l'agilité, Alistair Cockburn réalise qu'il est possible de résumer cela à un point tel qu'il est impossible de ne pas comprendre ou de passer à côté. Il extrait 4 mots simples pour lesquels tout le monde est capable de directement dire s'il le fait déjà bien ou non :

- Collaborer
- Livrer
- Réfléchir
- Améliorer

Il argumente, par exemple, que vous savez très bien si vous collaborez bien avec les autres membres de votre équipe ou avec les autres équipes de votre entreprise. Et que vous savez probablement aussi ce que vous pourriez faire pour améliorer la situation. Au-delà de ces 4 mots qu'il représente sous la forme d'un losange, chacun peut identifier les pratiques plus détaillées et concrètes qui l'aideront. L'apprentissage par étape selon *Shu-Ha-Ri* s'applique alors à chaque mot.

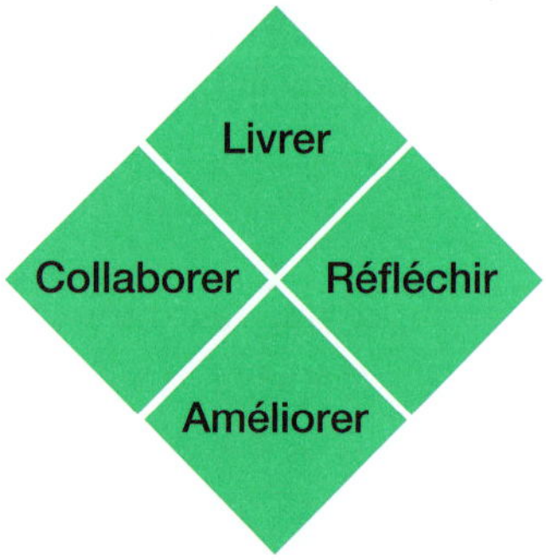

Pour rester dans le thème japonais, Cockburn choisit le mot «*Kokoro*», qui veut dire «*cœur*» ou «*esprit*», pour parler de cet apprentissage centré sur la maîtrise des bases, à la manière du maître Miyagi dans le film Karaté Kid[124].

[124] Dans le film Karaté Kid de 1984, un jeune américain apprend le karaté avec le maître Miyagi qui lui fait répéter des tâches basiques et en apparence inutiles pour le combat, jusqu'à ce que l'élève découvre que le reste lui vient ensuite naturellement.

> Le but du cœur d'agile n'est pas de prétendre que les complexités et les subtilités n'existent pas ; il est de nous rappeler de se débarrasser de toutes les complexités de temps à autre et de recommencer depuis le début : collaborer, livrer, réfléchir, améliorer.
>
> *Alistair Cockburn*

Agnostic agile

Un autre mouvement qui souhaite retourner aux sources est apparu en 2017 : *Agnostic agile*. Ils insistent sur l'inefficacité d'une approche où une solution, une méthodologie, un framework serait la bonne solution pour tout le monde, tous les contextes, toutes les situations. C'est à l'opposé du discours des sociétés qui vendent ces formations spécifiques et promettent des miracles pour n'importe quelles circonstances. Bien souvent, ces fournisseurs n'ont qu'une compréhension partielle de l'organisation qu'ils conseillent, car ils ne prennent pas le temps de s'imprégner de son histoire, sa culture, ses défis, ses objectifs,

De plus, les besoins d'une entreprise ne sont pas toujours les mêmes dans tous les départements et à tous les niveaux. Sans parler de l'évolution de ces besoins : au fur et à mesure des transformations successives, la société est prête à essayer de nouvelles choses qui ne lui semblaient pas envisageables auparavant.

Au final, une approche dogmatique des règles à appliquer n'est tout simplement pas en accord avec les principes même du manifeste agile : *« À intervalles réguliers, l'équipe réfléchit aux moyens de devenir plus efficace, puis règle et modifie son comportement en conséquence. »*

> « Valoriser les individus et leurs interactions plus que les processus et les outils. »
> Manifeste agile

Ce mouvement définit 12 principes[125] et encourage chacun à s'engager à les respecter :

1. Mettre son client en premier, le rendre indépendant.
2. Faire de son mieux, combinant la théorie avec l'expérience pratique.
3. Adapter l'agilité au contexte.
4. Comprendre les contraintes qui nous font obstacle et travailler à les éliminer.
5. Partager, apprendre et améliorer.
6. Respecter les frameworks et leurs praticiens.
7. Reconnaître les inconnues et rechercher de l'aide.
8. Ne jamais tromper ni déformer la réalité.
9. Se rappeler que l'agilité n'est pas l'objectif final.
10. Reconnaître que le dogmatisme n'est pas agile.
11. Reconnaître qu'il y a plus dans l'agilité que l'agilité.
12. Donner à la communauté autant qu'elle nous a donné.

125 L'ensemble des principes d'Agnostic Agile est publié à l'adresse https://agnosticagile.org.

Software Craftsmanship

La vision prédominante pendant les années 90 envisage la production de logiciels de façon industrielle et donne aux développeurs la place des ouvriers d'une usine aux rouages et processus bien huilés. À la fin de cette décennie, des voix s'élèvent contre ce modèle. L'idée de voir la profession comme un artisanat (qui est donc l'opposé de l'industrialisation) se répand au travers d'ouvrages tels que *« The Pragmatic Programmer »* d'Andrew Hunt et David Thomas[126] ainsi que *« Software Craftsmanship »* de Pete McBreen[127]. Ils argumentent notamment que le développement de logiciel nécessite une réflexion, de la créativité et donc de la personnalité, contrairement à une activité où l'on reproduirait continuellement la même solution. Ils envisagent le métier de programmeur comme une recherche constante d'excellence professionnelle.

L'apparition de l'agilité va leur donner l'espoir d'un changement sur ce plan, surtout avec les pratiques d'Extreme Programming. Les années qui suivirent furent, pour eux, décevantes : bien que de réelles améliorations furent apportées, elles concernaient principalement les processus et le management. Les pratiques d'excellence techniques semblaient généralement oubliées.

En 2008, un groupe de programmeurs (dont Robert C. Martin, un des signataires du manifeste agile) se réunirent et décidèrent de lancer un nouveau mouvement, le software craftsmanship[128], dans le but de redonner une visibilité à ces pratiques techniques et encourager une exigence de qualité dans le développement de logiciel. Ils publièrent un nouveau manifeste[129] :

> En tant qu'aspirants Artisans du Logiciel, nous relevons le niveau du développement professionnel de logiciels par la pratique et en aidant les autres à acquérir le savoir-faire. Grâce à ce travail, nous avons appris à apprécier :
> Pas seulement des logiciels opérationnels, mais aussi des **logiciels bien conçus**.
> Pas seulement l'adaptation aux changements, mais aussi l'**ajout constant de valeur**.
> Pas seulement les individus et leurs interactions, mais aussi **une communauté de professionnels**.
> Pas seulement la collaboration avec les clients, mais aussi **des partenariats productifs**.
> C'est à dire qu'en recherchant les éléments de gauche, nous avons trouvé que les éléments de droite sont indispensables.

[126] Andrew Hunt et David Thomas, *The Pragmatic Programmer*, Addison Wesley, 1999.
[127] Pete McBreen, *Software Craftsmanship*, Addison-Wesley Professional, 2001.
[128] Craftsmanship = expertise d'un métier en anglais (craft = art, métier, artisanat).
[129] Cf. http://manifesto.softwarecraftsmanship.org

Au fil des années, ce mouvement a donné lieu à une communauté internationale de professionnels qui cherchent à se perfectionner au travers d'évènements où ils se rencontrent et s'exercent aux pratiques d'Extreme Programming mais également à tout ce qui peut contribuer au développement de logiciels de qualité.

> Le software craftsmanship n'est pas une histoire de gloire ou de statut de rock star. Il ne s'agit pas non plus d'être le héros des heures supplémentaires ou le cowboy des dernières minutes. Il est plutôt question de discipline, de professionnalisme et du désir de s'améliorer constamment.
>
> *Robert C. Martin*

Conclusion

Les méthodes et bonnes pratiques inspirées de l'agilité sont nombreuses. On a pu en découvrir et redécouvrir au travers de la vue d'ensemble présentée dans ce livre.

L'objectif fixé au départ était tout d'abord de vous donner les clés pour comprendre votre environnement. Voir où se trouvent les problèmes. Prendre conscience que le fonctionnement d'une organisation n'est pas absolu, qu'elle a évolué pour en arriver là où elle en est aujourd'hui et sera amenée à évoluer encore à l'avenir au travers des initiatives de chacun de ses membres.

C'est là que vous entrez en jeu : faisant partie de cette organisation, il ne tient qu'à vous de l'aider à s'améliorer.

C'est le deuxième objectif qui était visé : vous donner également les outils nécessaires pour résoudre les problèmes dans le fonctionnement de votre organisation. Vous faire découvrir les multiples pratiques qui existent dans différents courants et vous encourager à ne pas vous limiter à une seule méthodologie mais bien à comprendre et vous inspirer des bonnes idées de chacune d'entre-elles.

En lisant ce livre, vous avez fait la première étape, mais elle ne sert à rien sans la deuxième étape : passer à l'action !

Alors concentrez-vous sur le problème qui vous gêne le plus et essayez de trouver, avec vos collègues, la pratique qui peut vous aider sans demander trop d'effort. Appliquez-là quelques temps, juste pour essayer. Enfin, discutez du résultat pour décider de continuer ou non. C'est la recette de la performance.

> « Le cycle à suivre est de faire le mieux que vous pouvez aujourd'hui, en tentant d'obtenir la conscience et la compréhension nécessaire pour faire mieux demain.
> Ce n'est pas d'attendre la perfection pour commencer.
> Trouvez un point de départ, démarrez, et améliorez à partir de là.
>
> *Kent Beck* »

Pour aller plus loin

Si vous désirez approfondir les sujets abordés dans ce livre, la bonne nouvelle est qu'il existe de nombreuses possibilités !

En vous rendant aux conférences spécialisées qui ont lieu régulièrement dans tous les pays d'Europe (et notamment en France et en Belgique) vous pourrez entendre des retours d'expérience de projets réels, découvrir les dernières pratiques développées ou tout simplement redécouvrir les bases. Sans oublier le plus important : rencontrer d'autres personnes et échanger avec elles pour découvrir comment les autres entreprises travaillent.

Cependant, pour aller au fond d'un sujet, rien de tel que de lire un livre. Certains ouvrages de référence ont déjà été cités dans les différents chapitres et vous pouvez vous référer à la section bibliographie pour plus de suggestions de lecture.

N'hésitez pas non plus à suivre les différents blogs, comptes Twitter et sites web des personnalités mentionnées. Plus léger qu'un livre entier, ce format est idéal pour rester à jour sur les dernières idées et pratiques.

Enfin, si la motivation vous manque pour ingérer toute cette lecture, n'hésitez pas à vous diriger vers les innombrables vidéos en ligne proposées par les conférences elles-mêmes. Sans apporter toute l'expérience d'une journée à une conférence, c'est un moyen facile et flexible d'en retirer le contenu essentiel.

Vous pouvez me contacter en envoyant un email à l'adresse
thomas.thiry@gmail.com

Bibliographie

Gene Kim,John Willis,Patrick Debois, Jez Humble, *The Devops Handbook: How to Create World-Class Agility*, Reliability, & Security in Technology Organizations, IT Revolution Press, 2016

Ken Schwaber Mike Beedle, *Agile Software Development with Scrum*, Prentice Hall, 2002

Ken Schwaber, *Agile Project Management with Scrum*, Microsoft Press, 2004

Kent Beck, *Extreme Programming explained*, Addison-Wesley Professional, 2000

Kent Beck, Cynthia Andres, *Extreme Programming explained 2nd Edition*, Addison-Wesley Professional, 2004

Robert C. Martin, *Clean Code: A Handbook of Agile Software Craftsmanship*, Prentice Hall, 2008

Mary Poppendieck, Tom Poppendieck, *Lean Software Development*, Pearson Education (Us), 2003

Mike Burrows, *Kanban from the Inside: Understand the Kanban Method, connect it to what you already know, introduce it with impact*, Blue Hole Press, 2014

Olav Maassen, Chris Matts, Chris Geary, *Commitment: Novel about Managing Project Risk*, Hathaway te Brake Publications, 2016

Webographie

Don Wells, *Extreme Programming: a gentle introduction*, http://www.extreme programming.org

Kent Beck et al., *Le manifeste agile*, http://agilemanifesto.org/iso/fr/manifesto.html

Ken Schwabber, Jeff Sutherland, *The scrum guide*, http://www.scrumguides.org

Martin Fowler, https://martinfowler.com

Mike Cohn, https://www.mountaingoatsoftware.com

Mary Poppendiek, *Lean Software Development: The Backstory*, http://www.leanessays.com/2015/06/lean-software-development-history.html

Dan North, *Introducing BDD*, https://dannorth.net/introducing-bdd

Konstantin Kudryashov, Alistair Stead, Dan North, *The beginner's guide to BDD*, https://inviqa.com/blog/bdd-guide

Matt Wynne, *Introducing Example Mapping*, https://cucumber.io/blog/2015/12/08/example-mapping-introduction

Eric Ries, *The lean startup*, http://theleanstartup.com

Ken Schwabber, *The nexus guide*, https://www.scrum.org/resources/nexus-guide

Scaled Agile Inc., *SAFe for lean enterprises* http://www.scaledagileframework.com

The LeSS company B.V., *Large Scale Scrum* https://less.works

James Grenning, *Planning poker or how to avoid analysis paralysis while release planning*, https://wingman-sw.com/articles/planning-poker

Joel Spolsky, *Things you should never do*, https://www.joelonsoftware.com/2000/04/06/things-you-should-never-do-part-i

Jez Humble, *Continuous delivery*, https://continuousdelivery.com

Paul Hammant, *Legacy application strangulation : case studies*, https://paulhammant.com/2013/07/14/legacy-application-strangulation-case-studies

Sam Newman, *Demystifying Conway's law*, https://www.thoughtworks.com/insights/blog/demystifying-conways-law

Ash Maurya, *Don't Start With an MVP*, https://blog.leanstack.com/dont-start-with-an-mvp-aa883de5cd18

Alistair Cockburn, *The hearf of agile*, http://heartofagile.com

Agnostic Agile, https://agnosticagile.org

Scott Ambler, Mark Lines, *The Disciplined Agile (DA) Framework*, http://www.disciplinedagiledelivery.com

Bob McWhirter, *Remote Worker, Distributed Team*, http://bob.mcwhirter.org

Steve Blank, *What is Customer Discover*, https://steveblank.com/2014/06/28/customer-discovery-the-search-for-productmarket-fit-2-minutes-to-see-why/

Dave McClure, Startup Metrics for Pirates: AARRR!, http://500hats.typepad.com/500blogs/2007/09/startup-metrics.html

Eric Ries, *Eric Ries: "The Lean Startup" | Talks at Google* (7 avril 2011) https://www.youtube.com/watch?v=fEvKo90qBns

David Anderson, *David Anderson - Kanban - An Alternative Path to Agility - 2013 COHAA The Path to Agility Conference* (18 novembre 2013) https://www.youtube.com/watch?v=voyWti0yTgU

Robert C. Martin, *"Uncle" Bob Martin - "The Future of Programming"* (18 mai 2016) https://www.youtube.com/watch?v=ecIWPzGEbFc

Jez Humble, *Jez Humble | Continuous Delivery* (26 octobre 2012) https://www.youtube.com/watch?v=skLJuksCRTw

Jez Humble, *GOTO 2015 Why Scaling Agile Doesn't Work Jez Humble* (4 mai 2016) https://www.youtube.com/watch?v=2zYxWEZ0gYg

Henrik Kniberg, *Spotify Engineering Culture part 1 Agile Enterprise Transition with Scrum and Kanban* (14 décembre 2015) https://www.youtube.com/watch?v=dtzPtFi8jiQ

Henrik Kniberg, *Spotify Engineering Culture Part 2* (14 décembre 2015) https://www.youtube.com/watch?v=uXL3tNmPkzc

Sandro Mancuso, *Software Craftsmanship - 8 Years* (14 octobre 2017) https://www.youtube.com/watch?v=G2UoAPcgs9o

Index

T

U

V

W

Y

Remerciements

Je ne peux terminer ce livre sans remercier les personnes qui m'ont soutenu tout au long de son écriture et sans qui ce livre n'existerait probablement pas. En premier lieu ma femme, Rose, qui a toujours été là pour m'aider à y voir clair dans les moments de doute.

Ensuite, mon premier relecteur, mon père, m'a grandement aidé à adapter ce livre à un public plus large et fut le premier à m'encourager à le publier sous la forme d'un livre plutôt que d'un syllabus pour mon cours à la haute école Ephec de Louvain-La-Neuve (Belgique).

En plus de la préface, l'ensemble du livre a également bénéficié de l'expérience de Marc Lainez (entrepreneur et professeur invité à l'UCL, université catholique de Louvain, Belgique) qui a pris le temps de relire le texte et fournir de nombreuses idées pour l'enrichir.

Ce livre n'aurait jamais vu le jour non plus sans la confiance et l'opportunité qui m'ont été données par l'Ephec pour la création du cours de gestion de projet agile. Les promotions successives d'étudiants ont subi mes expérimentations pédagogiques avec un enthousiasme encourageant !

À vous tous, merci !

Table des matières

Partie II
La chaîne de valeur

Partie III
L'entreprise

MIXTE
Papier issu de sources responsables
FSC® C004472
FSC www.fsc.org

N° éditeur 2018_0277
Achevé d'imprimer en janvier 2019 par Wilco aux Pays-Bas
N° d'impression : 281209